SU HISTORIA
EL RESCATE

El mensaje de la Biblia desde
Génesis hasta Cristo en lenguaje sencillo

ACCESSTRUTH

Su historia: El rescate
El mensaje de la Biblia desde Génesis hasta Cristo en lenguaje sencillo

Título original: His Story: The Rescue
The Bible Message from Genesis to Christ in easy English

Escrito por Paul y Linda Mac
Editor general: Matthew Hillier
Ilustraciones: Maxwell Hillier

Traducido por:
AccessTruth reconoce con gratitud el trabajo pionero de Trevor McIlwain y otros en el desarrollo de recursos de enseñanza de la Biblia. Sus recursos han sido una inspiración fundamental para este libro.

Publicado por AccessTruth
PO Box 8087
Baulkham Hills NSW 2153
Australia

Correo electrónico: info@accesstruth.com | Sitio web: accesstruth.com

ISBN: 978-0-6484151-7-6

© 2020 AccessTruth

ÍNDICE

5	Introducción
9	**SESIÓN 1** En el principio.
17	**SESIÓN 2** Dios creó al primer hombre y la primera mujer.
25	**SESIÓN 3** Adán y su esposa desobedecieron a Dios.
33	**SESIÓN 4** Dios expulsó del jardín a Adán y su esposa.
41	**SESIÓN 5** Caín y Abel nacieron fuera del jardín.
49	**SESIÓN 6** Dios destruyó la tierra con un diluvio.
59	**SESIÓN 7** Dios llevó a Abram a Canaán.
69	**SESIÓN 8** Dios rescató a Lot. Dios salvó a Isaac, el hijo de Abraham.
79	**SESIÓN 9** Dios escogió a Jacob. Dios envió a Egipto a José, el hijo de Jacob.
93	**SESIÓN 10** Dios envió diez plagas a Egipto.
107	**SESIÓN 11** Dios rescató a los israelitas e hizo un pacto con ellos.
121	**SESIÓN 12** Dios les dijo a los israelitas cómo debían adorarle.

131	SESIÓN 13
	Dios llevó a los israelitas a Canaán.
143	SESIÓN 14
	Dios envió a Juan para preparar a Israel para el Salvador.
153	SESIÓN 15
	Jesús nació y creció. Jesús fue bautizado.
165	SESIÓN 16
	Jesús comenzó su trabajo.
175	SESIÓN 17
	Jesús dijo que las personas deben nacer de nuevo.
187	SESIÓN 18
	Jesús mostró su gran poder.
199	SESIÓN 19
	Jesús es la única puerta a la vida eterna.
207	SESIÓN 20
	Jesús volvió a un hombre a la vida.
217	SESIÓN 21
	Jesús entró en Jerusalén y fue arrestado por sus enemigos.
231	SESIÓN 22
	Jesús fue crucificado, enterrado y resucitado de los muertos.
245	Nuestro lugar en su historia.
255	Definiciones de algunas palabras usadas en este libro.

INTRODUCCIÓN

Dios nos cuenta su historia en la Biblia. Nos narra la verdadera historia de cómo comenzó el mundo. Nos cuenta las cosas que ha dicho y hecho desde el principio de los tiempos. Nos dice cómo es él y qué está haciendo hoy. Dios quiere que toda persona conozca esta historia de lo que él ha dicho y hecho. Quiere que conozcas la verdadera historia de tu mundo. Es una historia asombrosa.

La historia de Dios es acerca de un rescate. Se trata de Dios salvando a la gente de la muerte. Es el rescate más importante que ha sucedido y que sucederá alguna vez. Pero no es una historia inventada, como la que verías en una película o leerías en un libro. Esta historia es cierta. Comenzó en el principio de los tiempos y continúa hoy. Tú, tus familiares y tus amigos son parte de esta historia. Dios desea que conozcas la verdad acerca del rescate y quiere que sepas lo que él hizo para salvar a las personas que iban a morir.

Dios desea que todos conozcan su historia, así que se aseguró de que se escribiera claramente[1] en la Biblia. Comenzaremos por el principio de la Biblia. Luego, seguiremos la historia a través de ella. Seguiremos hasta que lleguemos al momento en el que el Hijo de Dios vino a vivir a la Tierra. Aquí no vamos a examinar cada parte de la historia de Dios. En cambio, vamos a ver las partes de la historia que te ayudarán a entender el mensaje principal. Dios quiere que todas las personas entiendan este mensaje de quién es él y qué ha hecho.

Todos hemos intentado pensar en cómo es Dios. Pero ¿cómo podemos averiguarlo? Podemos descubrirlo leyendo la Biblia. Podemos averiguar cómo es él porque podemos leer acerca de las cosas que él ha creado, hecho y dicho.

---

1. **claramente**: que sea fácil de entender

SU HISTORIA – EL RESCATE

Dios se aseguró de que esas cosas estuvieran escritas para que nosotros las leyéramos en la Biblia. Él desea que todos sepamos cómo es.

Cuando pasamos tiempo con otros, podemos aprender qué clases de personas son por lo que hacen y dicen. Podemos ver si son personas amistosas o felices, y conocerlas por su forma de hablar y de hacer las cosas. También podemos aprender cómo es Dios, descubrir qué le preocupa y saber cómo piensa. Dios desea que estudiemos sobre él y lleguemos a conocerlo, por eso se aseguró de que su historia se escribiera claramente para que nosotros la leyéramos. Él nos conoce muy bien, y desea que nosotros también lo conozcamos muy bien.

Hay algunas cosas que debes saber acerca de Dios antes de que comencemos la historia. Son importantes para ayudarte a entender el principio del relato, son cosas que Dios dice de sí mismo más adelante. También hay muchas otras cosas que descubrirás acerca de Dios más tarde en la historia.

Dios no se rige por el tiempo como nosotros. Nosotros solo vivimos en un punto en el tiempo y luego avanzamos al siguiente punto. Podemos ver cómo pasan los minutos, los días y las semanas. No podríamos ir al futuro[2] ni regresar al pasado si quisiéramos. Pero Dios existe en todos los momentos a la vez. Él está en el pasado, el presente y el futuro al mismo tiempo.

Dios no tiene cuerpo y no está en un solo lugar. Nosotros vivimos en un solo lugar y tiempo con nuestro cuerpo, pero Dios no tiene cuerpo. Él es una persona real, pero no vive en un cuerpo como tú y yo. Nosotros podemos estar en un solo lugar a la vez, pero Dios está en todas partes al mismo tiempo, tiene libertad para estar en cualquier lugar y tiempo que desee.

---

2. **futuro**: el tiempo después de ahora

INTRODUCCIÓN

Acerca de este libro

A medida que repasemos la historia de Dios en este libro, leeremos muchos fragmentos de la Biblia. Tómate tu tiempo y léelos con cuidado. Puedes leer los versículos³ en una Biblia escrita en tu propio idioma. Cuando leas la Biblia o escuches a alguien leerla, presta mucha atención. Esta es la historia que Dios quiso contarte y que quiere que entiendas. Las otras cosas que hemos escrito en este libro son para ayudarte a entender lo que Dios te está diciendo en la Biblia.

Cuando veas esta imagen de un libro, significa que lo que está escrito a su lado está en la Biblia. Están indicados el capítulo y el versículo, puedes buscarlos y leerlos en tu propia Biblia.

La versión de la Biblia que hemos usado es la *Nueva Traducción Viviente*, que también está disponible en línea.

Hemos escrito este libro en español sencillo. Muchas personas están aprendiendo a leer y hablar español. Si estás aprendiendo español, esperamos que puedas entender las palabras que hemos usado. Algunas palabras son difíciles de entender en español, por lo que las hemos explicado. Estas explicaciones pueden encontrarse en la parte inferior de cada página. También hemos hecho una lista de esas palabras, al final del libro. Si hay otras palabras que no conoces, puedes buscar una traducción de ellas en tu idioma en un diccionario o en línea. O podrías pedirle a alguien que te ayude a entender el significado de esas palabras.

Al final de cada sección, verás un signo de pregunta. Allí encontrarás algunas preguntas para pensar o para hablar con otras personas.

---

3. **versículos**: breves divisiones en los capítulos de los libros de la Biblia

EN EL PRINCIPIO

¹En el principio, Dios creó los cielos y la tierra.

GÉNESIS 1:1

Dios quiere que conozcamos la verdadera historia acerca del origen de las cosas. Así que comenzó esta historia con *en el principio*. Su historia comienza en el principio de los tiempos.

Dice que *en el principio Dios* ya estaba allí. Eso significa que Dios estaba allí antes del inicio de los tiempos.

Luego la palabra de Dios dice que *Dios creó los cielos y la tierra*. La palabra *crear* significa hacer algo de la nada. Solo Dios puede hacer algo de la nada, nadie más puede hacerlo. Cuando la gente hace cosas, tiene que hacerlas a partir de algo, pero Dios puede hacer cosas nuevas de la nada. No necesitó que existiera[4] ninguna otra cosa para que pudiera hacer los cielos y la tierra, pudo hacer esto porque él es Dios. Solo Dios puede hacer algo de la nada.

---

4. **existir**: que algo esté allí

SU HISTORIA – EL RESCATE

Dios sabe más que lo que puede encontrarse en todos los libros y todos los sitios web del mundo. Su poder es mucho más grande que todo el poder que las personas puedan usar en el mundo. Dios no es solo un poco más poderoso, él es mucho más poderoso. Todo el conocimiento[5] y todo el poder del mundo no podrían crear algo donde antes no había nada, pero Dios puede hacer eso. En el principio, Dios creó los cielos y la tierra donde antes no había nada.

GÉNESIS 1:2

[2] La tierra no tenía forma y estaba vacía, y la oscuridad cubría las aguas profundas; y el Espíritu de Dios se movía en el aire sobre la superficie de las aguas.

La palabra de Dios nos dice cómo era la tierra cuando la creó por primera vez. Dice que la tierra *no tenía forma y estaba vacía*. Esto significa que no tenía ninguna forma y no estaba ordenada. También dice que la tierra estaba vacía, porque aún no había vida en ella. No había personas, plantas ni animales. Las aguas profundas cubrían[6] todo el mundo y estaba oscuro. Así que Dios había hecho la tierra, pero no era un lugar en el que nada ni nadie pudiera vivir.

Luego la historia dice que el Espíritu de Dios estaba allí. Afirma que *el Espíritu de Dios se movía en el aire sobre la superficie de las aguas*. Moverse en el aire significa que estaba esperando[7] allí, sobre las aguas profundas.

Pero ¿quién o qué es el Espíritu de Dios? La historia nos cuenta mucho más acerca del Espíritu más adelante. Es una persona real que es parte de Dios. No es alguien diferente, ni otra persona. Dios es una sola persona, pero está formado por tres integrantes: el Padre, el Hijo y el Espíritu. A veces la gente llama a Dios la "Trinidad". Trinidad significa "tres en uno". Más adelante en la historia, escucharás más acerca del Padre, el Hijo y el Espíritu y descubrirás más acerca de ellos.

Entonces el Espíritu de Dios estaba esperando sobre las aguas de la tierra oscura y vacía. Estaba esperando para hacer algo.

GÉNESIS 1:3

[3] Entonces Dios dijo: «Que haya luz»; y hubo luz.

---

5. **conocimiento**: todas las cosas que las personas saben
6. **cubrían**: el agua estaba por encima de toda la tierra
7. **esperar**: permanecer en algún lugar

SESIÓN 1: EN EL PRINCIPIO

Ahora la palabra de Dios nos cuenta lo que hizo a continuación. Nos indica que Dios dijo algo. Él dijo *"Que haya luz"*. Lo siguiente que declara es que *hubo luz*.

Entonces Dios hizo la luz con solo decirlo. No tuvo que ir a conseguir algo ni ir y hacer algo. Todo lo que hizo fue manifestar lo que quería. Lo dijo y luego sucedió. Quería crear la luz, así que simplemente dijo que debería haber luz, y entonces la luz estuvo allí.

La luz es lo primero que Dios creó después de haber hecho los cielos y la tierra. Al principio, la tierra estaba oscura, pero luego Dios hizo la luz. La luz trae energía[8] y ayuda a que las cosas vivan y crezcan. Creó la luz porque más tarde iba a hacer cosas que requerirían luz. Dios ya sabía que haría cosas que necesitarían luz para ver, calentarse, vivir y crecer.

⁴ Y Dios vio que la luz era buena. Luego separó la luz de la oscuridad.

GÉNESIS 1:4

Dios nos cuenta en su palabra que vio que la luz que había creado *era buena*. Todo lo que Dios hace es bueno. Cuando él dice que algo es bueno, significa que no tiene nada de malo. Es perfecto, lo cual evidencia que hay nada malo ni incorrecto en ello. Dios hace las cosas perfectas siempre, todo lo que él hace es maravilloso.

Lo siguiente que hizo Dios fue separar[9] la luz de las tinieblas. Apartó la luz de la oscuridad. No había sol, ni luna ni estrellas. Pero Dios hizo la luz y la colocó en el lugar que quiso. Parte de la tierra era oscuridad y parte de la tierra era luz. Dios hizo la luz sin sol ni luna, ni nada de donde viniera luz. Solo Dios puede hacer eso.

⁵ Dios llamó a la luz «día» y a la oscuridad «noche». Y pasó la tarde y llegó la mañana, así se cumplió el primer día.

GÉNESIS 1:5

Dios había separado la oscuridad de la luz. Estaba haciendo las cosas a su manera, trayendo orden a la tierra. Estaba arreglándola para que fuera de la manera que él quería. Estaba poniendo todo en su lugar. Llamó a la luz *día* y a la oscu-

---

8. **energía**: poder que hace que las cosas sucedan
9. **separar**: apartar una cosa de otra

ridad *noche*. Hizo esto el primer día. Todavía podemos ver cómo pasan los días pasan, de la mañana a la noche. Dios lo comenzó en el principio de los tiempos.

GÉNESIS 1:6-8

⁶ Entonces Dios dijo: «Que haya un espacio entre las aguas, para separar las aguas de los cielos de las aguas de la tierra»; ⁷ y eso fue lo que sucedió. Dios formó ese espacio para separar las aguas de la tierra de las aguas de los cielos ⁸ y Dios llamó al espacio «cielo».

Y pasó la tarde y llegó la mañana, así se cumplió el segundo día.

Dios estaba poniendo las cosas en orden sobre la tierra. Lo siguiente que hizo fue poner *un espacio entre las aguas*. Dios quiso que hubiera un espacio entre estas aguas, y eso es lo que sucedió. Había agua abajo que cubría la tierra, y una capa¹⁰ de agua arriba. Así que había aguas encima de la tierra y aguas sobre la tierra. Dios llamó *cielo* al espacio que creó. Eso es lo que hizo el segundo día.

GÉNESIS 1:9,10

⁹ Entonces Dios dijo: «Que las aguas debajo del cielo se junten en un solo lugar, para que aparezca la tierra seca»; y eso fue lo que sucedió. ¹⁰ Dios llamó a lo seco «tierra» y a las aguas «mares». Y Dios vio que esto era bueno.

Al tercer día, puso las aguas de la tierra en su lugar. Simplemente dijo que quería que esto sucediera, y sucedió. Lo dijo y luego el agua se movió al lugar donde Dios quería que estuviera. El agua se movió a su lugar, entonces hubo tierra seca donde había estado una parte del agua. Dios llamó al terreno seco *tierra*, y a las aguas sobre la tierra las llamó *mares*.

Ahora la tierra estaba comenzando a parecer un lugar donde podrían vivir personas o animales. Había mares, tierra seca y cielo. Y estaban el día y la noche. Dios dijo que todo era bueno. Todo era perfecto, tal como él quería que fuese.

GÉNESIS 1:11-13

¹¹ Después Dios dijo: «Que de la tierra brote vegetación: toda clase de plantas con semillas y árboles que den frutos con semillas. Estas semillas producirán, a su vez, las mismas clases de plantas y árboles de los que provinieron»; y eso fue lo que

---

10. **capa**: una lámina de algo, que puede ser gruesa o fina

sucedió. ¹² La tierra produjo vegetación: toda clase de plantas con semillas y árboles que dan frutos con semillas. Las semillas produjeron plantas y árboles de la misma clase. Y Dios vio que esto era bueno.

¹³ Y pasó la tarde y llegó la mañana, así se cumplió el tercer día.

Dios dijo que de la tierra debía *brotar vegetación*. La vegetación son plantas y árboles. Él dijo que debían crecer todo tipo de plantas y árboles. Dios dijo que esto debía suceder, y entonces sucedió. De la tierra crecieron plantas y árboles, con flores, frutas y semillas. Todos los tipos de plantas y árboles que vemos hoy crecieron en el principio cuando Dios lo dijo. Él creó muchas clases de plantas, él hizo cada tipo de árbol o planta con su propia clase de semilla. Lo hizo así para que las semillas pudieran crecer y llegar a convertirse en el mismo tipo de árbol o planta del que provenían. Hizo cada semilla para que hubiera vida en ella y pudiera crecer y ser una nueva planta de la misma clase. Solo Dios pudo hacer eso.

Solo Dios puede crear vida. Él es el único que pudo hacer plantas con semillas que pueden crecer y convertirse en nuevas plantas. Dios hace las cosas con mucho cuidado y planea cada cosa que hace. Contempló todas las plantas con semillas y fruto que había hecho, y vio que todo era bueno. Todo lo que Dios había creado era perfecto. Esto es lo que hizo el tercer día.

GÉNESIS 1:14-19

¹⁴ Entonces Dios dijo: «Que aparezcan luces en el cielo para separar el día de la noche; que sean señales para que marquen las estaciones, los días y los años. ¹⁵ Que esas luces en el cielo brillen sobre la tierra»; y eso fue lo que sucedió. ¹⁶ Dios hizo dos grandes luces: la más grande para que gobernara el día, y la más pequeña para que gobernara la noche. También hizo las estrellas. ¹⁷ Dios puso esas luces en el cielo para iluminar la tierra, ¹⁸ para que gobernaran el día y la noche, y para separar la luz de la oscuridad. Y Dios vio que esto era bueno.

¹⁹ Y pasó la tarde y llegó la mañana, así se cumplió el cuarto día.

SU HISTORIA – EL RESCATE

El cuarto día, Dios hizo todas las cosas que brillan en el cielo por la noche. Creó las dos grandes luces, que son el sol y la luna, y también las estrellas. Estas cosas que hizo Dios el cuarto día están en el universo[11]. El universo es tan grande que no podemos ver su borde, ni siquiera con telescopios[12] muy grandes. Dios hizo tantas estrellas que no podemos verlas a todas. Nunca podríamos contarlas a todas, el universo es enorme[13]. Pero Dios hizo todas las estrellas, el sol y la luna. Él conoce a cada una porque las creó a todas.

Dios dijo que creó el sol, la luna y las estrellas y los puso en el cielo. El cielo es el espacio entre las aguas encima y las aguas debajo que Dios hizo el segundo día. Su palabra dice que puso el sol, la luna y las estrellas en el cielo para iluminar la tierra. La tierra era un lugar especial en el universo que Dios quería iluminar. Él estaba preparando la tierra para la gente, quería hacer un lugar para que vivieran las personas. Quería hacer un hogar perfecto para que viviéramos nosotros.

GÉNESIS 1:20-23

²⁰ Entonces Dios dijo: «Que las aguas se colmen de peces y de otras formas de vida. Que los cielos se llenen de aves de toda clase». ²¹ Así que Dios creó grandes criaturas marinas y todos los seres vivientes que se mueven y se agitan en el agua y aves de todo tipo, cada uno produciendo crías de la misma especie. Y Dios vio que esto era bueno. ²² Entonces Dios los bendijo con las siguientes palabras: «Sean fructíferos y multiplíquense. Que los peces llenen los mares y las aves se multipliquen sobre la tierra».

²³ Y pasó la tarde y llegó la mañana, así se cumplió el quinto día.

En el quinto día, Dios llenó los océanos, los ríos y los lagos de peces y todas las criaturas[14] que viven en el agua. También creó las aves que vuelan por encima de la tierra. Él hizo cada clase distinta de ave y cada clase diferente de pez y criatura marina. Los creó como hizo con todo lo demás: simplemente habló y entonces sucedió. Y los hizo para que pudieran tener crías[15] que pudieran crecer y llegar a ser el mismo tipo de ave o pez. Él dijo que debían multiplicarse y llenar los mares.

---

11. **universo**: todo el espacio exterior; todas las estrellas y los planetas
12. **telescopio**: un aparato por el que podemos mirar para ver a una distancia muy lejana
13. **enorme**: muy, muy grande
14. **criaturas**: seres vivos que Dios creó
15. **crías**: bebés o hijos

SESIÓN 1: EN EL PRINCIPIO

GÉNESIS 1:24,25

²⁴ Entonces Dios dijo: «Que la tierra produzca toda clase de animales, que cada uno produzca crías de la misma especie: animales domésticos, animales pequeños que corran por el suelo y animales salvajes»; y eso fue lo que sucedió. ²⁵ Dios hizo toda clase de animales salvajes, animales domésticos y animales pequeños; cada uno con la capacidad de producir crías de la misma especie. Y Dios vio que esto era bueno.

El sexto día, Dios creó todos los animales con solo decirlo. Hizo todo tipo de animales que alguna vez estuvieron sobre la tierra. Los creó para que tuvieran crías que se convirtieran en la misma clase de animales al crecer. Dios creó un mundo maravilloso[16] con criaturas de todo tipo de formas y tamaños. Y Dios vio que lo que había hecho era perfecto.

Esta primera parte de la historia de Dios nos cuenta el origen de muchas de las cosas que, hasta el día de hoy, podemos ver a nuestro alrededor. Podemos ver los mares, el cielo, el sol, la luna y las estrellas. Somos capaces de ver plantas, árboles, flores, frutos, aves, peces y animales. Dios los creó en el principio. Hoy podemos ver todas las cosas que Dios creó. La mañana y la noche siguen llegando. El sol, la luna y las estrellas están en el cielo. Las plantas y los árboles aún crecen de una semilla del mismo tipo de planta o árbol, y cada clase de ave, pez o animal sigue teniendo crías que crecen para llegar a ser adultos de la misma especie. Esto sucede en todo el mundo, ocurre donde las personas pueden verlo

---

16. **maravilloso**: algo muy bueno que nos hace muy felices cuando lo vemos

SU HISTORIA – EL RESCATE

y también donde no hay gente. Es como una historia que se cuenta cada día en todo el mundo, acerca del gran conocimiento y el asombroso poder de Dios.

Dios creó todas estas cosas sobre la tierra, para prepararse para lo que iba a hacer a continuación. Dios iba a crear personas. Y ahora la tierra estaba lista para ellas.

1. ¿Por qué Dios se aseguró de que su historia se escribiera en la Biblia?
2. ¿Has estudiado la Biblia antes? ¿La seguiste desde el principio?
3. ¿Es la historia de Dios como una película o una historia inventada en un libro?
4. ¿Cuáles son algunas de las cosas que Dios creó que puedes ver?
5. ¿Cómo creó Dios las cosas?
6. ¿Qué te dicen las cosas que Dios creó acerca de cómo es él?

SESIÓN 2

DIOS CREÓ AL PRIMER HOMBRE Y LA PRIMERA MUJER

Hemos llegado a una parte muy importante de la historia de cuando Dios creó la tierra. Él había hecho un hermoso hogar para las personas, pero aún no había personas. Había plantas, animales, aves y peces. Dios le había dado vida a cada uno de ellos. Pero ahora iba a hacer algo distinto. Iba a crear una clase diferente de seres vivos: las personas.

GÉNESIS 1:26

²⁶ Entonces Dios dijo: «Hagamos a los seres humanos a nuestra imagen, para que sean como nosotros. Ellos reinarán sobre los peces del mar, las aves del cielo, los animales domésticos, todos los animales salvajes de la tierra y los animales pequeños que corren por el suelo».

Dijo: *"Hagamos a los seres humanos…"*. ¿Por qué expresó *hagamos* y no *haré*? Recuerda que Dios son tres personas en una. Él es un Dios, pero es el Padre, el Hijo y el Espíritu. Los tres trabajan juntos y planifican las cosas juntos. Dios nos dice en su palabra que los tres pensaron juntos hacer a los seres humanos. Seres humanos significa hombres y mujeres, es decir, personas.

SU HISTORIA – EL RESCATE

Dios dijo que haría a las personas *"...a nuestra imagen, para que sean como nosotros"*. Estos seres serían diferentes del resto de las criaturas vivas que había hecho. Serían como Dios. Esto es lo que significa cuando dice *a nuestra imagen*. Serían como él porque podrían pensar en Dios y serían capaces de conocerlo.

Dios quiso hacer personas que pudieran pensar en él. También podrían hablar con él. Dios podría hablarles y ellos lo escucharían. Podrían agradecerle por las cosas hermosas que había creado. Podrían amarlo y obedecerlo[17]. Podrían saber que Dios los amaba.

Dios dice que estas personas reinarían sobre todos los otros seres vivientes que había creado. Reinar significa gobernar sobre algo. Les daría a estas personas trabajos importantes que hacer para él. Dios quería que cuidaran de la tierra y de los otros seres vivientes que había formado.

Dios dijo que crearía personas, y eso fue lo que hizo.

GÉNESIS 1:27-31

²⁷ Así que Dios creó a los seres humanos a su propia imagen.
A imagen de Dios los creó;

hombre y mujer los creó.

²⁸ Luego Dios los bendijo con las siguientes palabras: «Sean fructíferos y multiplíquense. Llenen la tierra y gobiernen sobre ella. Reinen sobre los peces del mar, las aves del cielo y todos los animales que corren por el suelo».

²⁹ Entonces Dios dijo: «¡Miren! Les he dado todas las plantas con semilla que hay sobre la tierra y todos los árboles frutales para que les sirvan de alimento. ³⁰ Y he dado toda planta verde como alimento para todos los animales salvajes, para las aves del cielo y para los animales pequeños que corren por el suelo, es decir, para todo lo que tiene vida»; y eso fue lo que sucedió.

³¹ Entonces Dios miró todo lo que había hecho, ¡y vio que era muy bueno!

Y pasó la tarde y llegó la mañana, así se cumplió el sexto día.

---

17. **obedecer**: seguir lo que alguien dice

SESIÓN 2: DIOS CREÓ AL PRIMER HOMBRE Y LA PRIMERA MUJER

Dios creó un hombre y una mujer. Parte del trabajo que Dios quería que hicieran era tener hijos. Dios deseaba que en la tierra hubiera muchas más personas. Así que creó al hombre y a la mujer, para que pudieran tener descendencia.

Dios vio que todo lo que había hecho era muy bueno. El hombre y la mujer que había creado eran perfectos. Había planeado crearlos, y los hizo tal como quiso que fueran.

La palabra de Dios cuenta un poco más acerca de cuándo creó al primer hombre y la primera mujer. Veremos lo que dice en Génesis capítulo 2. Dice más acerca del tiempo en el principio cuando Dios creó todo.

GÉNESIS 2:1-3

¹ Así quedó terminada la creación de los cielos y de la tierra, y de todo lo que hay en ellos. ² Cuando llegó el séptimo día, Dios ya había terminado su obra de creación, y descansó de toda su labor. ³ Dios bendijo el séptimo día y lo declaró santo, porque ese fue el día en que descansó de toda su obra de creación.

Dios había terminado su obra de la creación. Había terminado todo lo que quería hacer. Dios siempre termina lo que planea hacer. Las personas comienzan muchas cosas, pero no las terminan a todas. Decimos que vamos a hacer cosas, pero no siempre las hacemos. Dios no es así. Él no se rinde ni se va a hacer otra cosa. Siempre termina lo que comienza. Y Dios siempre hace las cosas bien, planea hacer cosas y las hace tal como las planificó.

Después de que terminó su obra, Dios descansó. Él no necesitaba descansar porque estuviera cansado, Dios no se cansa. Se detuvo porque su obra estaba terminada. Creó el universo y todos los seres vivos, y luego terminó. Y entonces, debido a que su obra estaba terminada, Dios se detuvo y descansó.

GÉNESIS 2:4-7

⁴ Este es el relato de la creación de los cielos y la tierra.

Cuando el Señor Dios hizo la tierra y los cielos, ⁵ no crecían en ella plantas salvajes ni grano porque el Señor Dios aún no había enviado lluvia para regar la tierra, ni había personas que la cultivaran. ⁶ En cambio, del suelo brotaban manantiales que regaban toda la tierra. ⁷ Luego el Señor Dios formó al hombre del polvo de la tierra. Sopló aliento de vida en la nariz del hombre, y el hombre se convirtió en un ser viviente.

SU HISTORIA – EL RESCATE

Antes de esta parte de la historia, el nombre usado para el Creador era 'Dios'. Ahora, en esta parte de la historia, comienza a usar el nombre 'Señor'. Dios empezó a usar este nombre porque ahora había personas en la tierra. Había personas, y por eso Dios podía ser su Señor. Estas personas podrían conocerlo y amarlo. Él podría ser su Señor. Él sería el único que cuidaría de ellos, y ellos lo sabrían. Dios hizo a las personas para que lo conocieran, lo amaran y lo escucharan. Así que comenzó a usar el nombre Señor después de que hubo personas en la tierra. Estaría cerca de ellos como un padre está cerca de sus hijos.

Génesis 2:7 nos cuenta cómo Dios creó al primer hombre. Dice que lo hizo de la tierra, *del polvo de la tierra*. Pero el hombre que Dios creó del polvo de la tierra era solo un cuerpo vacío, aún no tenía vida. No podía moverse, respirar, ni trabajar. Luego dice que Dios *sopló aliento de vida* en el hombre. Cuando Dios le dio vida, el hombre se convirtió en una persona viva. Pudo respirar, trabajar, hablar, pensar y conocer al Señor. Dios es el único que puede dar vida o hacer que comience la vida.

Este primer hombre que Dios creó es el antepasado[18] de todas las personas que han vivido alguna vez. Más tarde, la palabra de Dios llama a este primer hombre Adán. Adán es una palabra del idioma hebreo[19] que significa 'hombre'.

⁸ Después, el Señor Dios plantó un huerto en Edén, en el oriente, y allí puso al hombre que había formado.

GÉNESIS 2:8

El Señor Dios ahora nos cuenta cómo plantó un jardín especial. Fue en un lugar llamado Edén, por eso lo llamamos 'el huerto del Edén'. Luego, puso en ese huerto al hombre que había creado. Ese jardín era un lugar increíble, estaba lleno de cosas hermosas que crecían. Allí había muchas plantas y árboles con flores y frutos. Él los puso allí para que el hombre disfrutara[20] de verlos y comerlos. Dios hizo que el jardín fuera el mejor lugar en el que el hombre pudiera estar. Él sabía qué era lo mejor para el hombre porque él es el Señor y él formó al hombre. Dios creó a Adán, y por eso sabía qué era lo mejor para él. Dios puso a Adán en el jardín y le dio el trabajo de cuidar de los seres vivos que había allí. Todo era tal como Dios lo había planeado.

---

18. **antepasado**: persona de nuestra familia que ha vivido antes de nosotros
19. **hebreo**: persona que es descendiente de Jacob, el nieto de Abraham (descubriremos más sobre ellos más adelante en la historia)
20. **disfrutar**: gustar de hacer o ver algo

SESIÓN 2: DIOS CREÓ AL PRIMER HOMBRE Y LA PRIMERA MUJER

GÉNESIS 2:9

⁹ El Señor Dios hizo que crecieran del suelo toda clase de árboles: árboles hermosos y que daban frutos deliciosos. En medio del huerto puso el árbol de la vida y el árbol del conocimiento del bien y del mal.

En el huerto, había miles de asombrosos árboles, plantas y flores diferentes. Pero había dos árboles especiales que Dios puso en el jardín del Edén. En su historia, Dios les pone nombre a estos dos árboles. Uno de ellos, que se encontraba en el medio del huerto, era *el árbol de la vida*. El otro era *el árbol del conocimiento del bien y del mal*.

GÉNESIS 2:15-17

¹⁵ El Señor Dios puso al hombre en el jardín de Edén para que se ocupara de él y lo custodiara; ¹⁶ pero el Señor Dios le advirtió: «Puedes comer libremente del fruto de cualquier árbol del huerto, ¹⁷ excepto del árbol del conocimiento del bien y del mal. Si comes de su fruto, sin duda morirás».

Dios dijo que el hombre tenía permitido[21] comer del fruto de todos los árboles del huerto, pero mencionó que no podía comer del fruto de uno de ellos. El hombre tenía libertad para comer del fruto del árbol de la vida y de todos los otros árboles en el jardín, pero no podía comer del fruto del árbol del conocimiento del bien y del mal. Dios dijo muy claramente que si el hombre comía del fruto del árbol del conocimiento del bien y del mal, moriría.

El hombre, Adán, tenía que hacer una elección[22]. Podía elegir comer del fruto del árbol del conocimiento del bien y del mal, o podía escoger no comerlo. Adán tenía libertad para decidir[23] lo que iba a hacer. Dios le dio la libertad de hacer lo que quisiera. Adán podía elegir hacer lo que dijo el Señor, o podía elegir no escuchar[24] a Dios.

El árbol del conocimiento del bien y del mal y su fruto no eran buenos o malos, Dios no hace nada malo. Entonces, ¿por qué Dios le dijo al hombre que no comiera del fruto de ese árbol? Dios solo quería que el hombre lo escuchara, quería que acudiera a él si tenía alguna pregunta. Dios sabía qué sería lo mejor para

---
21. **permitido**: algo que está bien hacer y no es malo
22. **elección**: decidir entre hacer una cosa u otra
23. **decidir**: pensar en lo que uno va a hacer
24. **escuchar**: decidir estar de acuerdo con alguien y obedecerle

SU HISTORIA – EL RESCATE

Adán, lo puso en un lugar hermoso para que hiciera un trabajo importante. Y Dios estaba ahí mismo con él. Adán podía acudir al Creador en cualquier momento para hacerle una pregunta. No necesitaba comer del fruto del árbol del conocimiento del bien y del mal. No necesitaba conocer la diferencia entre el bien y el mal. Adán podía acudir a Dios en cualquier momento y hacerle cualquier pregunta que tuviera. El Señor quería que el hombre viniera a él y le hiciera cualquier pregunta que quisiera.

Ahora Dios dijo que el hombre no debería estar solo.

¹⁸ Después, el Señor Dios dijo: «No es bueno que el hombre esté solo. Haré una ayuda ideal para él».

Dios dijo que el hombre necesitaba una ayuda. Dijo: *"Haré una ayuda ideal para él"*. Dios conocía a Adán en todos los aspectos. Él sabía todas las cosas que Adán necesitaba. Dios había planeado hacerlo, y lo hizo después de crear un mundo en el que él viviera. Dios se preocupaba por Adán y quería que tuviera todo lo que necesitaba. Dios no tuvo que preguntarle a Adán qué necesitaba porque ya lo sabía. Dios quería que Adán cuidara de la tierra y todos los seres vivos. También quería que la tierra estuviera llena de más personas. Dios sabía que Adán necesitaría una mujer como ayudante para hacer ese trabajo.

¹⁹ Entonces el Señor Dios formó de la tierra todos los animales salvajes y todas las aves del cielo. Los puso frente al hombre para ver cómo los llamaría, y el hombre escogió un nombre para cada uno de ellos. 20 Puso nombre a todos los animales domésticos, a todas las aves del cielo y a todos los animales salvajes; pero aún no había una ayuda ideal para él.

Dios trajo todos los animales y las aves a Adán, para que les pusiera nombre. Dios le dio a Adán el trabajo de cuidar de la tierra y todos los seres vivos que había en ella. Entonces Dios trajo todos los animales y las aves a Adán, para que pudiera elegir nombres para todos ellos. Adán le dio un nombre a cada uno. Estaba comenzando a hacer el trabajo que el Señor le había encomendado.

Adán vio todos los increíbles animales y aves que Dios había creado, pero no había ninguna ayuda ideal para él. Ninguno de los animales podía ser de ayuda para él, los animales no eran como él. Ninguno de ellos fue creado para conocer

SESIÓN 2: DIOS CREÓ AL PRIMER HOMBRE Y LA PRIMERA MUJER

y amar a Dios. Ninguno de ellos era como Adán. Adán necesitaba una ayuda ideal para él. La palabra de Dios nos dice que él hizo la compañera[25] y ayudante perfecta para Adán.

GÉNESIS 2:21-25

[21] Entonces el Señor Dios hizo que el hombre cayera en un profundo sueño. Mientras el hombre dormía, el Señor Dios le sacó una de sus costillas y cerró la abertura. [22] Entonces el Señor Dios hizo de la costilla a una mujer, y la presentó al hombre.

[23] «¡Al fin! —exclamó el hombre—.

¡Esta es hueso de mis huesos

y carne de mi carne!

Ella será llamada "mujer" porque fue tomada del hombre».

[24] Esto explica por qué el hombre deja a su padre y a su madre, y se une a su esposa, y los dos se convierten en uno solo.

[25] Ahora bien, el hombre y su esposa estaban desnudos, pero no sentían vergüenza.

Adán estaba muy feliz con esta mujer que Dios había hecho. "¡Al fin!", dijo. Esta era la persona que había estado esperando. Era la única que podía ayudarlo y estar con él.

Dios puso juntos[26] a este hombre y esta mujer, los unió para que vivieran y trabajaran juntos. Esto es algo que Dios hizo en el principio. Creó a la mujer para que fuera la ayudante y la compañera del hombre, esto es lo que llamamos matrimonio. Dios lo planeó y lo concretó cuando hizo a la mujer para que fuera la esposa de Adán.

El hombre y la mujer estaban desnudos, no usaban ninguna ropa. No estaban avergonzados[27] de estar desnudos. No había nada malo en el mundo, y ambos estaban felices juntos y no sentían nada de vergüenza.

---

25. **compañero**: alguien que pasa tiempo contigo y te ayuda
26. **juntos**: estar cerca de otra persona
27. **avergonzado**: sentirse triste por algo que uno ha hecho; querer ocultarse porque uno hizo algo malo

SU HISTORIA – EL RESCATE

1. Nombra algunas de las cosas que Dios hizo para Adán y su esposa.

2. Dios hizo muchas cosas para Adán y su esposa. ¿Qué nos dice eso acerca de cómo él se sentía acerca de ellos?

3. ¿Crees que Dios creó el matrimonio?

4. ¿Crees que la forma en que la Biblia cuenta la historia de la creación es cierta?

5. ¿Has escuchado una historia diferente de cómo comenzó el mundo?

SESIÓN 3

ADÁN Y SU ESPOSA DESOBEDECIERON A DIOS

Adán y su esposa estaban en el hermoso jardín del Edén que Dios había creado para ellos, y disfrutaban de estar juntos allí. Tenían libertad para disfrutar de todas las cosas hermosas en el jardín que Dios había hecho para ellos, había muchas cosas diferentes y muy buenas para comer. Estaban haciendo el trabajo que Dios les había encomendado, cuidando de la tierra y los seres vivos que él había creado. Dios estaba con Adán y su esposa, ayudándolos y guiándolos con su presencia. Quería que lo conocieran y lo amaran.

También había alguien más en el jardín. La palabra de Dios nos cuenta que había una serpiente[28] que le habló a Eva. Serpiente es otro nombre para víbora.

GÉNESIS 3:1

¹ La serpiente era el más astuto de todos los animales salvajes que el Señor Dios había hecho. Cierto día le preguntó a la mujer:

—¿De veras Dios les dijo que no deben comer del fruto de ninguno de los árboles del huerto?

---

28. **serpiente**: una víbora

SU HISTORIA – EL RESCATE

Esta serpiente no era solo un animal como las otras víboras, en realidad era otra persona que se veía como una víbora. Tomó la forma de una serpiente para poder engañar[29] a Adán y su esposa. En otros lugares en la Biblia podemos leer acerca de quién es esta persona. La Biblia nos dice quién es y de dónde vino. Ahora vamos a ver estos otros lugares en la Biblia, para que sepas quién es esta persona y por qué quería engañar a Adán y su esposa. Luego, regresaremos a la historia de lo que les sucedió a Adán y su esposa en el huerto.

El libro de Job, que está más adelante en la Biblia, cuenta acerca de la ocasión en la que Dios le habló a un hombre llamado Job, que vivió muchos años después que Adán. Dios le habló a Job acerca del momento en el que creó la tierra.

JOB 38:4-7

⁴ ¿Dónde estabas tú cuando puse los cimientos de la tierra?

Dímelo, ya que sabes tanto.

⁵ ¿Quién decidió sus dimensiones

y extendió la cinta de medir?

⁶ ¿Qué sostiene sus cimientos

y quién puso su piedra principal

⁷ mientras las estrellas de la mañana cantaban a coro

y todos los ángeles gritaban de alegría?

Dijo que cuando creó la tierra *todos los ángeles gritaban de alegría*. Estos ángeles estaban en el principio de los tiempos cuando Dios hizo la tierra. ¿Quiénes eran estos ángeles? Dios todavía no había creado a las personas. Estos ángeles eran seres espirituales. Sabemos por la Biblia que no tienen cuerpos como los nuestros; son espíritus. Hay otros lugares en la Biblia en los que dice que los ángeles hablaron con las personas y que las personas los vieron en cuerpos similares a los humanos. Entonces sabemos que las personas pueden ver a algunos ángeles en forma humana. Más adelante leeremos algunas de esas historias.

Al igual que todo lo demás, los ángeles fueron creados por Dios. Él los hizo antes de crear la tierra. Sabemos esto porque Dios dijo que los ángeles estaban allí cuando creó los cielos y la tierra. Sabemos que eran perfectos cuando Dios

---

29. **engañar**: un acto malintencionado para conseguir que alguien haga algo que uno desea

SESIÓN 3: ADÁN Y SU ESPOSA DESOBEDECIERON A DIOS

los creó, porque todo lo que él hace es perfecto. La Biblia explica que había una gran cantidad de estos seres espirituales, dice que Dios les dio trabajo para hacer y que les dio gran poder para hacerlo. Dios los convirtió en sus siervos[30] y mensajeros[31]. Entonces, en el principio de los tiempos, había gran cantidad de seres espirituales allí con Dios. Eran muy poderosos, pero no tanto como Dios, porque él los había creado.

La Biblia dice que el mayor de estos siervos angelicales se llamaba Lucifer. El nombre Lucifer significa 'Estrella de la Mañana'. Él era perfecto cuando Dios lo creó, y se le dio gran autoridad[32] y poder. Era el más grande de todos los seres que Dios había creado. Era el más cercano en poder a Dios mismo. Pero no era tan poderoso como Dios, quien lo había creado.

La Biblia nos habla de Lucifer en el libro de Ezequiel. Este libro nos cuenta acerca de un mensaje enviado por Dios a un hombre que era rey de un lugar llamado Tiro. En su mensaje al rey, Dios habla acerca de Lucifer. El rey de Tiro actuó como Lucifer, y por eso Dios quería contarle lo que le había sucedido a Lucifer. Podemos leer lo que Dios dijo acerca de Lucifer en el libro de Ezequiel.

EZEQUIEL 28:12-19

[12] «Hijo de hombre, entona este canto fúnebre para el rey de Tiro. Dale este mensaje de parte de Señor Soberano:

»"Tú eras el modelo de la perfección,

lleno de sabiduría y de exquisita belleza.

[13] Estabas en el Edén,

el jardín de Dios.

Tenías la ropa adornada con toda clase de piedras preciosas

—cornalina rojiza, peridoto verde pálido, aduaria blanca,

berilo azul y verde, ónice, jaspe verde,

lapislázuli, turquesa y esmeralda—,

todas talladas especialmente para ti

e incrustadas en el oro más puro.

Te las dieron

el día en que fuiste creado.

---

30. **siervo**: una persona que trabaja para otra
31. **mensajero**: una persona que dice cosas a las personas en nombre de otro
32. **autoridad**: el poder o derecho de dar órdenes y hacer que otras personas las obedezcan

SU HISTORIA – EL RESCATE

¹⁴ Yo te ordené y te ungí

como poderoso ángel guardián.

Tenías acceso al monte santo de Dios

y caminabas entre las piedras de fuego.

¹⁵ »"Eras intachable en todo lo que hacías,

desde el día en que fuiste creado

hasta el día en que se encontró maldad en ti.

¹⁶ Tu abundante comercio te llevó a la violencia,

y pecaste.

Entonces te expulsé en deshonra

de la montaña de Dios.

Te eché, guardián poderoso,

del lugar que tenías entre las piedras de fuego.

¹⁷ Tu corazón se llenó de orgullo

debido a tu gran belleza.

Tu sabiduría se corrompió

a causa de tu amor por el esplendor.

Entonces te arrojé al suelo

¹⁸ Profanaste tus santuarios

con tus muchos pecados y tu comercio deshonesto.

Entonces hice brotar fuego de tu interior

y te consumió.

Te reduje a cenizas en el suelo

a la vista de todos los que te miraban.

¹⁹ Todos los que te conocían se horrorizaron por tu destino.

Has llegado a un final terrible,

y dejarás de existir"».

SESIÓN 3: ADÁN Y SU ESPOSA DESOBEDECIERON A DIOS

Dios dijo que Lucifer era perfecto cuando fue creado. Él lo hizo perfecto y le dio gran poder y autoridad. Dios dijo que Lucifer era muy sabio, poderoso y hermoso. Su ropa estaba hecha de oro y piedras preciosas. Dios dijo que Lucifer tenía que hacer un trabajo muy importante, también tenía libertad para estar con él siempre que quisiera. Dios le dio todas estas cosas: belleza, poder, sabiduría, libertad, perfección y autoridad. Lo convirtió en el ángel maravilloso y poderoso que era.

Luego Dios nos dice lo que hizo Lucifer. Nos dice que se volvió en su contra. Pecó[33] y se volvió malo. Lucifer comenzó a pensar en lo hermoso y poderoso que era. Se olvidó de que no era tan poderoso como Dios y que todo lo que tenía provenía de él. Lucifer comenzó a pensar que era mejor que Dios.

Podemos leer acerca de algunas de las cosas que pensaba Lucifer. Uno de los mensajeros humanos de Dios se llamó Isaías. Escribió los pensamientos y las palabras de Dios y algunas de las cosas que él dijo acerca de Lucifer y lo que pensaba. El libro de Isaías se encuentra en la Biblia.

ISAÍAS 14:13-14

¹³ Pues te decías a ti mismo:

"Subiré al cielo para poner mi trono por encima de las estrellas de Dios.

Voy a presidir en el monte de los dioses,

muy lejos en el norte.

¹⁴ Escalaré hasta los cielos más altos

y seré como el Altísimo".

Al igual que a Adán y su esposa, Dios le dio a Lucifer libertad para decidir y elegir las cosas. Lucifer eligió ir en contra de Dios, quería ser el único que gobernara sobre todas las otras cosas. Quería ocupar el lugar de Dios. La Biblia dice que muchos otros ángeles siguieron a Lucifer y también se volvieron contra Dios.

Dios sabe todas las cosas. Entonces sabía que Lucifer iba a volverse contra él. Dios es el único que gobierna sobre todas las cosas. Lucifer no pudo ocupar el

---

33 **pecar**: significa ir en contra de lo que el Señor ha dicho, desobedecer a Dios

SU HISTORIA – EL RESCATE

lugar de Dios, su plan no iba a funcionar. Isaías escribió las palabras de Dios, cuando dijo qué haría con Lucifer.

ISAÍAS 14:15

¹⁵ En cambio, serás bajado al lugar de los muertos, a las profundidades más hondas.

Lucifer era el principal de todos los seres espirituales que Dios había creado. Pero se volvió contra el Creador, y por ese motivo él lo expulsó del alto lugar en el que se encontraba. Dijo que bajaría a Lucifer y los otros ángeles que lo seguían *al lugar de los muertos*. Dios dice en la Biblia que pondría a Lucifer en este lugar muy malo, un lugar de muerte. Es un lugar de castigo[34] para Lucifer y todos los otros ángeles que lo siguieron. Este lugar a veces es llamado Infierno.

A partir de este punto en la historia de Dios, a Lucifer se lo llama Satanás, que significa 'enemigo'. Los otros ángeles que siguieron a Lucifer se llaman demonios, diablos, espíritus impuros o espíritus malignos.

Satanás y sus seguidores son los enemigos de Dios. Han trabajado en su contra desde el principio. Actualmente siguen trabajando en contra de Dios, Satanás aún desea ocupar su lugar.

Ahora que hemos leído acerca de quién es Satanás, podemos volver a la historia de Adán y su esposa en el huerto. Satanás odiaba a Adán y la mujer que el Creador había hecho para él. Dios les había dado a estos seres humanos el trabajo de cuidar de la tierra y de todos los seres vivos. Satanás quería ese lugar para él, por eso los odiaba.

Satanás estaba allí en el huerto, había tomado la forma de una serpiente para que Adán y su esposa no supieran quién era en realidad. Observó y esperó. Hizo un plan para intentar lograr que Adán y su esposa comieran del fruto del árbol del conocimiento del bien y del mal. Quería que comieran el fruto y murieran. Dios dijo que morirían si comían ese fruto, por eso Satanás quería que lo comieran.

Regresemos a Génesis y leamos lo que Satanás le dijo a la mujer en el huerto.

---

34 **castigo**: algo negativo que se le hace a alguien que hizo algo malo

SESIÓN 3: ADÁN Y SU ESPOSA DESOBEDECIERON A DIOS

GÉNESIS 3:1

¹ La serpiente era el más astuto de todos los animales salvajes que el Señor Dios había hecho. Cierto día le preguntó a la mujer:

—¿De veras Dios les dijo que no deben comer del fruto de ninguno de los árboles del huerto?

Satanás tomó la forma de una serpiente. La Biblia dice que la serpiente *era el más astuto de todos los animales salvajes*. Eso significa que era el más inteligente. Satanás siempre trata de engañar a las personas al hacerse ver como algo bueno. Dios siempre dice la verdad, pero Satanás siempre dice mentiras e intenta engañar a las personas.

Satanás le hizo una pregunta a la mujer: "¿De veras Dios les dijo que no deben comer del fruto de ninguno de los árboles del huerto?". Satanás estaba tratando de hacerle pensar cosas malas acerca del Creador. Quería que pensara que Dios no les estaba dando todas las cosas buenas que necesitaban. Satanás quería que la mujer comenzara a pensar en las cosas por sí misma, no quería que escuchara a Dios, quería que pensara que debía comenzar a tomar sus propias decisiones.

Podemos leer todo lo que Satanás le dijo a la mujer cuando habló con ella en el huerto.

GÉNESIS 3:2-5

² —Claro que podemos comer del fruto de los árboles del huerto —contestó la mujer—. 3 Es solo del fruto del árbol que está en medio del huerto del que no se nos permite comer. Dios dijo: "No deben comerlo, ni siquiera tocarlo; si lo hacen, morirán".

4 —¡No morirán! —respondió la serpiente a la mujer—. 5 Dios sabe que, en cuanto coman del fruto, se les abrirán los ojos y serán como Dios, con el conocimiento del bien y del mal.

La mujer respondió la pregunta de Satanás. Dijo que podían comer del fruto de los árboles en el huerto, pero que había un árbol de cuyo fruto no tenían permitido comer. Dijo que si comían de ese fruto o incluso lo tocaban, morirían. Pero eso no es lo que Dios había indicado, él prometió que si comían del fruto morirían. No dijo que morirían si lo tocaban. La mujer cambió lo que Dios había dicho.

SU HISTORIA – EL RESCATE

Satanás le mintió a la mujer y le dijo que no morirían si comían del fruto de ese árbol. Dijo que si comían de ese fruto sabrían todo lo que es bueno y lo que es malo, insinuó que Dios no quería que supieran eso porque entonces serían como él. Satanás le mintió a la mujer para hacer que se volviera contra Dios.

Dios quería lo mejor para Adán y su esposa, quería que acudieran a él para preguntarle cualquier cosa que necesitaran saber. Quería que hicieran eso porque los amaba, no era lo mejor para ellos que comenzaran a tomar decisiones por sí mismos sin pedirle ayuda a Dios.

Dios creó a Adán y a su esposa para que fueran libres para tomar sus propias decisiones. Podemos leer ahora acerca de la decisión que tomaron. ¿Escucharían a Dios o a Satanás?

GÉNESIS 3:6

> ⁶ La mujer quedó convencida. Vio que el árbol era hermoso y su fruto parecía delicioso, y quiso la sabiduría que le daría. Así que tomó del fruto y lo comió. Después le dio un poco a su esposo que estaba con ella, y él también comió.

Tanto Adán como su esposa comieron del fruto del árbol del conocimiento del bien y del mal. Ambos tomaron la decisión de desobedecer³⁵ a Dios. Fijaron su atención en el árbol del conocimiento del bien y del mal. Sabían que Dios había dicho que no debían comer del fruto de ese árbol, pero lo miraron y vieron que era hermoso, y el fruto también se veía muy bueno para comer. La mujer quería el conocimiento y la sabiduría que le daría el fruto si lo comía, así que comió un poco del fruto. Luego le dio un poco a Adán, quien también sabía que era el fruto que Dios les había dicho que no comieran. Pero él también comió un poco.

---

35. **desobedecer**: no obedecer; no hacer lo que alguien dice que haga

SESIÓN 3: ADÁN Y SU ESPOSA DESOBEDECIERON A DIOS

1. ¿Por qué Satanás quiso engañar a Adán y su esposa?

2. Dios creó a Adán y Eva para que pudieran escucharlo. ¿Por qué crees que Dios también les dio la libertad para no escucharlo?

3. ¿Qué dijo Satanás para engañar a Adán y su esposa?

SESIÓN 4

DIOS EXPULSÓ DEL JARDÍN A ADÁN Y SU ESPOSA

Dios dijo que Adán y su esposa morirían si comían del fruto del árbol del conocimiento del bien y del mal. Podemos leer lo que sucedió después de que comieron del fruto.

GÉNESIS 3:7

⁷ En ese momento, se les abrieron los ojos, y de pronto sintieron vergüenza por su desnudez. Entonces cosieron hojas de higuera para cubrirse.

La palabra de Dios dice que *se les abrieron los ojos*, lo cual significa que conocieron cosas que no habían comprendido antes. Adán y su esposa vieron todo de manera diferente después de que comieron del fruto, fue algo muy malo que les sucedió cuando desobedecieron a Dios. La palabra de Dios dice que *sintieron vergüenza* por estar desnudos. Quisieron ocultar sus cuerpos desnudos, entonces cosieron hojas de higuera[36] para cubrirse. Satanás les dijo que sería bueno que comieran del fruto. Pero fue algo terrible[37]. Satanás dijo que serían como Dios,

---

36. **higuera**: una clase de árbol
37. **terrible**: algo muy, muy malo; algo que da mucho miedo

pero esto no era cierto. Les mintió. Adán y su esposa ya no eran felices. No se sentían como en su casa en el jardín que Dios había hecho para ellos.

Dios dijo que morirían si comían del fruto, pero seguían vivos y andaban con sus cuerpos físicos[38]. Todo lo que Dios dice siempre es cierto. Entonces, ¿qué sucedió? ¿Qué quiso decir Dios cuando dijo que morirían?

Dios dijo que morirían y esa era la verdad. Cuando comieron del fruto, realmente comenzaron a morir. Antes de que comieran del fruto, no había muerte en el mundo. Dios era el creador de la vida y estaba allí con ellos para que pudieran estar vivos con él. Pero cuando desobedecieron a Dios, se alejaron de él. Sus cuerpos físicos comenzaron a morir. A partir de ese momento, comenzarían a envejecer y más tarde sus cuerpos morirían.

Adán y su esposa habían hecho lo que Satanás quería que hicieran. ¿Recuerdas que Dios dijo que castigaría a Satanás y lo enviaría al lugar de muerte? Dijo que también enviaría a ese lugar a los demonios que se habían vuelto contra él. Ese lugar es para todos los enemigos de Dios. Ahora que Adán y su esposa se habían vuelto contra Dios, también tendrían que ir a ese lugar de muerte. Se habían convertido en enemigos de Dios, entonces tendrían que ir a ese lugar de muerte con los otros enemigos.

La palabra de Dios dice que Adán y su esposa cosieron hojas de higuera para cubrirse, les avergonzaba estar desnudos. Antes de comer del fruto, estaban felices y no sentían vergüenza. Ahora sentían que estaba mal estar desnudos, y esto se debía a que se habían vuelto contra Dios, no lo habían escuchado. Dios quería que fueran felices y le permitieran ser el que les dijera lo que estaba bien y lo que estaba mal, quería que vivieran con él, juntos en el jardín, y que fueran libres. Pero ellos decidieron ir en contra de lo que Dios quería, hicieron una muy mala elección. Ahora intentaron arreglar todo y hacerlo mejor, trataron de cubrir sus cuerpos desnudos con hojas. Ahora pensaban que estar desnudos era malo, por lo que intentaron hacerse buenos otra vez. Fueron y encontraron una higuera, e hicieron ropa con las hojas.

GÉNESIS 3:8

⁸ Cuando soplaba la brisa fresca de la tarde, el hombre y su esposa oyeron al Señor Dios caminando por el huerto. Así que se escondieron del Señor Dios entre los árboles.

---

38. **físicos**: cuerpos de carne y hueso

SESIÓN 4: DIOS EXPULSÓ DEL JARDÍN A ADÁN Y SU ESPOSA

Adán y su esposa escucharon a Dios, que caminaba en el jardín. Dios había estado con ellos en el huerto muchas veces. Les había encantado estar con Dios y hablar con él. Pero esta vez se ocultaron de Dios. Le tuvieron miedo, por lo que se ocultaron de él. Todo había cambiado y todo estaba mal. Dios no quería que fuera de esa manera, no lo había planeado así.

Adán y su esposa estaban avergonzados y tenían miedo, por eso se ocultaron de Dios. Habían escuchado a Satanás, el enemigo, y habían hecho lo que él quería. Como habían seguido a Satanás, estaban avergonzados.

Le tenían miedo a Dios. Él siempre es perfecto y bueno en todo lo que hace, por eso no podía simplemente ignorar[39] lo que Adán y su esposa habían hecho. La forma de hacer las cosas de Dios es la mejor, pero Adán y la mujer habían elegido una forma diferente. Dios siempre hace lo correcto, así que tenía que hacer lo correcto ahora que le habían desobedecido. Adán y su esposa tenían miedo de lo que Dios iba a hacer.

GÉNESIS 3:9-13

⁹ Entonces el Señor Dios llamó al hombre:

—¿Dónde estás?

¹⁰ El hombre contestó:

—Te oí caminando por el huerto, así que me escondí. Tuve miedo porque estaba desnudo.

¹¹ —¿Quién te dijo que estabas desnudo? —le preguntó el Señor Dios—. ¿Acaso has comido del fruto del árbol que te ordené que no comieras?

¹² El hombre contestó:

—La mujer que tú me diste fue quien me dio del fruto, y yo lo comí.

¹³ Entonces el Señor Dios le preguntó a la mujer:

—¿Qué has hecho? —La serpiente me engañó —contestó ella—. Por eso comí.

---

39. **ignorar**: actuar como si uno no supiera algo; no hacer nada con respecto a algo

SU HISTORIA – EL RESCATE

Dios llamó a Adán y le preguntó dónde estaba, aunque él ya lo sabía. Y estaba enterado de que Adán y su esposa habían comido del fruto que les había ordenado que no comieran. Dios sabía que habían oído a Satanás y que habían desobedecido a su Creador. Dios conoce todas las cosas. Llamó a Adán porque sabía que él y la mujer lo necesitaban, entendía que le tenían miedo porque estaban avergonzados. Así que los llamó para hablar con ellos. Aunque le habían desobedecido, Dios aún quería hablarles.

Dios les hizo algunas preguntas a Adán y su esposa. Él sabe todas las cosas, así que ya conocía las respuestas. Hizo las preguntas para mostrarles algunas cosas a Adán y la mujer. Quería que le contaran lo que habían hecho, que le dijeran que habían actuado mal. Los amaba y quería que hablaran con él sobre lo que ocurrió.

Dios les preguntó si sabían que estaban desnudos porque habían comido del fruto. Adán dijo que la mujer que Dios le había dado le dio el fruto para que comiera. Cuando Dios le preguntó a la mujer qué había hecho, dijo que la serpiente la había engañado. No le dijeron a Dios que habían hecho algo malo, los dos intentaron culpar[40] a otra persona.

GÉNESIS 3:14

¹⁴ Entonces el Señor Dios le dijo a la serpiente:

«Por lo que has hecho, eres maldita

más que todos los animales, tanto domésticos como salvajes.

Andarás sobre tu vientre,

arrastrándote por el polvo durante toda tu vida.

Dios le habló a la serpiente, le dijo que ahora tendría que arrastrarse por el polvo en la tierra. No sabemos cómo eran las serpientes antes de ese momento. Pero sabemos que Dios les hizo esto a las serpientes porque Satanás usó el cuerpo de una serpiente para engañar a Adán y su esposa. Cuando Dios le está hablando a la serpiente aquí, también le está hablando a Satanás.

Luego Dios le dijo algo más a Satanás.

---

40. **culpar**: decir que alguien hizo que algo sucediera

SESIÓN 4: DIOS EXPULSÓ DEL JARDÍN A ADÁN Y SU ESPOSA

GÉNESIS 3:15

¹⁵ Y pondré hostilidad entre tú y la mujer,

y entre tu descendencia y la descendencia de ella.

Su descendiente te golpeará la cabeza,

y tú le golpearás el talón».

Dios dijo que *pondría hostilidad entre* Satanás y la mujer, eso significa que serían enemigos. Y Dios dijo que *sus descendientes* serían enemigos de Satanás. Cuando dice *su descendencia*, está hablando de las personas que nacerían más adelante. Estas personas serían enemigos de Satanás.

Dios dijo: *te golpeará la cabeza, y tú le golpearás el talón*. El Señor dijo que más tarde nacería un hombre que golpearía la cabeza del enemigo y que Satanás golpearía su talón. Esto significa que, en el futuro, un hombre iba a levantarse y pelear contra Satanás. Dios dijo que el enemigo heriría a este hombre de algún modo, pero no lo iba a destruir⁴¹, por eso dijo que solo resultaría herido en el talón. Pero Dios dijo que el hombre iba a herir la cabeza de Satanás; el Señor le estaba diciendo a Satanás que este hombre ganaría la batalla. Eso es lo que quiso explicar cuando dijo *te golpeará la cabeza*. Satanás iba a ser derrotado⁴² por él.

Veamos qué más dijo Dios.

GÉNESIS 3:16

¹⁶ Luego le dijo a la mujer:

«Haré más agudo el dolor de tu embarazo,

y con dolor darás a luz.

Y desearás controlar a tu marido,

pero él gobernará sobre ti».

Dios le dijo a la mujer que después de ese tiempo sufriría más dolor cuando nacieran sus hijos. También dijo que no podría decidir cosas por sí misma, tendría que hacer lo que su esposo dijera.

---

41. **destruir**: matar, arruinar o acabar con algo para que no exista más
42. **derrotado**: el que pierde en una batalla

SU HISTORIA – EL RESCATE

GÉNESIS 3:17-19

¹⁷ Y al hombre le dijo:

«Dado que hiciste caso a tu esposa y comiste del fruto del árbol

del que te ordené que no comieras,

la tierra es maldita por tu culpa.

Toda tu vida lucharás para poder vivir de ella.

¹⁸ Te producirá espinos y cardos,

aunque comerás de sus granos.

¹⁹ Con el sudor de tu frente

obtendrás alimento para comer

hasta que vuelvas a la tierra

de la que fuiste formado.

Pues fuiste hecho del polvo,

y al polvo volverás».

Dios le dijo a Adán lo que iba a suceder entonces: tendría que trabajar muy duro para obtener alimentos de la tierra. Le explicó que la tierra había cambiado y ahora sería un lugar difícil para vivir, sus vidas serían difíciles[43] y dolorosas, solo obtendrían alimentos si trabajaban muy duro.

GÉNESIS 3:20

²⁰ Después, el hombre —Adán— le puso a su esposa el nombre Eva, porque ella sería la madre de todos los que viven.

Entonces Adán *le puso a su esposa el nombre de Eva*. El nombre Eva significa 'vivir' o 'respirar'. Eva sería la madre y la antepasada de todas las personas que vivieran después de ella. Dios puso su nombre en esta historia porque quería que supiéramos algo importante. Quería que supiéramos que ahora la vida sería difícil para todas las personas. Adán y Eva son los antepasados de todas las personas. Para todos los que vinieran después de ellos, habría dolor y la vida sería dura. Todos los que vinieran después de Adán y Eva serían como ellos, enve-

---

43. **difícil**: no fácil

SESIÓN 4: DIOS EXPULSÓ DEL JARDÍN A ADÁN Y SU ESPOSA

jecerían y morirían, serían enemigos de Dios. Irían al lugar de muerte después de que sus cuerpos murieran.

GÉNESIS 3:21

²¹ Y el Señor Dios hizo ropa de pieles de animales para Adán y su esposa.

Adán y Eva sabían que estaban desnudos, y sentían vergüenza. Entonces se hicieron ropas de hojas. Pero ahora Dios les hizo ropas diferentes, de *pieles* de animales. Les dio estas nuevas ropas para que se las pusieran.

Adán y Eva quisieron intentar arreglar lo malo que habían hecho. Hicieron su propia ropa, pero no pudieron arreglar lo que habían hecho. Solo Dios podía ayudarlos.

Dios les hizo ropas de pieles de animales, esto significa que tuvo que matar a algunos animales para hacer las vestimentas. Esta es la primera vez en la historia de Dios que murieron animales. Los animales no hicieron nada malo, murieron porque Adán y Eva desobedecieron a Dios. Al hombre se le dio el trabajo de cuidar de los animales, y le había puesto nombre a cada uno de ellos. Ahora algunos animales habían muerto debido a lo que Adán y Eva habían hecho.

Dios no los dejó solos. Ellos le habían desobedecido, pero él aún los amó y los ayudó después de esta desobediencia. Los ayudó a cubrir su vergüenza. Lo hizo de esta manera, porque es la única manera correcta, solo Dios sabía qué vestimentas necesitaban. Ellos no podían hacerlo bien por sí mismos, solo Dios podía cubrir lo que habían hecho.

GÉNESIS 3:22-24

²² Luego el Señor Dios dijo: «Miren, los seres humanos se han vuelto como nosotros, con conocimiento del bien y del mal. ¿Y qué ocurrirá si toman el fruto del árbol de la vida y lo comen? ¡Entonces vivirán para siempre!». ²³ Así que el Señor Dios los expulsó del jardín de Edén y envió a Adán a cultivar la tierra de la cual él había sido formado. ²⁴ Después de expulsarlos, el Señor Dios puso querubines poderosos al oriente del jardín de Edén; y colocó una espada de fuego ardiente —que destellaba al moverse de un lado a otro— a fin de custodiar el camino hacia el árbol de la vida.

SU HISTORIA – EL RESCATE

Ahora la palabra de Dios nos dice lo que él estaba pensando. Al pensar en la gente que había creado, dijo: *"Miren, los seres humanos se han vuelto como nosotros, con conocimiento del bien y del mal"*. Dios dijo que las personas ahora conocían el bien y el mal, sabía que si Adán y Eva se quedaban en el jardín vivirían para siempre, podrían comer del árbol de la vida y no morirían. Ahora que lo habían desobedecido, él no podía permitir que se quedaran para comer el fruto del árbol de la vida y vivir para siempre.

Adán y Eva eligieron ir en contra de su Creador, decidieron seguir su propio camino, no el de Dios. Deberían haberle preguntado al Señor qué estaba bien y qué estaba mal, pero no lo hicieron. Dios sabía que seguirían tomando decisiones equivocadas y que sucederían cosas muy malas. Las cosas serían cada vez peor[44]. Él sabía que no sería bueno para ellos vivir siempre así.

Entonces Dios los expulsó del jardín y no había manera de que pudieran regresar. Dios puso siervos ángeles poderosos para impedir que Adán y Eva regresaran al huerto. Adán y Eva habían perdido el hogar hermoso que Dios había creado para ellos. No podían comer las buenas cosas que el Creador había hecho. No podían comer del árbol de la vida y vivir para siempre. No podían disfrutar de la buena obra que él les había dado para que hicieran. No podían estar con Dios ni hablar con él en el huerto. Ahora en sus vidas tendrían dolor, envejecerían y morirían. Irían al lugar de muerte después de que sus cuerpos murieran.

1. ¿Por qué Adán y Eva se ocultaron de Dios?
2. Cuando Dios les preguntó si comieron del fruto, ¿qué dijeron?
3. ¿De qué manera hizo Dios ropa para Adán y Eva?
4. Nombra todas las cosas que cambiaron después de que Adán y Eva desobedecieron a Dios.

---

44. **peor**: cuando algo no es tan bueno como era antes

SESIÓN 5

CAÍN Y ABEL NACIERON FUERA DEL JARDÍN

La palabra de Dios nos dice lo que sucedió después de que Adán y Eva fueron expulsados del jardín.

GÉNESIS 4:1,2

¹Ahora bien, Adán tuvo relaciones sexuales con su esposa, Eva, y ella quedó embarazada. Cuando dio a luz a Caín, dijo: «¡Con la ayuda del Señor, he tenido un varón!». ² Tiempo después, dio a luz al hermano de Caín y le puso por nombre Abel.

Eva quedó embarazada y tuvo un bebé varón, llamado Caín. Más tarde tuvo otro hijo, al que llamó Abel.

Dios expulsó a Adán y Eva del jardín, pero aun así les permitió tener hijos. Les dio el don de poder comenzar una nueva vida al tener hijos. Dios es el único que puede dar vida, y le dio nueva vida a dos personas más sobre la tierra: Caín y Abel.

La vida es un don de Dios. Él es el único que puede dar vida. Creó a Adán y Eva, a Caín y Abel, y también nos creó a nosotros. Otra parte de la historia de Dios nos dice que somos de Dios porque él nos hizo. El libro de Salmos, en la Biblia, es donde se escribieron muchas canciones acerca de Dios para que las leyéramos. Estos versículos son del Salmo 100.

SALMOS 100:1-3

¹ ¡Aclamen con alegría al Señor, habitantes de toda la tierra!

² Adoren al Señor con gozo.

Vengan ante él cantando con alegría.

³ ¡Reconozcan que el Señor es Dios!

Él nos hizo, y le pertenecemos;

somos su pueblo, ovejas de su prado.

Cientos de años más tarde, Pablo, uno de los siervos de Dios, dijo las siguientes palabras acerca del Creador. Sus palabras están escritas en la Biblia, en los Hechos de los Apóstoles.

HECHOS 17:25

²⁵ Y las manos humanas no pueden servirlo, porque él no tiene ninguna necesidad. Él es quien da vida y aliento a todo y satisface cada necesidad.

Toda la vida proviene de Dios, es algo muy importante en lo que debemos pensar. Debido a que Dios nos creó, él es nuestro dueño. Le pertenecemos.

Caín y Abel nacieron en el mundo, fuera del jardín del Edén. No llegaron a ver el hermoso jardín en el que Dios quería que vivieran. Y no pudieron simplemente acudir a Dios y hablar con él como pudieron hacerlo sus padres. Caín y Abel nacieron en un mundo en el que había dolor y trabajo duro. No fueron parte de la muerte que hubo cuando Adán y Eva desobedecieron. Nacieron como enemigos de Dios. Tuvieron conocimiento del bien y del mal y quisieron tomar decisiones por sí mismos. Nacieron como personas que iban a morir e irían al lugar de muerte después de que sus cuerpos físicos murieran.

Satanás, el enemigo de Dios, también estaba allí. Dios dijo que al final Satanás sería castigado. Pero, por ahora, era el líder de las personas sobre la tierra, que lo habían seguido y no habían escuchado a Dios. Satanás siempre intenta engañar a las personas, quiere que lo escuchen a él y no escuchen al Señor. Satanás es

SESIÓN 5: CAÍN Y ABEL NACIERON FUERA DEL JARDÍN

enemigo de Dios y quiere que las personas también lo sean. Hace pensar a las personas que son libres, pero ir en contra de Dios siempre es algo muy malo. No hace libres a las personas. Dios ama a las personas y quiere lo mejor para ellas. Satanás siempre quiere hacer lo malo para las personas.

Dios nos dice en esta historia lo que les sucedió luego a Caín y Abel.

GÉNESIS 4:3,4

³ Al llegar el tiempo de la cosecha, Caín presentó algunos de sus cultivos como ofrenda para el Señor. ⁴ Abel también presentó una ofrenda: las mejores partes de algunos de los corderos que eran primeras crías de su rebaño. El Señor aceptó a Abel y a su ofrenda.

Adán, Eva, Caín y Abel eran ahora enemigos del Señor porque habían elegido desobedecerle, pero Dios había hecho un camino para que regresaran a él. Dios los amaba y quería que tuvieran un camino para regresar a él, les había mostrado que, para hacer esto, debían matar un animal y derramar su sangre. Anteriormente, Dios había hecho ropa para Adán y Eva de pieles de animales. Había matado a los animales para hacer esas ropas. Así fue como Dios les mostró cómo regresar a él. Tenía que haber muerte y tenía que haber sangre. Esto era porque se habían convertido en enemigos. Dios quería recordarles que habían elegido el camino de la muerte, así que ahora debían matar a un animal y derramar su sangre. Es la única manera en la que podían regresar a Dios.

La palabra de Dios dice que Caín y Abel trajeron una *ofrenda* a Dios. Caín era un hombre que cultivaba alimentos en forma de plantas, como vegetales[45] y granos[46]. Así que trajo algo de los alimentos que había cultivado para darle al Señor como ofrenda. Abel era un pastor[47], así que trajo los mejores corderos[48] de su rebaño como ofrenda para el Señor. Abel había cortado el cuello de los corderos para matarlos. La sangre de los animales se habría derramado. La palabra de Dios dice que el Señor aceptó[49] a Abel y su ofrenda.

---

45. **vegetales**: alimentos que provienen de plantas, como zanahorias, papas y cebollas
46. **granos**: alimentos que la gente obtiene de plantas como el trigo y el arroz
47. **pastor**: alguien que cuida de las ovejas
48. **corderos**: ovejas jóvenes
49. **aceptó**: lo tomó

SU HISTORIA – EL RESCATE

GÉNESIS 4:5-7

⁵ pero no aceptó a Caín ni a su ofrenda. Esto hizo que Caín se enojara mucho, y se veía decaído.

⁶ «¿Por qué estás tan enojado? —preguntó el Señor a Caín—. ¿Por qué te ves tan decaído? 7 Serás aceptado si haces lo correcto, pero si te niegas a hacer lo correcto, entonces, ¡ten cuidado! El pecado está a la puerta, al acecho y ansioso por controlarte; pero tú debes dominarlo y ser su amo».

Dios no aceptó la ofrenda de Caín. ¿Por qué? Porque Caín no vino a Dios de la manera que Dios le había mostrado que debía hacerlo. Caín no mató a un animal, y no hubo muerte ni sangre. Tenía que haber muerte y sangre porque Caín y Abel eran enemigos de Dios; nacieron fuera del jardín, en el mundo que había cambiado. Ahora había dolor y muerte porque la gente había desobedecido. Dios quería que recordaran que habían elegido el camino de la muerte, pero también quería que supieran que había hecho un camino para que regresaran a él. Cuando vinieran a él debía haber muerte y sangre, no había otra manera de acercarse a Dios.

Dios siempre hace lo que es bueno y correcto, siempre dice la verdad y siempre hace cosas que son verdaderas y reales. Las personas eran ahora enemigos de Dios, por lo que ya no podían acercarse a él libremente. Si lo hacían, hubiera sido algo falso⁵⁰. No hubiera sido una relación⁵¹ real o verdadera con el Señor. Dios siempre es real y verdadero con las personas y en todo lo que hace. Así que dijo que para que vinieran a él, tendría que haber muerte y derramamiento de sangre. Pero Caín no escuchó a Dios, no hizo lo que le dijo. Caín no escuchó a Dios ni pensó que lo que decía era verdad.

Los corderos que Abel mató no habían hecho nada malo. Abel era el que debería haber muerto. Él era enemigo de Dios, no los corderos. Abel los mató porque sabía que él era quien debería haber muerto. Pero Dios había hecho que este fuera el camino para salvarlo. Abel era enemigo de Dios pero podía acudir a él de esta manera, al matar a los corderos. Abel escuchó e hizo lo que Dios dijo. El pastor pensó que lo que dijo el Señor era cierto, así que lo hizo.

Dios aceptó la ofrenda de Abel, pero no aceptó la de su hermano. Caín estaba muy enojado, Dios habló con él para intentar ayudarlo. Le dijo que debía hacer

---
50. **falso**: no verdadero, irreal
51. **relación**: la manera en la que dos o más personas se conectan o se vinculan, una amistad

SESIÓN 5: CAÍN Y ABEL NACIERON FUERA DEL JARDÍN

lo correcto, que si así lo hacía, sería aceptado. Dios quería que Caín lo escuchara y viniera a él de la manera que le había dicho. Esto era lo mejor para el primer hijo de Adán. Dios fue a hablar con Caín porque él ama a las personas y quiere lo mejor para ellas. Caín le había desobedecido, pero Dios aun vino a él para ayudarlo. Dios le dijo que debía ser más fuerte que el pecado que intentaba controlarlo.

GÉNESIS 4:8

⁸ Cierto día Caín dijo a su hermano: «Salgamos al campo». Mientras estaban en el campo, Caín atacó a su hermano Abel y lo mató.

Caín no escuchó a Dios. Le pidió a su hermano Abel que fuera con él al campo. Luego Caín mató a Abel. Tomó la decisión de matar a su hermano menor. Satanás habría estado muy feliz de que Caín lo hubiera hecho porque Satanás odia a Dios y a las personas. A Satanás le encanta destruir la vida.

GÉNESIS 4:9

⁹ Luego el Señor le preguntó a Caín:

—¿Dónde está tu hermano? ¿Dónde está Abel?

—No lo sé —contestó Caín—. ¿Acaso soy yo el guardián de mi hermano?

Dios fue nuevamente a hablar con Caín, le preguntó dónde estaba su hermano. Dios sabía dónde estaba Abel, pero quería que Caín le dijera la verdad. Quería que le contara lo que había hecho. Caín le respondió: *"No lo sé... ¿Acaso soy yo el guardián de mi hermano?"*. Caín le mintió a Dios. Demostró que no lamentaba haber matado a su hermano.

GÉNESIS 4:10-15

¹⁰ Pero el Señor le dijo:

—¿Qué has hecho? ¡Escucha! ¡La sangre de tu hermano clama a mí desde la tierra! 11 Ahora eres maldito y serás expulsado de la tierra que se ha tragado la sangre de tu hermano. 12 La tierra ya no te dará buenas cosechas, ¡por mucho que la trabajes! De ahora en adelante, serás un vagabundo sin hogar sobre la tierra.

13 Caín respondió al Señor:

SU HISTORIA – EL RESCATE

—¡Mi castigo es demasiado grande para soportarlo! 14 Me has expulsado de la tierra y de tu presencia; me has hecho un vagabundo sin hogar. ¡Cualquiera que me encuentre me matará!

15 El Señor respondió:

—No, porque yo castigaré siete veces a cualquiera que te mate. Entonces el Señor le puso una marca a Caín como advertencia para cualquiera que intentara matarlo.

Dios nos dice que Caín había hecho algo terrible, era la primera vez que una persona mataba a otra. Dios les dio vida a las personas y castigaría a Caín por haberle quitado la vida a Abel. Dios le dijo a Caín que no tendría un hogar. Tendría que ser vagabundo y no podría quedarse en un solo lugar.

Caín no dijo que lamentaba lo que había hecho. Solo dijo que su castigo era demasiado grande. No estaba pensando en Dios ni en su hermano. Solo estaba pensando en sí mismo.

La palabra de Dios nos cuenta el resto de la vida de Caín. Nos habla acerca de la familia que vino después de él. No escucharon a Dios ni pensaron en él. No hicieron lo que Dios dijo. Solo pensaron en sí mismos y sus vidas sobre la tierra. Puede leer acerca de la vida de Caín en Génesis 4:16-24.

Luego la palabra de Dios nos dice algo más acerca de Adán y Eva.

GÉNESIS 4:25,26

25 Adán volvió a tener relaciones sexuales con su esposa, y ella dio a luz otro hijo, al cual llamó Set, porque dijo: «Dios me ha concedido otro hijo en lugar de Abel, a quien Caín mató». 26 Cuando Set creció, tuvo un hijo y lo llamó Enós. Fue en aquel tiempo que la gente por primera vez comenzó a adorar al Señor usando su nombre.

Dios les dio a Adán y Eva otro hijo porque Abel estaba muerto. Su nuevo hijo se llamó Set, quien creció y formó una familia que conoció acerca de Dios. Comenzaron a adorar[52] al Señor por su nombre. Set y su familia pudieron acercarse a Dios porque lo hicieron de la manera que él había pedido. Nacieron

---

52. **adorar**: mostrar amor por Dios, disfrutar de su presencia, hablar acerca de lo bueno que es Dios y agradecerle por todo lo que ha hecho

SESIÓN 5: CAÍN Y ABEL NACIERON FUERA DEL JARDÍN

como enemigos de Dios pero aun así pudieron acercarse y adorarle. El Señor había hecho un camino para que se acercaran a él porque los amaba y quería tener una relación cercana con ellos.

1. ¿Dónde nacieron Caín y Abel? ¿Cómo era ese lugar?

2. ¿Qué ofrendas diferentes trajeron a Dios Caín y Abel?

3. Debido a que las personas eran enemigos de Dios, ¿qué tenían que hacer para acercarse a él?

4. ¿Por qué Caín no se presentó ante Dios de la manera que Dios dijo que debía hacerlo?

SESIÓN 6

DIOS DESTRUYÓ LA TIERRA CON UN DILUVIO

En Génesis capítulo cinco, la palabra de Dios nos habla acerca de cada generación[53] de la familia de Set. Puedes leer los nombres de los hombres que fueron la cabeza de cada generación, la cantidad de años que vivió cada uno y los nombres de sus hijos. Dios quiso que conociéramos los nombres de los miembros de la familia de Set, por lo que se aseguró de que estuvieran escritos en la Biblia. La familia de Set escuchó a Dios, se acercaron al Señor de la manera que él dijo que debían hacerlo.

Para cada hombre en la familia de Set, la Biblia dice *y después murió*. La muerte ahora era parte de la vida en la tierra. Las personas nacían con muerte y pecado en su interior. Pecar significa desobedecer lo que ha dicho Dios. Nacieron separados de Dios, fuera del jardín que Dios había creado para ellos. Entonces envejecieron y murieron.

La lista de generaciones comienza con Set y continúa con un hombre llamado Noé. Hubo diez generaciones desde el momento en el que Adán y Eva desobedecieron a Dios hasta que vivió Noé. La palabra de Dios nos dice que para ese

---

53. **generación**: un grupo de miembros de una familia que están vivos al mismo tiempo; el momento en una familia en el que los hijos nacen, crecen y tienen hijos propios

momento las personas se habían vuelto muy malas. No escuchaban a Dios y su manera de vivir era muy, muy mala.

GÉNESIS 6:5

⁵ El Señor vio la magnitud de la maldad humana en la tierra y que todo lo que la gente pensaba o imaginaba era siempre y totalmente malo.

La palabra de Dios dice *que el Señor vio la magnitud de la maldad⁵⁴ humana en la tierra*. La gente no escuchaba a Dios en absoluto; simplemente hacían lo que querían. La palabra de Dios dice que todo lo que hacían y pensaban era malo. La gente era tan perversa que planeaban y pensaban cosas malas todo el tiempo. Dios sabía lo que pensaban. Él sabe todas las cosas, así que sabía todo sobre ellos.

GÉNESIS 6:6,7

⁶ Entonces el Señor lamentó haber creado al ser humano y haberlo puesto sobre la tierra. Se le partió el corazón. 7 Entonces el Señor dijo: «Borraré de la faz de la tierra a esta raza humana que he creado. Así es, y destruiré a todo ser viviente: a todos los seres humanos, a los animales grandes, a los animales pequeños que corren por el suelo y aun a las aves del cielo. Lamento haberlos creado».

Dios expresó que lamentaba haber creado a las personas y haberlas puesto sobre la tierra. Él había creado a las personas y las amaba, quería tener una relación real y cercana con sus criaturas. Deseaba lo mejor para ellos, pero se habían alejado de él y no lo escuchaban. Dios sabía que esto sería muy malo para las personas. Solo pensarían en ellas en primer lugar, herirían y matarían a los demás. No cuidarían de la tierra ni los animales como Dios quería. Entonces, después de morir, irían al lugar de muerte. Él decidió poner fin a todo esto, decidió destruir a todas las personas y todos los seres vivos sobre la tierra.

GÉNESIS 6:8-10

⁸ Pero Noé encontró favor delante del Señor.

⁹ Este es el relato de Noé y su familia. Noé era un hombre justo, la única persona intachable que vivía en la tierra en ese tiem-

---

54. **maldad**: hacer cosas malas o malvadas

SESIÓN 6: DIOS DESTRUYÓ LA TIERRA CON UN DILUVIO

po, y anduvo en íntima comunión con Dios. 10 Noé fue padre de tres hijos: Sem, Cam y Jafet.

Las personas en la tierra eran malvadas y no escuchaban a Dios. Pero hubo un hombre que sí lo escuchó. Su nombre fue Noé. La palabra de Dios dice que Noé era un *hombre justo*. La Biblia dice que Noé era íntegro porque se había acercado a Dios de la manera que él había dicho que debía hacerlo. Noé nació fuera del jardín, al igual que todas las demás personas, pero él escuchó a Dios. Creyó[55] que lo que Dios dijo era cierto. Dios estaba feliz con Noé y él estaba cerca del Señor. Noé tuvo tres hijos, llamados Sem, Cam y Jafet.

GÉNESIS 6:11-17

11 Ahora bien, Dios vio que la tierra se había corrompido y estaba llena de violencia. 12 Dios observó toda la corrupción que había en el mundo, porque todos en la tierra eran corruptos. 13 Entonces Dios le dijo a Noé: «He decidido destruir a todas las criaturas vivientes, porque han llenado la tierra de violencia. Así es, ¡los borraré a todos y también destruiré la tierra!

14 »Construye una gran barca de madera de ciprés y recúbrela con brea por dentro y por fuera para que no le entre agua. Luego construye pisos y establos por todo su interior. 15 Haz la barca de ciento treinta y ocho metros de longitud, veintitrés metros de anchura y catorce metros de altura[56]. 16 Deja una abertura de cuarenta y seis centímetros[57] por debajo del techo, alrededor de toda la barca. Pon la puerta en uno de los costados y construye tres pisos dentro de la barca: inferior, medio y superior.

17 »¡Mira! Estoy a punto de cubrir la tierra con un diluvio que destruirá a todo ser vivo que respira. Todo lo que hay en la tierra morirá.

Dios vio que la tierra estaba *corrupta*; es decir, malvada, podrida y arruinada. Él había decidido destruir a todas las personas y todos los seres vivos sobre la tierra, pero quería salvar a Noé y su familia. Ellos nacieron fuera del jardín, en el mundo de pecado y muerte. Sin embargo, Noé había escuchado al Señor, y se había acercado a él de la manera que él había dicho y por eso tenía una estrecha

---

55. **creyó**: creer es pensar que algo es cierto
56. **138 metros, 23 metros, 14 metros**: 450 pies, 75 pies, 45 pies
57. **46 centímetros**: 18 pulgadas

SU HISTORIA – EL RESCATE

relación con Dios. Noé sabía que él y su familia habían nacido en el mundo de pecado y muerte; sabía que sin la ayuda de Dios morirían e irían al lugar de muerte. Sabía que Dios era el único que podía salvarlos. Noé estuvo de acuerdo con Dios en que todo lo que él dijo era cierto. Entonces Dios planeó rescatar a Noé, salvarlo de la muerte.

Dios le pidió a Noé que construyera un gran barco. Le indicó cómo debía hacerlo, qué madera debía usar, las medidas que debía tener de largo, alto y ancho. Le dijo a Noé que debía tener una puerta en uno de los costados. Dios le explicó a Noé que iba a venir una gran inundación que cubriría toda la tierra, y todo ser vivo moriría.

Dios le contó muy claramente cómo sería todo. Les dio a Noé y sus hijos esta importante tarea. Tendrían que trabajar muy duro, durante mucho tiempo. Solo Dios podía planificar cómo debía ser el barco. Solo él sabía lo grave que iba a ser el diluvio. Entonces Noé tenía que escuchar a Dios y hacer lo que le indicara. Este barco debía construirse tal como Dios pedía. Debía tener una sola puerta. Él quería salvar a Noé y a sus hijos, pero debía hacen todo tal como Dios lo indicaba.

GÉNESIS 6:22

²² Entonces Noé hizo todo exactamente como Dios se lo había ordenado.

SESIÓN 6: DIOS DESTRUYÓ LA TIERRA CON UN DILUVIO

Noé escuchó a Dios e hizo todo tal como él se lo indicó. Noé sabía que lo que Dios decía era cierto. Sabía que solo él podía rescatarlos.

GÉNESIS 7:1-15

¹ Cuando todo estuvo preparado, el Señor le dijo a Noé: «Entra en la barca con toda tu familia, porque puedo ver que, entre todas las personas de la tierra, solo tú eres justo. ² Toma contigo siete parejas —macho y hembra— de cada animal que yo he aprobado para comer y para el sacrificio, y toma una pareja de cada uno de los demás. ³ Toma también siete parejas de cada especie de ave. Tiene que haber un macho y una hembra en cada pareja para asegurar que sobrevivan todas las especies en la tierra después del diluvio. ⁴ Dentro de siete días, haré que descienda la lluvia sobre la tierra; y lloverá durante cuarenta días y cuarenta noches, hasta que yo haya borrado de la tierra a todos los seres vivos que he creado».

⁵ Así que Noé hizo todo tal como el Señor le había ordenado.

⁶ Noé tenía seiscientos años cuando el diluvio cubrió la tierra. ⁷ Subió a bordo de la barca para escapar del diluvio junto con su esposa, sus hijos y las esposas de ellos. ⁸ Con ellos estaban todas las diferentes especies de animales —los aprobados para comer y para el sacrificio, y los no aprobados— junto con todas las aves y los animales pequeños que corren por el suelo. ⁹ Entraron en la barca por parejas —macho y hembra— tal como Dios había ordenado a Noé. ¹⁰ Después de siete días, las aguas del diluvio descendieron y cubrieron la tierra.

¹¹ Cuando Noé tenía seiscientos años, el día diecisiete del segundo mes, todas las aguas subterráneas entraron en erupción, y la lluvia cayó en grandes torrentes desde el cielo. ¹² La lluvia continuó cayendo durante cuarenta días y cuarenta noches.

¹³ Ese mismo día Noé había entrado en la barca con su esposa y sus hijos —Sem, Cam y Jafet— y las esposas de ellos. ¹⁴ Con ellos en la barca había parejas de cada especie animal —domésticos y salvajes, grandes y pequeños— junto con aves de cada especie. ¹⁵ De dos en dos entraron en la barca, en representación de todo ser vivo que respira.

SU HISTORIA – EL RESCATE

Una semana antes de que comenzara a llover, Dios les indicó que era el momento de entrar en el barco, y así lo hicieron Noé, su esposa, sus tres hijos y las esposas de ellos. Entraron por la única puerta que tenía el barco e hicieron entrar a los animales, como Dios había ordenado.

GÉNESIS 7:16

¹⁶ Entraron un macho y una hembra de cada especie, tal como Dios había ordenado a Noé. Luego el Señor cerró la puerta detrás de ellos.

Dios dice que él, el Señor, *cerró la puerta detrás de ellos*. Dios los estaba cuidando, se estaba asegurando de que estuvieran a salvo. Iba a rescatarlos. Cerró la puerta para que estuvieran a salvo del diluvio que iba a destruir a todos los otros seres vivos.

GÉNESIS 7:17-24

¹⁷ Durante cuarenta días, las aguas del diluvio crecieron hasta que cubrieron la tierra y elevaron la barca por encima de la tierra. ¹⁸ Mientras el nivel del agua subía más y más por encima del suelo, la barca flotaba a salvo sobre la superficie. ¹⁹ Finalmente, el agua cubrió hasta las montañas más altas de la tierra ²⁰ elevándose casi siete metros[58] por encima de las cumbres más altas. ²¹ Murieron todos los seres vivos que había sobre la tierra: las aves, los animales domésticos, los animales salvajes, los animales pequeños que corren por el suelo y todas las personas. ²² Todo lo que respiraba y vivía sobre tierra firme murió. ²³ Dios borró de la tierra a todo ser vivo: las personas, los animales, los animales pequeños que corren por el suelo y las aves del cielo. Todos fueron destruidos. Las únicas personas que sobrevivieron fueron Noé y los que estaban con él en la barca. ²⁴ Y las aguas del diluvio cubrieron la tierra durante ciento cincuenta días.

El diluvio llegó, tal como Dios lo había dicho. Las personas que estaban fuera del barco no pudieron entrar. Se cerró la puerta, de modo que no pudieron huir del agua. Dios siempre hace lo que anuncia que va a hacer. Vio la maldad sobre la tierra y decidió destruir a las personas y a todos los seres vivos. Dijo que lo haría, y lo hizo.

---

58. **7 metros**: 22 pies

SESIÓN 6: DIOS DESTRUYÓ LA TIERRA CON UN DILUVIO

Todo sobre la tierra quedó cubierto de agua, aun las montañas más altas. El barco que Noé había construido flotó en forma segura sobre el agua profunda. Noé, sus hijos y las esposas de ellos estaban a salvo, al igual que los animales que estaban dentro del barco. Todas las personas y los seres vivos que quedaron fuera del barco murieron. Al igual que todo en la historia de Dios, todo esto es cierto. Realmente sucedió a personas y animales reales en una época y un lugar verdaderos.

GÉNESIS 8:1-4

¹ Entonces Dios se acordó de Noé y de todos los animales salvajes y domésticos que estaban con él en la barca. Envió un viento que soplara sobre la tierra, y las aguas del diluvio comenzaron a retirarse. ² Las aguas subterráneas dejaron de fluir y se detuvieron las lluvias torrenciales que caían del cielo. ³ Entonces las aguas del diluvio se retiraron de la tierra en forma gradual. Después de ciento cincuenta días, ⁴ exactamente cinco meses después de que comenzó el diluvio, la barca se detuvo sobre las montañas de Ararat.

Dios no se olvidó del barco que flotaba con Noé y su familia a bordo. Había planeado rescatarlos, y así fue. Dios hizo que soplara viento, hasta que las aguas descendieron. Las cimas de las montañas aparecieron fuera del agua. Cinco meses después de que comenzó el diluvio, el barco reposó sobre las montañas de Ararat, ubicadas en el país que actualmente llamamos Turquía. La tierra tardó mucho tiempo en secarse. Puedes leer acerca de eso en Génesis 8:5-14. Una vez que la tierra estuvo seca, Dios les ordenó que salieran del barco, y que soltaran a todos los animales. Entonces Noé y su familia y todos los animales salieron del barco.

GÉNESIS 8:15-19

¹⁵ Entonces Dios le dijo a Noé: ¹⁶ «Todos ustedes —tú y tu esposa, y tus hijos y sus esposas— salgan de la barca. ¹⁷ Suelta a todos los animales —las aves, los animales y los animales pequeños que corren por el suelo— para que puedan ser fructíferos y se multipliquen por toda la tierra».

¹⁸ Entonces Noé, su esposa, sus hijos y las esposas de sus hijos salieron de la barca; ¹⁹ y todos los animales, grandes y pequeños, y las aves salieron de la barca, pareja por pareja.

SU HISTORIA – EL RESCATE

Noé quiso agradecer a Dios por salvarlo de la muerte. Quiso acercarse al Señor de la manera en la que él le había dicho a la gente que debía hacerlo. Debido a que las personas habían desobedecido a Dios y habían nacido con muerte y pecado en su interior, para acercarse a Dios tenían que matar a un animal.

GÉNESIS 8:20-22

²⁰ Luego Noé construyó un altar al Señor y allí sacrificó como ofrendas quemadas los animales y las aves que habían sido aprobados para ese propósito. ²¹ Al Señor le agradó el aroma del sacrificio y se dijo a sí mismo: «Nunca más volveré a maldecir la tierra por causa de los seres humanos, aun cuando todo lo que ellos piensen o imaginen se incline al mal desde su niñez. Nunca más volveré a destruir a todos los seres vivos. ²² Mientras la tierra permanezca, habrá cultivos y cosechas, frío y calor, verano e invierno, día y noche».

Noé construyó un *altar*, una pila de piedras con un tope plano. Mató algunos animales y aves, y los quemó sobre el altar. Estos animales eran criaturas especiales que Dios le había dicho a Noé que subiera en el barco. Estaban destinados a que Noé los sacrificara para Dios.

Los animales y las aves que Noé mató en el altar no habían hecho nada malo, estuvieron en el barco con él y su familia. Ahora, mataron a estos animales y aves que el Señor había creado. Él no quería que murieran, pero quería que Noé y su familia tuvieran un camino para acercarse a Dios. Estas personas nacieron con muerte y pecado en su interior. La única manera en la que podían acercarse al Señor era matar a estos animales y aves inocentes. Los animales tenían que morir para que Noé y su familia no estuvieran separados de Dios y no murieran. Noé estaba mostrando que estaba de acuerdo con Dios y con que solo él podía salvarlos. A Dios le agradó lo que hizo Noé.

GÉNESIS 9:11-13

¹¹ Sí, yo confirmo mi pacto con ustedes. Nunca más las aguas de un diluvio matarán a todas las criaturas vivientes; nunca más un diluvio destruirá la tierra».

¹² Entonces Dios dijo: «Les doy una señal de mi pacto con ustedes y con todas las criaturas vivientes, para todas las generaciones futuras. ¹³ He puesto mi arco iris en las nubes. Esa es la señal de mi pacto con ustedes y con toda la tierra.

SESIÓN 6: DIOS DESTRUYÓ LA TIERRA CON UN DILUVIO

Dios garantizó que no volvería a destruir la tierra con un diluvio. Hizo un arco iris⁵⁹ en el cielo para que la gente recordara lo que había prometido. Ahora la inundación había terminado y la lluvia había parado. Dios puso un arco iris en el cielo como una señal para Noé y su familia. Aún en nuestros días podemos ver esta señal.

GÉNESIS 9:18,19

¹⁸ Los hijos de Noé que salieron de la barca con su padre fueron Sem, Cam y Jafet (Cam es el padre de Canaán). 19 De estos tres hijos de Noé provienen todas las personas que ahora pueblan la tierra.

La palabra de Dios dice que los tres hijos de Noé, Sem, Cam y Jafet, son los antepasados de todas las personas que hoy se encuentran en la tierra. En Génesis capítulo 10, puedes leer acerca de las familias de cada uno de los hijos de Noé. Nos cuenta acerca de sus hijos, y los hijos de sus hijos. Habla de algunas de las naciones⁶⁰ que surgieron de cada uno de los tres hijos de Noé.

Ahora la historia de Dios avanza a un período más de tres generaciones después del diluvio. Un gran grupo de personas se habían establecido en un lugar llamado Sinar.

GÉNESIS 11:1-4

¹ Hubo un tiempo en que todos los habitantes del mundo hablaban el mismo idioma y usaban las mismas palabras. ² Al emigrar hacia el oriente, encontraron una llanura en la tierra de Babilonia y se establecieron allí.

³ Comenzaron a decirse unos a otros: «Vamos a hacer ladrillos y endurecerlos con fuego». (En esa región, se usaban ladrillos en lugar de piedra y la brea se usaba como mezcla). ⁴ Entonces dijeron: «Vamos, construyamos una gran ciudad para nosotros con una torre que llegue hasta el cielo. Eso nos hará famosos y evitará que nos dispersemos por todo el mundo».

Estas personas querían construir una gran ciudad con una torre prominente. Querían mostrar a todos lo grandes que eran. Querían que la torre fuera tan alta que llegara hasta el cielo. Estaban siguiendo a Satanás, el enemigo de Dios,

---

59. **arco iris**: un arco de muchos colores que puede verse en el cielo
60. **nación**: un gran grupo de personas que tienen un antepasado en común

que quería ocupar el lugar del Señor. Creyeron que si construían una torre alta, esto los engrandecería. Dios les había dado a las personas la tarea de esparcirse sobre la tierra. Pero, en lugar de hacer eso, estas personas decidieron quedarse donde estaban y construir una gran ciudad.

Estas personas habían olvidado lo que Dios había hecho solo tres generaciones antes. Habían olvidado la historia del gran diluvio, y cómo Dios había salvado a Noé y sus tres hijos. Habían dejado de acercarse a Dios de la manera que él dijo, sacrificando animales. No lo escucharon ni creyeron que fuera cierto lo que dijo. No querían tener una relación con Dios y no les importaba lo que él les decía.

GÉNESIS 11:5-9

⁵ Pero el Señor descendió para ver la ciudad y la torre que estaban construyendo, ⁶ y dijo: «¡Miren! La gente está unida, y todos hablan el mismo idioma. Después de esto, ¡nada de lo que se propongan hacer les será imposible! ⁷ Vamos a bajar a confundirlos con diferentes idiomas; así no podrán entenderse unos a otros».

⁸ De esa manera, el Señor los dispersó por todo el mundo, y ellos dejaron de construir la ciudad. ⁹ Por eso la ciudad se llamó Babel, porque fue allí donde el Señor confundió a la gente con distintos idiomas. Así los dispersó por todo el mundo.

Dios sabía lo que estas personas estaban planeando hacer, no quería que se quedaran allí. No quería que les siguieran mostrando a todos que pensaban que eran grandes y no necesitaban a Dios.

Dios *confundió* a las personas al hacer que hablaran en distintos idiomas. Como no podían entenderse unos a otros, no pudieron seguir con la construcción de la ciudad y la torre. Tuvieron que dispersarse a otros lugares, por toda la tierra, tal como Dios quería que lo hicieran. El nombre del lugar se llamó Babel. Este nombre proviene de la palabra hebrea *balal*, que significa 'confundir'.

SESIÓN 6: DIOS DESTRUYÓ LA TIERRA CON UN DILUVIO

1. ¿Qué crees acerca de que Dios destruyó todos los seres vivos en el diluvio?

2. ¿Por qué crees que Dios salvó a Noé y su familia?

3. ¿Por qué Dios hizo el arco iris?

4. ¿Por qué las personas quisieron construir la torre alta?

5. ¿Las personas aún piensan hoy que no necesitan a Dios?

6. ¿Por qué Dios confundió los idiomas de las personas que construían la torre?

SESIÓN 7

DIOS LLEVÓ A ABRAM A CANAÁN

La palabra de Dios ahora nos cuenta acerca de un hombre llamado Abram. Vivió unas diez generaciones después de que el pueblo construyó la torre en Babilonia, es decir, aproximadamente 350 años. Abram era parte de la familia de Sem, uno de los hijos de Noé. Puedes leer los nombres de todas las generaciones entre Sem y Abram en Génesis 11:10-26.

Abram se había criado en la región del sur de Mesopotamia. Actualmente, conocemos a esa zona como Irak. Volviendo al tiempo en el que Dios confundió todos los idiomas en Babilonia, un grupo de personas comenzó a hablar un idioma que ahora conocemos como arameo. Se quedaron cerca de la zona de Babilonia y vivieron allí. La ciudad que fundaron se llamó Ur. En el tiempo en el que nació Abram, esas personas no adoraban a Dios, sino a objetos que ellos mismos habían construido de madera, piedra o metal. Decían que esos objetos tenían el poder de Dios. También adoraban cosas que Dios había creado, como árboles o animales. Les pedían a esas cosas la ayuda que solo Dios podía darles. En lugar de escuchar a Dios y pedirle que los ayudara, les pidieron a esas otras cosas que los ayudaran.

La palabra de Dios nos cuenta acerca de la familia de Abram y también acerca de su esposa, Sarai, que no podía quedar embarazada ni tener hijos.

SU HISTORIA – EL RESCATE

GÉNESIS 11:27-30

²⁷ Este es el relato de la familia de Taré. Taré fue el padre de Abram, Nacor y Harán; y Harán fue el padre de Lot. ²⁸ Pero Harán murió en Ur de los caldeos —su tierra natal— mientras su padre Taré aún vivía. ²⁹ Durante ese tiempo, tanto Abram como Nacor se casaron. El nombre de la esposa de Abram era Sarai, y el nombre de la esposa de Nacor era Milca. (Milca y su hermana Isca eran hijas de Harán, el hermano de Nacor). ³⁰ Pero Sarai no podía quedar embarazada y no tenía hijos.

Un día Taré, el padre de Abram, decidió mudarse de Ur.

GÉNESIS 11:31,32

³¹ Cierto día, Taré tomó a su hijo Abram, a su nuera Sarai (la esposa de su hijo Abram) y a su nieto Lot (el hijo de su hijo Harán) y salieron de Ur de los caldeos. Taré se dirigía a la tierra de Canaán, pero se detuvieron en Harán y se establecieron allí. ³² Taré vivió doscientos cinco años y murió mientras aún estaba en Harán.

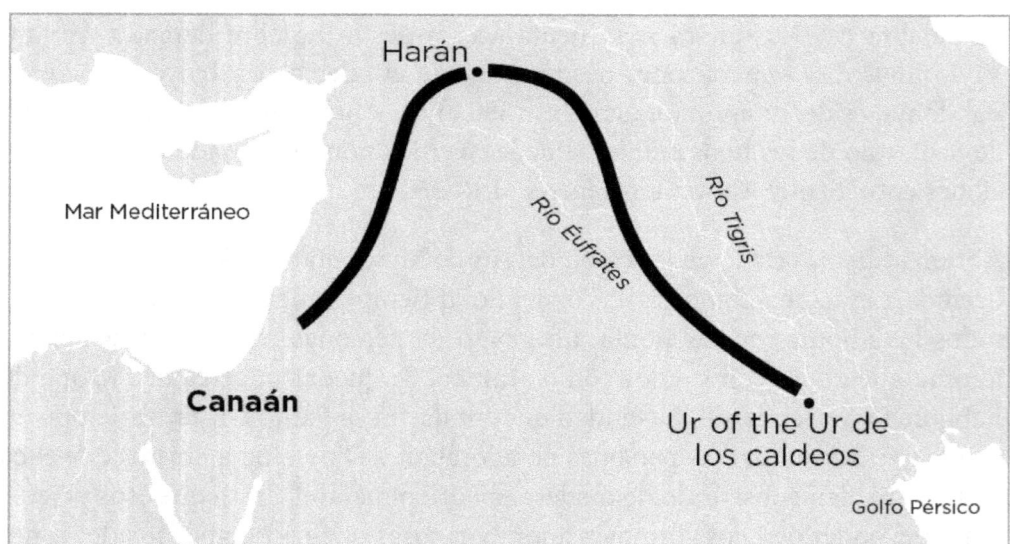

Taré quería trasladar a su familia a Canaán, que estaba al oeste de Ur, cerca del mar Mediterráneo. Abram se fue de la ciudad de Ur con su esposa y su padre. Lot, el hijo de su hermano, también fue con ellos. En primer lugar, tenían que ir hacia el norte, porque había un desierto⁶¹ entre Ur y Canaán. No podían at-

---

61. **desierto**: un lugar muy seco, sin agua

SESIÓN 7: DIOS LLEVÓ A ABRAM A CANAÁN

ravesar el desierto, así que se dirigieron al norte y llegaron a una ciudad llamada Harán, la cual se encuentra en el área actualmente conocida como Turquía. Mientras estaban en Harán, Taré murió. La palabra de Dios dice que Dios le habló a Abram.

GÉNESIS 12:1

¹ El Señor le había dicho a Abram: «Deja tu patria y a tus parientes y a la familia de tu padre, y vete a la tierra que yo te mostraré.

Abram era diferente de la mayoría de las otras personas que vivían en ese entonces. La mayoría de las personas adoraban a dioses⁶² falsos. La palabra de Dios nos dice que Abram conocía al verdadero Dios Creador⁶³, porque habló con él. Dios le dijo a Abram que comenzara de nuevo y fuera a una tierra que él le mostraría. Él también le dijo algunas otras cosas a Abram.

GÉNESIS 12:2,3

² Haré de ti una gran nación; te bendeciré y te haré famoso, y serás una bendición para otros. ³ Bendeciré a quienes te bendigan y maldeciré a quienes te traten con desprecio. Todas las familias de la tierra serán bendecidas por medio de ti».

Dios le dijo a Abram que lo usaría para construir *una gran nación*. Quiso decir que la familia de Abram sería muy numerosa y que muchas otras personas sabrían acerca de ella. También le aseguró a Abram que sería un hombre *famoso*⁶⁴ e importante.

Dios le prometió a Abram que cuidaría de él. Declaró que bendeciría a las personas que ayudaran a Abram y *maldeciría*⁶⁵ a las personas que estuvieran en su contra. Lo último que Dios le dijo a Abram fue que *todas las familias de la tierra serán bendecidas* por medio de él. Bendecidas significa que sucederían cosas buenas a toda la gente de la tierra a través de Abram.

¿Recuerdas cuando Adán y Eva fueron expulsados del jardín que Dios había creado para ellos? Dios le habló a la serpiente y dijo que vendría un hombre que

---

62. **dioses**: escribimos el nombre del Dios verdadero con "D" mayúscula, pero el de los dioses falsos con "d" minúscula
63. **Creador**: aquel que creó, o hizo, todas las cosas
64. **famoso**: conocido por muchas personas
65. **maldecir**: querer que alguien sea lastimado o herido

65

SU HISTORIA – EL RESCATE

heriría la cabeza de Satanás. Este hombre derrotaría[66] a Satanás. Vendría porque Dios había dicho que así sería. Cuando él dice algo, siempre sucede. El hombre que Dios mencionó que derrotaría a Satanás sería miembro de la familia de Abram, por eso le dijo a Abram que todas las familias de la tierra serían bendecidas a través de él. Veremos todo esto a medida que sigamos la historia de Dios.

GÉNESIS 12:4,5

⁴ Entonces Abram partió como el Señor le había ordenado, y Lot fue con él. Abram tenía setenta y cinco años cuando salió de Harán. ⁵ Tomó a su esposa Sarai, a su sobrino Lot, y todas sus posesiones —sus animales y todas las personas que había incorporado a los de su casa en Harán— y se dirigió a la tierra de Canaán.

Abram escuchó a Dios y creyó que lo que él dijo era cierto. No tenía hijos porque su esposa no podía quedar embarazada. Pero Abram creyó que la promesa era cierta. Creyó que sería el padre de una gran nación porque Dios dijo que así sería. Cuando alguien cree que lo que Dios dice es cierto, lo llamamos 'fe'.

Abram escuchó a Dios y se fue de la ciudad de Harán. Llevó con él a su sobrino[67] Lot y las familias, los sirvientes y los animales de los dos. Comenzaron a dirigirse hacia el oeste y luego hacia el sur. Descendieron por la costa del mar Mediterráneo hacia Canaán.

GÉNESIS 13:5-13

⁵ Lot, quien viajaba con Abram, también se había enriquecido mucho con rebaños de ovejas y de cabras, manadas de ganado y muchas carpas. ⁶ Pero la tierra no era suficiente para sustentar a Abram y a Lot si ambos vivían tan cerca el uno del otro con todos sus rebaños y manadas. ⁷ Entonces surgieron disputas entre los que cuidaban los animales de Abram y los que cuidaban los de Lot. (En aquel tiempo, también vivían en la tierra los cananeos y los ferezeos).

⁸ Finalmente, Abram le dijo a Lot: «No permitamos que este conflicto se interponga entre nosotros o entre los que cuidan nuestros animales. Después de todo, ¡somos parientes cercanos! ⁹ Toda la región está a tu disposición. Escoge la parte de la tierra que prefieras, y nos separaremos. Si tú quieres la tier-

---

66. **derrotar**: ganarle a otra persona en una pelea o competencia; superar o vencer
67. **sobrino**: el hijo del hermano o la hermana

SESIÓN 7: DIOS LLEVÓ A ABRAM A CANAÁN

ra a la izquierda, entonces yo tomaré la tierra de la derecha. Si tú prefieres la tierra de la derecha, yo me iré a la izquierda».

¹⁰ Lot miró con detenimiento las fértiles llanuras del valle del Jordán en dirección a Zoar. Toda esa región tenía abundancia de agua, como el jardín del SEÑOR o la hermosa tierra de Egipto. (Esto ocurrió antes de que el SEÑOR destruyera Sodoma y Gomorra). ¹¹ Lot escogió para sí todo el valle del Jordán, que estaba situado al oriente. Se separó de su tío Abram y se mudó allí con sus rebaños y sus siervos. ¹² Entonces Abram se estableció en la tierra de Canaán, y Lot movió sus carpas a un lugar cerca de Sodoma y se estableció entre las ciudades de la llanura. ¹³ Pero los habitantes de esa región eran sumamente perversos y no dejaban de pecar contra el SEÑOR.

Dios prometió que cuidaría de Abram, que era un hombre rico porque Dios lo había prosperado. Tenía muchos animales y un gran grupo de personas lo acompañaba. Se establecieron en la tierra de Canaán y tuvieron una gran área de tierra para que sus animales pastaran[68]. Lot, el sobrino de Abram, también era un hombre rico que tenía muchos animales. Necesitaban una gran área de tierra para todos sus animales. Abram y Lot se fueron a vivir alejados uno del otro para tener más terreno para sus animales. Lot encontró una buena tierra con gran cantidad de pasto junto al río Jordán. Esta tierra estaba cerca de una ciudad llamada Sodoma. Abram fue a un lugar más al oeste, donde la tierra era seca. Estaba cerca de la ciudad de Hebrón.

GÉNESIS 13:14,15

¹⁴ Después de que Lot se fue, el SEÑOR le dijo a Abram: «Mira lo más lejos que puedas en todas las direcciones: al norte y al sur, al oriente y al occidente. 15 Yo te doy toda esta tierra, tan lejos como alcances a ver, a ti y a tu descendencia como posesión permanente.

Después de que Lot se fue, Dios le habló a Abram nuevamente. Le dio toda la tierra que Abram podía ver, a él y sus descendientes[69].

GÉNESIS 13:16

¹⁶ ¡Y te daré tantos descendientes que, como el polvo de la tierra, será imposible contarlos!

---

68. **pastar**: comer pasto
69. **descendientes**: las personas de tu familia que nacen y viven después de ti

SU HISTORIA – EL RESCATE

Dios también dijo que le daría a Abram *tantos descendientes que, como el polvo de la tierra, será imposible contarlos.* Quiso decir que Abram tendría muchos descendientes. Sarai, la esposa de Abram, no podía tener hijos, y ellos ya eran ancianos. Entonces, Abram necesitaba creer que lo que Dios decía era cierto. Necesitaba tener fe[70] en él. Un poco más tarde, Dios nuevamente le dijo a Abram que tendría un hijo y muchos descendientes.

GÉNESIS 15:1-6

¹ Tiempo después, el Señor le habló a Abram en una visión y le dijo: —No temas, Abram, porque yo te protegeré, y tu recompensa será grande.

² Abram le respondió:

—Oh Señor Soberano, ¿de qué sirven todas tus bendiciones si ni siquiera tengo un hijo? Ya que tú no me has dado hijos, Eliezer de Damasco, un siervo de los de mi casa, heredará toda mi riqueza. ³ Tú no me has dado descendientes propios, así que uno de mis siervos será mi heredero.

⁴ Después el Señor le dijo: —No, tu siervo no será tu heredero, porque tendrás un hijo propio, quien será tu heredero.

⁵ Entonces el Señor llevó a Abram afuera y le dijo: —Mira al cielo y, si puedes, cuenta las estrellas. ¡Esa es la cantidad de descendientes que tendrás!

⁶ Y Abram creyó al Señor, y el Señor lo consideró justo debido a su fe.

Dice que Abram le creyó al Señor y que *el Señor lo consideró justo.* ¿Qué significa esto? Abram, al igual que cualquier otra persona, nació en el mundo de pecado y muerte. Al igual que todas las demás personas, no siempre hizo todo bien. Dios es perfecto y todo lo que hace es perfecto, pero las personas no son perfectas. Nacen como pecadores. Pecar significa desobedecer a Dios. Abram también nació de esa manera. En Génesis 20:1-18, puedes leer acerca de un tiempo en el que Abram no confió en Dios. No era perfecto. Si Dios no lo rescataba, iría al lugar de muerte cuando muriera. Sería separado del Señor para siempre.

---

70. **fe**: cuando alguien cree que todo lo que Dios dice es cierto

SESIÓN 7: DIOS LLEVÓ A ABRAM A CANAÁN

Pero Dios había hecho una manera para que las personas pudieran acercarse a él. Abram se acercó a Dios de esa manera. Se presentó ante él de la manera que él dijo que debía hacerlo, al matar animales y derramar su sangre. Abram creyó que lo que Dios dijo era cierto. Demostró que le creía al acercarse a él de la manera que él había indicado. Abram creía las cosas que Dios decía. Quería tener una relación con él y no estar separado de él. Creía que Dios le daría un hijo y muchos descendientes. Entonces, debido a que Abram creyó lo que Dios dijo, él lo consideró 'justo'. Eso significaba que Abram no tenía que pagar por su pecado con su propia muerte.

Al igual que todas las personas, Abram tenía una deuda[71] con Dios que no podía cancelar. Nació en el mundo de pecado y muerte, y no podía salvarse. Solo Dios podía salvarlo. Abram sabía eso, por lo que mató animales y derramó su sangre. Hizo eso para mostrar que creía que solo Dios podía salvarlo. Abram sabía que él debía ser el que muriera, no los animales que no habían hecho nada malo. Dios ideó una manera para que Abram se acercara a él de manera tal que no tuviera que morir y pudiera acercarse a Dios y no separarse de él. Abram se acercó a Dios de la manera que él dijo, porque creyó lo que le decía.

Dios vio que Abram le creía. No tenía por qué salvarlo, pero lo hizo porque quiso hacerlo. Dios le hizo a Abram un regalo y lo salvó de ir al lugar de muerte. Él dijo que Abram no tenía que pagar la deuda que tenía con Dios. No tenía que morir por su pecado. Esto es lo que significa cuando la Biblia dice que el Señor lo consideró justo.

Dios dice algunas cosas más acerca de los descendientes de Abram.

GÉNESIS 15:12-16

¹² Al ponerse el sol, Abram se durmió profundamente, y descendió sobre él una oscuridad aterradora. ¹³ Después el Señor dijo a Abram: «Ten por seguro que tus descendientes serán extranjeros en una tierra ajena, donde los oprimirán como esclavos durante cuatrocientos años; ¹⁴ pero yo castigaré a la nación que los esclavice, y al final saldrán con muchas riquezas. ¹⁵ En cuanto a ti, morirás en paz y serás enterrado en buena vejez. ¹⁶ Cuando hayan pasado cuatro generaciones, tus descendientes regresarán aquí, a esta tierra, porque los pecados de los amorreos no ameritan aún su destrucción».

---

71. **deuda**: algo que se le debe a otra persona y hay que pagar

SU HISTORIA – EL RESCATE

Dios dijo que los descendientes de Abram serían *extranjeros en una tierra ajena*[72]. Serían esclavos[73] durante 400 años. Dios dijo que castigaría a la nación que los esclavice y que traería a los descendientes de Abram de regreso a la tierra que le había dado a él.

Algún tiempo después, Dios le dijo nuevamente a Abram que su familia llegaría a convertirse en muchas naciones. Le mencionó que estaba haciendo un contrato, o *pacto*, con él. Un pacto es una promesa[74] muy firme de cumplir algo que alguien dice que va a hacer. Dios quería que Abram supiera que él siempre hace lo que promete que va a hacer. Entonces le cambió el nombre a Abraham, que significa 'padre de muchas personas'.

GÉNESIS 17:4-6

⁴ «Este es mi pacto contigo: ¡te haré el padre de una multitud de naciones! ⁵ Además, cambiaré tu nombre. Ya no será Abram, sino que te llamarás Abraham, porque serás el padre de muchas naciones. ⁶ Te haré sumamente fructífero. Tus descendientes llegarán a ser muchas naciones, ¡y de ellos surgirán reyes!

Luego Dios cambió el nombre de la esposa de Abraham de Sarai a Sara, que significa 'madre de muchas personas'.

GÉNESIS 17:15-17

¹⁵ Entonces Dios le dijo a Abraham: «Con respecto a Sarai, tu esposa, su nombre no será más Sarai. A partir de ahora, se llamará Sara. ¹⁶ Y yo la bendeciré, ¡y te daré un hijo varón por medio de ella! Sí, la bendeciré en abundancia, y llegará a ser la madre de muchas naciones. Entre sus descendientes, habrá reyes de naciones».

¹⁷ Entonces Abraham se postró hasta el suelo, pero se rió por dentro, incrédulo. «¿Cómo podría yo ser padre a la edad de cien años? —pensó—. ¿Y cómo podrá Sara tener un bebé a los noventa años?».

---

72. **ajena**: una tierra extranjera, que no era su propia tierra
73. **esclavos**: personas que tienen que trabajar para otros sin que se les pague
74. **promesa**: decir que uno va a hacer algo

SESIÓN 7: DIOS LLEVÓ A ABRAM A CANAÁN

Dios le dijo a Abraham que Sara tendría un hijo. Esto no le parecía posible a Abraham. Él ya tenía 100 años, y Sara tenía 90 años y nunca antes había tenido hijos. Entonces, Abraham no pensaba que podrían tener un hijo. Pero Dios puede hacer cualquier cosa que desee, él es el único que puede crear vida. Y Dios siempre hace lo que promete que va a hacer.

1. Dios le habló a Abraham. Vuelve a pensar en la historia de Dios hasta el momento e intenta recordar todas las ocasiones en las que Dios habló a las personas.

2. Actualmente, Dios nos habla a través de sus palabras escritas en la Biblia. ¿Por qué crees que Dios se esfuerza tanto por hablar con las personas?

3. En el lugar en el que se crio Abram, la mayoría de las personas no escuchaban a Dios. Pero Abram creyó en Dios el Creador. ¿Crees que habría sido difícil para Abram crecer en ese lugar? ¿Por qué?

4. ¿Qué significa cuando dice que 'Dios consideró a Abram justo'? ¿Se debió a que Abram siempre hacía lo correcto?

5. Dios le dijo a Abraham y Sara que tendrían un hijo y muchos descendientes. ¿Cómo podía saber Dios algo que aún no había sucedido?

SESIÓN 8

DIOS RESCATÓ A LOT. DIOS SALVÓ A ISAAC, EL HIJO DE ABRAHAM.

La palabra de Dios también nos cuenta acerca de Lot, el sobrino de Abraham. Lot y su familia se habían ido a vivir a una buena tierra con mucho césped junto al río Jordán. Esta tierra estaba cerca de una ciudad llamada Sodoma. Lot y su familia se habían mudado a esta ciudad. Había otra ciudad cerca de Sodoma, que se llamaba Gomorra.

GÉNESIS 18:20,21

20 Así que el Señor le dijo a Abraham: —He oído un gran clamor desde Sodoma y Gomorra, porque su pecado es muy grave. 21 Bajaré para ver si sus acciones son tan perversas como he oído. Si no es así, quiero saberlo.

Los habitantes de Sodoma y Gomorra se habían vuelto muy malos en su manera de vivir. Se habían vuelto contra Dios y no lo escuchaban. No querían estar cerca de Dios ni tener ninguna relación con él. Dios dijo que su pecado era *grave*, lo cual significa que no les importaba pecar contra él. Dios decidió que lo que estaban haciendo era tan malo que no podía permitir que lo siguieran haciendo. Cuando las personas no escuchan al Señor, esto es muy malo para ellos. Dios quiere que las personas lo escuchen, porque esto es lo mejor para ellos.

SU HISTORIA – EL RESCATE

Como los habitantes de Sodoma y Gomorra habían decidido no escucharlo, y debido a que su manera de vivir era tan mala, él decidió destruirlos.

Abraham habló con Dios acerca de su plan de destruir las ciudades.

GÉNESIS 18:23-26

²³ Abraham se le acercó y dijo: —¿Destruirás tanto al justo como al malvado? ²⁴ Supongamos que encuentras cincuenta personas justas en la ciudad, ¿aun así la destruirás y no la perdonarás por causa de los justos? ²⁵ Seguro que tú no harías semejante cosa: destruir al justo junto con el malvado. ¡Pues estarías tratando al justo y al malvado exactamente de la misma manera! ¡Sin duda, tú no harías eso! ¿Acaso el Juez de toda la tierra no haría lo que es correcto?

²⁶ Y el Señor contestó: —Si encuentro cincuenta personas justas en Sodoma, perdonaré a toda la ciudad por causa de ellos.

Abraham le pidió a Dios que no destruyera la ciudad de Sodoma si había aunque sea cincuenta personas allí que escucharan al Creador. Pero Abraham sabía que no podía haber cincuenta personas en Sodoma que escucharan a Dios, así que le pidió que no destruyera la ciudad si había cuarenta y cinco personas allí que lo escucharan. Luego Abraham continuó y le pidió que no destruyera a Sodoma si había aun cuarenta, treinta o veinte personas en la ciudad que escucharan a Dios.

GÉNESIS 18:32,33

³² Finalmente, Abraham dijo: —Señor, por favor, no te enojes conmigo si hablo una vez más. ¿Y si hubiera tan solo diez?

Y el Señor contestó: —Entonces no la destruiré por causa de esos diez.

³³ Cuando el Señor terminó la conversación con Abraham, siguió su camino, y Abraham regresó a su carpa.

El Señor dijo que no destruiría a Sodoma si había solo diez personas allí que lo escucharan. Dios envió a dos de sus siervos ángeles a Sodoma para ver si había aunque sea diez personas allí que lo escucharan. Esos ángeles tomaron la forma de hombres jóvenes.

SESIÓN 8: DIOS RESCATÓ A LOT.

GÉNESIS 19:1-9

¹ Al anochecer, los dos ángeles llegaron a la entrada de la ciudad de Sodoma. Lot estaba allí sentado y, cuando los vio, se puso de pie para recibirlos. Entonces les dio la bienvenida y se inclinó rostro en tierra. ² —Señores míos —dijo él—, vengan a mi casa para lavarse los pies, y sean mis huéspedes esta noche. Entonces mañana podrán levantarse temprano y seguir su camino.

—Oh, no —respondieron ellos—. Pasaremos la noche aquí, en la plaza de la ciudad.

³ Pero Lot insistió, y finalmente ellos fueron con él a su casa. Lot preparó un banquete para ellos, con pan sin levadura recién horneado, y ellos comieron; ⁴ pero antes de que se fueran a dormir, todos los hombres de Sodoma, tanto jóvenes como mayores, llegaron de todas partes de la ciudad y rodearon la casa. ⁵ Y le gritaron a Lot: —¿Dónde están los hombres que llegaron para pasar la noche contigo? ¡Haz que salgan para que podamos tener sexo con ellos!

⁶ Entonces Lot salió de la casa para hablar con ellos y cerró la puerta detrás de sí.

⁷ —Por favor, hermanos míos —suplicó—, no hagan una cosa tan perversa. ⁸ Miren, tengo dos hijas vírgenes. Déjenme traerlas, y podrán hacer con ellas lo que quieran. Pero les ruego que dejen en paz a estos hombres, porque son mis huéspedes y están bajo mi protección.

⁹ —¡Hazte a un lado! —gritaron ellos—. Este tipo llegó a la ciudad como forastero, ¡y ahora actúa como si fuera nuestro juez! ¡Te trataremos mucho peor que a esos hombres!

Y se lanzaron contra Lot para tirar la puerta abajo.

Lot no sabía que estos dos jóvenes eran ángeles de Dios, pero no quería que se quedaran afuera en la ciudad. Sabía que los hombres de Sodoma querrían tener sexo con ellos, por eso les pidió que se quedaran en su casa. Esa noche, hombres de toda Sodoma fueron a la casa de Lot, querían que hiciera salir a los dos hombres. Lot salió y les dijo que podía enviar a sus dos hijas vírgenes[75] en lugar de ellos. Pero los hombres de Sodoma solo querían que salieran los dos jóvenes.

---

75. **virgen**: alguien que nunca ha tenido sexo

SU HISTORIA – EL RESCATE

Estos hombres de Sodoma habían dejado de escuchar a Dios. Su manera de vivir demostraba que Dios no tenía importancia para ellos.

Dios hizo que los hombres y las mujeres estuvieran juntos para que pudieran tener hijos. Recuerda que Dios creó a Eva para que fuera la ayudante y compañera de Adán. Dios quería que Adán y Eva cuidaran la tierra y tuvieran hijos. Quiso que estuvieran juntos, se ayudaran uno al otro y cuidaran de sus hijos. Esta es la manera en la que Dios quiso que las personas vivieran unas con otras. Quiso que el hombre tuviera una esposa para que pudieran ayudarse uno al otro y para que pudieran tener hijos.

A los hombres de Sodoma no les importaba de qué manera Dios quería que fueran las cosas. No pensaban en lo que Dios quería, solo pensaban en lo que ellos querían.

GÉNESIS 19:10,11

¹⁰ Pero los dos ángeles extendieron la mano, metieron a Lot dentro de la casa y pusieron el cerrojo a la puerta. 11 Luego dejaron ciegos a todos los hombres que estaban en la puerta de la casa, tanto jóvenes como mayores, los cuales abandonaron su intento de entrar.

Los ángeles enceguecieron los ojos de los hombres de Sodoma para que se fueran.

GÉNESIS 19:12-25

¹² Mientras tanto, los ángeles le preguntaron a Lot: —¿Tienes otros familiares en esta ciudad? Sácalos de aquí, a tus yernos, hijos, hijas o cualquier otro, ¹³ porque estamos a punto de destruir este lugar por completo. El clamor contra esta ciudad es tan grande que ha llegado hasta el Señor, y él nos ha enviado para destruirla.

¹⁴ Entonces Lot salió con prisa a contarles a los prometidos de sus hijas: «¡Rápido, salgan de la ciudad! El Señor está a punto de destruirla»; pero los jóvenes pensaron que lo decía en broma.

¹⁵ Al amanecer de la mañana siguiente, los ángeles insistieron: —Apresúrate —le dijeron a Lot—. Toma a tu esposa y a tus dos hijas que están aquí. ¡Vete ahora mismo, o serás arrastrado en la destrucción de la ciudad!

SESIÓN 8: DIOS RESCATÓ A LOT.

¹⁶ Como Lot todavía titubeaba, los ángeles lo agarraron de la mano, y también a su esposa y a sus dos hijas, y los llevaron enseguida a un lugar seguro fuera de la ciudad, porque el Señor tuvo misericordia de ellos. ¹⁷ Cuando quedaron a salvo fuera de la ciudad, uno de los ángeles ordenó: —¡Corran y salven sus vidas! ¡No miren hacia atrás ni se detengan en ningún lugar del valle! ¡Escapen a las montañas, o serán destruidos!

¹⁸ —¡Oh, no, mi señor! —suplicó Lot—. ¹⁹ Ustedes fueron tan amables conmigo y me salvaron la vida, y han mostrado una gran bondad; pero no puedo ir a las montañas. La destrucción me alcanzaría allí también, y pronto moriría. ²⁰ Miren, hay una pequeña aldea cerca. Por favor, déjenme ir allá; ¿no ven lo pequeña que es? Así no perderé la vida.

²¹ —Está bien —dijo el ángel—, concederé tu petición. No destruiré la pequeña aldea. ²² ¡Pero apresúrate! Escapa a la aldea, porque no puedo hacer nada hasta que llegues allí. (Esto explica por qué aquella aldea se conocía como Zoar, que significa «lugar pequeño»).

²³ Lot llegó a la aldea justo cuando el sol salía en el horizonte. ²⁴ Enseguida el Señor hizo llover de los cielos fuego y azufre ardiente sobre Sodoma y Gomorra. ²⁵ Las destruyó por completo, junto con las demás ciudades y aldeas de la llanura. Así arrasó a todas las personas y a toda la vegetación.

Dios decidió rescatar a Lot, por eso los ángeles ayudaron a él y su familia a salir de la ciudad. Entonces hubo una lluvia de fuego y azufre[76] ardiente. Las ciudades, todas las personas, todos los árboles y todo lo que crecía fueron destruidos.

Después de ese tiempo, la palabra de Dios nos cuenta que Abraham y Sara tuvieron un hijo. Abraham tenía 100 años y Sara 90 años cuando nació su hijo.

GÉNESIS 21:1-5

¹ El Señor cumplió su palabra e hizo con Sara exactamente lo que había prometido. ² Ella quedó embarazada y dio a luz un hijo a Abraham en su vejez. Esto ocurrió justo en el tiempo que Dios dijo que pasaría. ³ Y Abraham le puso por nombre a su hijo, Isaac. ⁴ Ocho días después del nacimiento, Abraham

---

76. **azufre**: polvo amarillo que se encuentra en las rocas y en la tierra y puede quemar

circuncidó a Isaac, tal como Dios había ordenado. 5 Abraham tenía cien años de edad cuando nació Isaac.

La Biblia nos cuenta que Dios hizo lo que dijo que iba a hacer. Les dio a Abraham y Sara un hijo en el tiempo que dijo que lo haría. Dios siempre cumple lo que promete que va a hacer. El hijo de Abraham y Sara se llamó Isaac.

La palabra de Dios nos cuenta acerca de algo que sucedió un poco más tarde, una vez que Isaac creció y se hizo joven.

GÉNESIS 22:1,2

¹ Tiempo después, Dios probó la fe de Abraham. —¡Abraham! —lo llamó Dios.

—Sí —respondió él—, aquí estoy.

² —Toma a tu hijo, tu único hijo —sí, a Isaac, a quien tanto amas— y vete a la tierra de Moriah. Allí lo sacrificarás como ofrenda quemada sobre uno de los montes, uno que yo te mostraré.

Dice que Dios *probó*[77] *la fe de Abraham*. Eso significa que quería ver lo que Abraham iba a hacer. Un día, Dios le dijo a Abraham que fuera con Isaac a un monte que él le mostraría. Dios dijo que Abraham tendría que matar a Isaac en ese lugar. Dijo que luego tendría que quemar el cuerpo de Isaac como una ofrenda[78].

Abraham conocía al Señor desde hacía muchos años, y lo había escuchado. Sabía que lo que Dios decía era cierto. Abraham sabía que el Señor siempre hace lo que dice que va a hacer. Dios había dicho que un día toda la tierra de Canaán sería propiedad de los descendientes de Abraham. Esta descendencia comenzaría con Isaac, el hijo de Abraham y Sara. Dios había dicho que, a través de Abraham, todas las familias de la tierra serían bendecidas.

Dios cumplió su palabra y les dio un hijo a Abraham y Sara. Él hizo lo que prometió que iba a hacer y nació su hijo Isaac. Abraham y Sara habían cuidado de Isaac, lo habían visto crecer. Sabían que Dios dijo que iba a tener muchos descendientes y que muchas naciones saldrían de este niño. Dios dijo que haría eso, así que Abraham sabía que lo cumpliría.

---

77. **probó**: la puso a prueba para ver si era real o no
78. **ofrenda**: un regalo que se le da a Dios

SESIÓN 8: DIOS RESCATÓ A LOT.

Pero ahora Dios le pedía a Abraham que construyera una plataforma de piedras en una montaña. El Señor le pidió a Abraham que matara a Isaac allí, tendría que cortarle la garganta a su hijo hasta que corriera su sangre, y luego tendría que quemar el cuerpo de Isaac. Dios le pidió a Abraham que matara a Isaac y lo consagrara como ofrenda.

Abraham había hecho esto muchas veces con corderos. Los había matado como ofrenda a Dios. Pero esta vez él le estaba pidiendo que ofreciera a su hijo. Este era el niño que Dios le había dado en su vejez. Era aquel que sería el inicio de una larga descendencia. A través de él, todas las familias de la tierra serían bendecidas. ¿Cómo sucederían todas esas cosas si Isaac moría?

GÉNESIS 22:3-8

³ A la mañana siguiente, Abraham se levantó temprano. Ensilló su burro y llevó con él a dos de sus siervos, junto con su hijo Isaac. Después cortó leña para el fuego de la ofrenda y salió hacia el lugar que Dios le había indicado. ⁴ Al tercer día de viaje, Abraham levantó la vista y vio el lugar a la distancia. ⁵ «Quédense aquí con el burro —dijo Abraham a los siervos—. El muchacho y yo seguiremos un poco más adelante. Allí adoraremos y volveremos enseguida».

⁶ Entonces Abraham puso la leña para la ofrenda sobre los hombros de Isaac, mientras que él llevó el fuego y el cuchillo. Mientras caminaban juntos, ⁷ Isaac se dio vuelta y le dijo a Abraham: —¿Padre?

—Sí, hijo mío —contestó Abraham.

—Tenemos el fuego y la leña —dijo el muchacho—, ¿pero está el cordero para la ofrenda quemada?

⁸ —Dios proveerá un cordero para la ofrenda quemada, hijo mío —contestó Abraham. Así que ambos siguieron caminando juntos.

Abraham escuchó a Dios y le obedeció. Preparó todo y fue al monte que Dios le mostró. Tomó leña y fuego para poder quemar

SU HISTORIA – EL RESCATE

la ofrenda. Fue con dos siervos y con su hijo, Isaac. Caminaron durante tres días, hasta que pudieron ver la montaña. Luego Abraham e Isaac dejaron los siervos y el burro, y siguieron solos. Isaac llevó la leña sobre sus hombros.

Mientras subían la montaña, Isaac le preguntó a su padre: *"¿Dónde está el cordero para la ofrenda quemada?"*. Isaac había visto muchas veces que se mataban corderos para las ofrendas, entonces quiso saber por qué no llevaban con ellos un cordero en ese momento. Abraham le dijo: *"Dios proveerá[79] un cordero para la ofrenda quemada, hijo mío"*. Abraham sabía que Dios era el único que podía salvar a su hijo.

GÉNESIS 22:9-11

⁹ Cuando llegaron al lugar indicado por Dios, Abraham construyó un altar y colocó la leña encima. Luego ató a su hijo Isaac, y lo puso sobre el altar, encima de la leña. 10 Y Abraham tomó el cuchillo para matar a su hijo en sacrificio. 11 En ese momento, el ángel del Señor lo llamó desde el cielo: —¡Abraham! ¡Abraham!

—Sí —respondió Abraham—, ¡aquí estoy!

Abraham ató a Isaac y lo colocó sobre la leña encima de la pila de piedras. Luego tomó el cuchillo para matar a su hijo. Dios vio que Abraham iba a obedecerlo, iba a hacer lo que le había dicho que hiciera. Antes de que pudiera matar a Isaac, un ángel de Dios llamó a Abraham.

GÉNESIS 22:12,13

¹² —¡No pongas tu mano sobre el muchacho! —dijo el ángel—. No le hagas ningún daño, porque ahora sé que de verdad temes a Dios. No me has negado ni siquiera a tu hijo, tu único hijo.

¹³ Entonces Abraham levantó los ojos y vio un carnero que estaba enredado por los cuernos en un matorral. Así que tomó el carnero y lo sacrificó como ofrenda quemada en lugar de su hijo.

El ángel de Dios llamó a Abraham y le dijo que se detuviera, que no debía hacerle ningún daño a Isaac. Dios vio que Abraham había querido obedecerle, e

---

79. **proveer**: dar algo

incluso estuvo dispuesto a matar a su propio hijo. Abraham había demostrado que amaba a Dios, confiaba[80] en él y haría lo que le dijera.

Pero había que hacer una ofrenda. La única manera de acercarse a Dios es con la muerte. Así que Dios proveyó un cordero para la ofrenda quemada, tal como Abraham dijo que lo haría. Había un carnero[81] atrapado en los arbustos cercanos, entonces Abraham mató al carnero en lugar de Isaac. Dios había salvado a Isaac de la muerte, permitió que muriera un cordero para que el niño no tuviera que morir. Dios era el único que podía salvarlo.

GÉNESIS 22:14-18

[14] Abraham llamó a aquel lugar Yahveh-jireh (que significa «el Señor proveerá»). Hasta el día de hoy, la gente todavía usa ese nombre como proverbio: «En el monte del Señor será provisto».

[15] Luego el ángel del Señor volvió a llamar a Abraham desde el cielo. [16] —El Señor dice: Ya que me has obedecido y no me has negado ni siquiera a tu hijo, tu único hijo, juro por mi nombre que [17] ciertamente te bendeciré. Multiplicaré tu descendencia hasta que sea incontable, como las estrellas del cielo y la arena a la orilla del mar. Tus descendientes conquistarán las ciudades de sus enemigos; [18] y mediante tu descendencia, todas las naciones de la tierra serán bendecidas. Todo eso, porque me has obedecido.

Abraham escuchó a Dios y supo que lo que decía era cierto, tuvo fe en él. Supo que Dios tenía un plan para su familia. Isaac era el hijo mayor de Abraham y Sara, por lo que Abraham sabía que Isaac tenía que vivir. Dios dijo que a través de la familia de Abraham, todas las familias de la tierra serían bendecidas. Con Isaac comenzaría una nación y a través de su familia todas las naciones de la tierra serían bendecidas. El hombre que Dios dijo que vendría y derrotaría a Satanás sería miembro de la familia de Isaac. Dios prometió que vendría este hombre, dijo en el jardín del Edén que este hombre derrotaría a Satanás. Luego le dijo a Abraham que este hombre vendría a través de su familia y la de Isaac.

---

80. **confiar**: creer que lo que Dios dice es cierto y que él siempre hace lo mejor
81. **carnero**: macho de la oveja

SU HISTORIA – EL RESCATE

1. ¿Por qué Dios decidió destruir a Sodoma y Gomorra?

2. ¿Por qué Dios le dijo a Abraham que matara a Isaac?

3. ¿Cuáles fueron todas las cosas que Dios dijo que sucederían a través de la familia de Abraham?

4. ¿Cuál es la única manera en que las personas pueden acercarse a Dios?

5. ¿De qué manera Abraham demostró que tenía fe en Dios?

6. ¿Qué quiso decir Dios cuando le dijo a Abraham: "mediante tu descendencia, todas las naciones de la tierra serán bendecidas"?

SESIÓN 9

DIOS ESCOGIÓ A JACOB. DIOS ENVIÓ A EGIPTO A JOSÉ, EL HIJO DE JACOB.

La palabra de Dios nos cuenta acerca de cuando Abraham murió.

GÉNESIS 25:7-11

⁷ Abraham vivió ciento setenta y cinco años, ⁸ y murió en buena vejez, luego de una vida larga y satisfactoria. Dio su último suspiro y se reunió con sus antepasados al morir. ⁹ Sus hijos Isaac e Ismael lo enterraron en la cueva de Macpela, cerca de Mamre, en el campo de Efrón, hijo de Zohar el hitita. ¹⁰ Ese era el campo que Abraham había comprado a los hititas y donde había enterrado a su esposa Sara. ¹¹ Después de la muerte de Abraham, Dios bendijo a su hijo Isaac, quien se estableció cerca de Beer-lajai-roi, en el Neguev.

Isaac era el primer hijo de Abraham y Sara, el hijo que Dios les había prometido. Entonces, cuando Abraham murió, le dio todo lo que tenía a Isaac. Después de que Abraham murió, Dios cuidó de Isaac. Dios dijo que Isaac era el antepasado del Prometido que vendría más tarde y derrotaría a Satanás.

La palabra de Dios nos cuenta acerca de la vida de Isaac. Abraham no quería que su hijo se casara con una mujer de Canaán, así que lo envió a su tierra natal

SU HISTORIA – EL RESCATE

para que pudiera encontrar esposa en su propio pueblo. Cuando Isaac tenía cuarenta años, se casó con una mujer llamada Rebeca.

GÉNESIS 25:19,20

¹⁹ Este es el relato de la familia de Isaac, hijo de Abraham. 20 Cuando Isaac tenía cuarenta años, se casó con Rebeca, hija de Betuel el arameo, de Padán-aram, y hermana de Labán el arameo.

Rebeca, la esposa de Isaac, no podía tener hijos. Entonces Isaac oró⁸² para pedirle al Señor que la ayudara a tener hijos.

GÉNESIS 25:21-23

²¹ Isaac rogó al Señor a favor de su esposa, porque ella no podía tener hijos. El Señor contestó la oración de Isaac, y Rebeca quedó embarazada de mellizos. ²² Pero los dos niños luchaban entre sí dentro de su vientre. Así que ella consultó al Señor:
—¿Por qué me pasa esto? —preguntó.

²³ Y el Señor le dijo: —Los hijos que llevas en tu vientre llegarán a ser dos naciones, y desde el principio las dos naciones serán rivales. Una nación será más fuerte que la otra; y tu hijo mayor servirá a tu hijo menor.

A Rebeca le preocupaba⁸³ lo que le estaba sucediendo, así que le preguntó al Señor qué ocurría. El Señor le dijo: *"Los hijos que llevas en tu vientre⁸⁴ llegarán a ser dos naciones"*. Le confirmó que había dos bebés en su interior. Cada niño crecería y tendría una familia que se convertiría en una nación. Y estas dos naciones lucharían una contra otra. Dios dijo que la nación que venía del hijo mayor serviría a la nación que venía del hijo menor.

Dios sabía todo acerca de los dos bebés. Solo él podía conocerlo todo acerca de ellos. Sabía que crecerían y tendrían sus propias familias, que esas familias se convertirían en naciones, y que esas naciones lucharían una contra otra. Dios sabe todas las cosas, así que conocía todo acerca de estos dos niños incluso antes de que nacieran. Dios puede estar en todas partes al mismo tiempo. Él hizo todas las cosas y conoce todas las cosas.

---

82. **oró**: orar significa hablar con Dios acerca de algo
83. **preocupaba**: temía que podría suceder algo malo
84. **vientre**: el lugar en el cuerpo de una mujer en el que crece un bebé antes de nacer

SESIÓN 9: DIOS ESCOGIÓ A JACOB.

La palabra de Dios dice que Rebeca le hizo una pregunta a Dios. Rebeca era una mujer, pero pudo acudir al Señor y hacerle una pregunta, porque se acercó a él de la manera que Dios había dicho. Ella y su esposo mataron animales y dejaron correr su sangre. Lo hicieron para demostrar que estaban de acuerdo con Dios y que sabían que merecían la muerte. Sabían que Dios era el único que podía salvarlos. El Señor aceptó sus ofrendas, y así Rebeca tuvo una relación con Dios y pudo acercarse a él para hacerle una pregunta.

GÉNESIS 25:24-28

²⁴ Cuando le llegó el momento de dar a luz, ¡Rebeca comprobó que de verdad tenía mellizos! ²⁵ El primero en nacer era muy rojizo y estaba cubierto de mucho vello, como con un abrigo de piel; por eso lo llamaron Esaú. ²⁶ Después nació el otro mellizo, agarrando con la mano el talón de Esaú; por eso lo llamaron Jacob. Isaac tenía sesenta años cuando nacieron los mellizos.

²⁷ Los muchachos fueron creciendo, y Esaú se convirtió en un hábil cazador. Él era un hombre de campo, pero Jacob tenía un temperamento tranquilo y prefería quedarse en casa. ²⁸ Isaac amaba a Esaú porque le gustaba comer los animales que cazaba, pero Rebeca amaba a Jacob.

Rebeca tuvo hijos mellizos[85], tal como Dios lo había dicho. Los niños eran diferentes entre sí. El primero que nació se llamó Esaú. Tenía mucho vello. Esaú significa 'velludo' en idioma hebreo. Cuando Esaú creció, se convirtió en un muy buen cazador[86]. Era el hijo favorito[87] de Isaac, porque a este le encantaba comer carne. El segundo hijo que nació se llamó Jacob, que cuando creció se volvió un hombre tranquilo, a quien le gustaba quedarse en su casa. Rebeca amaba a Jacob más que a Esaú.

Esaú fue el primero en nacer. Entonces, cuando Isaac muriera, Esaú habría heredado todas las posesiones de Isaac. Habría recibido todo lo que perteneció a su padre y habría tomado su lugar como jefe[88] de la familia. Eso era lo normal en esos tiempos. Esaú era el hijo mayor, pero la palabra de Dios nos cuenta que sucedió algo diferente.

---

85. **mellizos**: dos hijos nacidos en el mismo parto
86. **cazador**: alguien que sale en busca de animales para matarlos y comerlos
87. **favorito**: el que más le agrada
88. **jefe**: el líder

SU HISTORIA – EL RESCATE

GÉNESIS 25:29-34

²⁹ Cierto día, mientras Jacob preparaba un guiso, Esaú regresó del desierto, agotado y hambriento. ³⁰ Esaú le dijo a Jacob: —¡Me muero de hambre! ¡Dame un poco de ese guiso rojo! (Así es como Esaú obtuvo su otro nombre, Edom, que significa «rojo»).

³¹ —Muy bien —respondió Jacob—, pero dame a cambio tus derechos del hijo mayor.

³² —Mira, ¡me estoy muriendo de hambre! —dijo Esaú—. ¿De qué me sirven ahora los derechos del hijo mayor?

³³ Pero Jacob dijo: —Primero tienes que jurar que los derechos del hijo mayor me pertenecen a mí.

Así que Esaú hizo un juramento, mediante el cual vendía todos sus derechos del hijo mayor a su hermano Jacob.

³⁴ Entonces Jacob le dio a Esaú guiso de lentejas y algo de pan. Esaú comió, y luego se levantó y se fue. Así mostró desprecio por sus derechos del hijo mayor.

Esaú *regresó del desierto, agotado y hambriento*. Agotado significa muy, muy cansado. Esaú le dijo a Jacob que le diera un poco de la comida que estaba cocinando. Era un guiso de color rojo, probablemente hecho de lentejas[89] rojas. Esaú también fue llamado 'Edom', que significa 'rojo' en hebreo. Jacob dijo que podía darle a Esaú un poco de comida si hacía algo por él primero. Jacob le pidió a su hermano que le diera sus *derechos del hijo mayor*[90]. Esaú *hizo un juramento, mediante el cual vendía todos sus derechos del hijo mayor a su hermano Jacob*. Eso significa que Esaú hizo una promesa muy firme de cederle a Jacob sus derechos del hijo mayor si este le daba algo de comida. Entonces comió la comida que Jacob le dio.

Esaú hizo algo muy insensato. La palabra de Dios dice que Esaú *mostró desprecio por sus derechos del hijo mayor*. Mostrar desprecio significa odiar algo o creer que no tiene ningún valor para uno. Esaú renunció a todo lo que iba a recibir después de la muerte de Isaac. Hizo esto porque no creyó lo que Dios había dicho acerca de su familia. No creyó que todas las naciones de la tierra

---

89. **lentejas**: pequeños frijoles que provienen de una planta y pueden secarse y luego comerse
90. **derechos del hijo mayor**: todo lo que le podría pertenecer al primogénito luego de la muerte de su padre; también la bendición que el padre le daría al hijo mayor para decirle que se convertiría en el jefe de la familia

SESIÓN 9: DIOS ESCOGIÓ A JACOB

serían bendecidas a través de la familia de Isaac. No creyó que el Prometido vendría a través de esta familia. Entonces Esaú renunció a sus derechos del hijo mayor por un plato de comida. Más adelante, la palabra de Dios hace referencia a Esaú como "impío".

Jacob era diferente a Esaú. Creyó lo que Dios había dicho. Entonces sabía que el derecho del hijo mayor de su hermano era algo muy importante. Dios eligió a Jacob para que liderara la familia. Ser el jefe de la familia era un puesto especial. Esta familia era aquella en la que nacería el Prometido, aquel que derrotaría a Satanás. Todas las naciones de la tierra serían bendecidas por la llegada de este hombre. Dios tenía un plan para la familia de Jacob, así que creó una manera para que Jacob se convirtiera en el jefe de la familia.

GÉNESIS 27:41-44

⁴¹ Desde ese momento, Esaú odió a Jacob, porque su padre le había dado la bendición a él. Entonces Esaú comenzó a tramar: «Pronto haré duelo por la muerte de mi padre y después mataré a mi hermano Jacob».

⁴² Entonces Rebeca se enteró de los planes de Esaú y llamó a Jacob y le dijo:

—Escucha, Esaú se consuela haciendo planes para matarte. ⁴³ Así que, hijo mío, presta mucha atención. Prepárate y huye a casa de mi hermano Labán, en Harán. ⁴⁴ Quédate allí con él hasta que tu hermano se calme.

SU HISTORIA – EL RESCATE

Dice que *Esaú odió a Jacob*. Esaú le había entregado su derecho del hijo mayor a Jacob. Cuando Isaac murió, le dio a Jacob la *bendición* del hijo primogénito. Esaú quería matar a Jacob tan pronto como muriera su padre Isaac, pero Rebeca se enteró del plan de Esaú de matar a su hermano, así que lo ayudó a huir. Le dijo que fuera a Harán, la ciudad en la que Abraham había vivido de camino a Canaán.

Jacob tuvo un sueño mientras dormía afuera una noche de camino a Harán.

GÉNESIS 28:10-16

¹⁰ Mientras tanto, Jacob salió de Beerseba y viajó hacia Harán. ¹¹ A la caída del sol, llegó a un buen lugar para acampar, y se quedó allí a pasar la noche. Jacob encontró una piedra donde reposar su cabeza y se acostó a dormir. ¹² Mientras dormía, soñó con una escalera que se extendía desde la tierra hasta el cielo, y vio a los ángeles de Dios que subían y bajaban por ella.

¹³ En la parte superior de la escalera estaba el Señor, quien le dijo: «Yo soy el Señor, Dios de tu abuelo Abraham, y Dios de tu padre Isaac. La tierra en la que estás acostado te pertenece. Te la entrego a ti y a tu descendencia. ¹⁴ ¡Tus descendientes serán tan numerosos como el polvo de la tierra! Se esparcirán en todas las direcciones: hacia el oriente y el occidente, hacia el norte y el sur; y todas las familias de la tierra serán bendecidas por medio de ti y de tu descendencia. ¹⁵ Además, yo estoy contigo y te protegeré dondequiera que vayas. Llegará el día en que te traeré de regreso a esta tierra. No te dejaré hasta que haya terminado de darte todo lo que te he prometido».

¹⁶ Entonces Jacob se despertó del sueño y dijo: «¡Ciertamente el Señor está en este lugar, y yo ni me di cuenta!».

Dios le estaba hablando a Jacob en el sueño. Le mostró unas escaleras que iban desde la tierra hasta el cielo⁹¹. Los ángeles de Dios subían y bajaban por las escaleras. En su sueño, Jacob vio las escaleras y escuchó al Señor decir cosas acerca de su familia. El Señor dijo que la familia de Jacob sería enorme, y que se extendería a lo largo de una gran área. El Señor dijo que todas las familias de la tierra serían bendecidas a través de la familia de Jacob. Dios estaba hablando acerca de su plan de traer al Prometido que derrotaría a Satanás. Este hombre, quien sería enviado por Dios, sería parte de la familia de Jacob. Dios le estaba

---

91. **cielo**: un lugar real donde la palabra de Dios dice que él se encuentra

SESIÓN 9: DIOS ESCOGIÓ A JACOB.

diciendo a Jacob lo mismo que les había dicho antes a Abraham y luego a Isaac. Dios nunca olvida lo que planea hacer. Si él planea hacer algo, siempre lo hace.

Dios le mostró a Jacob en un sueño las escaleras que subían hasta el cielo. Quiso decirle a Jacob algo acerca del Prometido que vendría a través de su familia. Las escaleras que iban desde la tierra hasta el cielo mostraron que Dios iba a hacer un camino para que las personas se acercaran a él y estuvieran con él.

Cuando Adán y Eva desobedecieron a Dios, fueron expulsados del jardín del Edén. Todas las personas que han nacido desde entonces nacieron fuera del jardín. Las personas entonces nacieron en un mundo de pecado y muerte, y así sigue siendo hoy. Satanás, el pecado y la muerte tienen el control.

Las personas del tiempo de Jacob solo podían acercarse a Dios de la manera que él había ordenado, matando animales. Esto era algo que debían seguir haciendo, una y otra vez. Estaban separados de Dios por causa de Satanás, el pecado y la muerte, así que tenían que seguir matando animales. Pero Dios quiso hacer un camino para que las personas pudieran acercarse a él libremente. Quería que las personas estuvieran con él para siempre. Dios ama a las personas y no quiere que estén separadas de él por su pecado.

Entonces Dios le dijo a Jacob en el sueño que haría un camino para que las personas se acercaran a él que duraría para siempre. Podrían acercarse libremente para estar con él. Dios le estaba mostrando a Jacob que el hombre que vendría a través de su familia derrotaría a Satanás. Este hombre haría un camino para que las personas se acercaran a Dios libremente.

En Génesis capítulos 29 al 35, la palabra de Dios nos cuenta que Jacob fue a la Alta Mesopotamia. Vivió allí en la tierra de su familia durante veinte años. Mientras estaba allí, se casó con dos hermanas llamadas Lea y Raquel. Jacob y su familia regresaron a Canaán. En el camino de regreso, Dios le puso a Jacob un nuevo nombre, Israel.

GÉNESIS 35:9-12

⁹ Ahora que Jacob había regresado de Padán-aram, Dios se le apareció de nuevo en Betel. Y Dios lo bendijo ¹⁰ diciéndole: «Tu nombre es Jacob, pero ya no te llamarás Jacob. A partir de ahora tu nombre será Israel». Así que Dios le cambió el nombre y lo llamó Israel.

> ¹¹ Entonces Dios dijo: «Yo soy El-Shaddai, "Dios Todopoderoso". Sé fructífero y multiplícate. Llegarás a formar una gran nación; incluso, de ti saldrán muchas naciones. ¡Habrá reyes entre tus descendientes! ¹² Y te entregaré la tierra que les di a Abraham y a Isaac. Así es, te la daré a ti y a tus descendientes».

A veces en la historia de Dios se usa el nombre Jacob y a veces se usa el nombre Israel. A veces se emplea el nombre para hablar acerca de un solo hombre, y en ocasiones se usa para referirse a toda su familia. Israel tuvo doce hijos, y vivió en Canaán con sus hijos y sus familias. La familia de Israel creció cada vez más, tal como Dios dijo que sucedería. Uno de los hijos de Israel se llamó José.

GÉNESIS 37:3,4

> ³ Jacob amaba a José más que a sus otros hijos porque le había nacido en su vejez. Por eso, un día, Jacob mandó a hacer un regalo especial para José: una hermosa túnica. ⁴ Pero sus hermanos lo odiaban porque su padre lo amaba más que a ellos. No dirigían ni una sola palabra amable hacia José.

La palabra de Dios nos cuenta mucho acerca de José. Era el hijo favorito de Jacob. Sus hermanos lo odiaban. José escuchaba a Dios y tenía una relación muy cercana con él. Más adelante, la historia nos dice que José tuvo gran fe en Dios y nos cuenta todo acerca de su vida. Puedes leer la historia de la vida de José en Génesis, en los capítulos 37 al 47. Por ahora, solo repasaremos los puntos principales de la historia. Puedes leer la historia completa en tu Biblia más tarde.

GÉNESIS 37:5-11

José era pastor de ovejas. Tuvo algunos sueños de que sus hermanos se inclinarían ante él. Sus hermanos lo odiaban por tener estos sueños. En los sueños, Dios le estaba mostrando a José que se convertiría en la persona más poderosa de su familia.

GÉNESIS 37:12-36

Los hermanos de José lo odiaban y querían matarlo. Un día, vieron a algunos hombres de otro país que pasaban por allí y les vendieron a José como esclavo. Estos hombres iban de camino a vender mercancías en Egipto. Llevaron a José con ellos a ese país. Cuando llegaron allí, vendieron a José a un hombre llamado

Potifar, quien trabajaba para el rey de Egipto. Todos los reyes de Egipto eran llamados 'Faraón'. Los hermanos de José le mostraron la túnica a su padre, cubierta con la sangre de un cabrito. Le hicieron creer a Jacob que a José lo había matado un animal salvaje.

GÉNESIS 39:1-6

José trabajó para Potifar, quien era el jefe de los guardias del Faraón. Dios dijo que iba a estar con José y lo iba a ayudar. Dios ayudó a José y lo puso a cargo de la casa de Potifar y todo lo que él tenía.

GÉNESIS 39:7-20

La esposa de Potifar quería tener relaciones sexuales con José, pero él la ignoraba. No quería pecar contra Dios de esa manera. La mujer de Potifar le dijo a su esposo que José intentó violarla[92]. Potifar le creyó a su esposa y envió a José a la cárcel.

GÉNESIS 39:21-23

El Señor estuvo con José en la cárcel y lo ayudó. Le mostró que lo amaba y cuidaría de él. José fue puesto a cargo de la cárcel y todos los prisioneros.

GÉNESIS 40:1-23

Dios ayudó a José a contarles a las personas el significado de sus sueños. Ayudó a que José interpretara los sueños de dos hombres en la cárcel. Estos dos hombres habían trabajado para el Faraón. José les dijo lo que significaban sus sueños. Uno de los hombres fue liberado de la cárcel y al otro lo mataron. Esto es lo que José dijo que sucedería.

GÉNESIS 41:1-13

Dos años más tarde, el Faraón tuvo dos sueños. Estaba muy preocupado por esos sueños y quería conocer su significado. Les preguntó a otros hombres qué significaban sus sueños, pero ellos no pudieron decírselo. El hombre que había

---

92. **violar**: forzar a alguien a tener relaciones sexuales en contra de su voluntad

sido liberado de la cárcel le habló al Faraón acerca de José y le dijo que él sería capaz de decirle el significado de sus sueños.

GÉNESIS 41:14-32

El Faraón mandó llamar a José para que viniera a ayudarlo. José fue liberado de la cárcel y llevado ante el Faraón. José dijo que Dios era quien podría ayudar al Faraón a conocer el significado de sus sueños. El Faraón le contó sus sueños a José. El primero se trataba de siete vacas muy flacas que se comían a siete vacas gordas. El segundo eran siete espigas de granos secas que se comían a siete espigas de grano robustas.

José le dijo al Faraón que Dios le había revelado el significado de los sueños. Habría siete años buenos en Egipto. Se produciría mucho alimento durante esos años. Luego habría siete años malos. No habría alimentos durante esos años.

GÉNESIS 41:33-36

José dijo que se debería poner a alguien a cargo de los alimentos en Egipto. Dijo que esa persona podría ayudar a guardar alimentos en los años buenos, y luego se podrían comer esos alimentos durante los años malos.

GÉNESIS 41:37-46

El Faraón vio que José era muy sabio y que Dios estaba con él. Entonces lo puso a cargo de todos los alimentos de Egipto. El Faraón era el único superior a José, quien estaba a cargo de todas las demás personas en Egipto.

GÉNESIS 41:47-57

Hubo siete años buenos y siete años malos, tal como Dios había dicho. José guardó los alimentos de los años buenos. Tenía gran cantidad de alimentos almacenados. Luego, en los años malos, entregó esos alimentos. Los países vecinos a Egipto también necesitaban alimentos. Entonces los habitantes de esos países venían a Egipto a comprar comida. La gente de la tierra de Canaán también necesitaba alimentos.

SESIÓN 9: DIOS ESCOGIÓ A JACOB.

GÉNESIS 42:1-38

El padre y los hermanos de José vivían en Canaán, por lo que estaban pasando hambre. Jacob envió a diez de sus hijos a Egipto para comprar alimentos. Los hermanos de José llegaron a comprar alimentos a José en Egipto. No sabían que estaban frente a su hermano José, pensaban que solo era un hombre de Egipto, pero él sabía que eran sus hermanos. Los hermanos de José vinieron y se inclinaron ante él, tal como Dios dijo que lo harían en el sueño de José muchos años antes.

José les dijo a sus hermanos que regresaran a Canaán y trajeran al otro hermano que había quedado allí. También quería que buscaran a su padre y a toda la familia. José quería que estuvieran a salvo en Egipto y tuvieran alimento.

GÉNESIS 43-45

Entonces los hermanos de José regresaron a Canaán. Volvieron a Egipto con su otro hermano. Después de un tiempo, José les dijo quién era. Les dijo que era el hermano al que habían vendido como esclavo muchos años antes. Ellos pensaron que estaría enojado con ellos, pero José les dijo que Dios lo había planeado todo. Dios estaba cuidando de su familia. El Faraón estaba contento de que hubiera venido la familia de José. Le dijo a José que le pidiera a su padre que viniera a Egipto. El Faraón los ayudó a traer a todos sus parientes, animales y pertenencias a Egipto.

GÉNESIS 46:1-33

Dios le habló a Jacob en un sueño. Le dijo que fuera a Egipto. Afirmó que convertiría a la familia de Jacob en una gran nación. Entonces Jacob (también conocido como Israel) y su gran familia fueron a Egipto. Se establecieron y vivieron allí. Fueron conocidos como "los hijos de Israel". Cada uno de los doce hijos de Jacob fue jefe de una familia que crecería hasta convertirse en una tribu[93]. Doce tribus formaron los hijos de Israel. Sus nombres están escritos en Génesis 46:8-26.

Podemos ver que Dios estaba cuidando de la familia de Jacob. Dios había planeado cosas en la vida de José para que pudiera cuidar de su familia. ¿Recuerdas

---

93. **tribu**: un grupo de personas que comparten el mismo idioma y cultura y tienen los mismos antepasados

SU HISTORIA – EL RESCATE

que Dios le había hecho una promesa a Abram, el abuelo de Jacob? Dios dijo que sus descendientes irían a una tierra en la que serían extranjeros. Así es como Dios lo describió anteriormente en Génesis 15.

GÉNESIS 15:12-16

> ¹² Al ponerse el sol, Abram se durmió profundamente, y descendió sobre él una oscuridad aterradora. ¹³ Después el Señor dijo a Abram: «Ten por seguro que tus descendientes serán extranjeros en una tierra ajena, donde los oprimirán como esclavos durante cuatrocientos años; ¹⁴ pero yo castigaré a la nación que los esclavice, y al final saldrán con muchas riquezas. ¹⁵ En cuanto a ti, morirás en paz y serás enterrado en buena vejez. ¹⁶ Cuando hayan pasado cuatro generaciones, tus descendientes regresarán aquí, a esta tierra, porque los pecados de los amorreos no ameritan aún su destrucción».

El plan de Dios se estaba cumpliendo tal como él dijo que sucedería. La familia de Jacob ahora vivía en la tierra extranjera de Egipto. Dios estaba concretando su plan a través de las vidas de personas reales. El plan era traer al mundo a un hombre que derrotaría a Satanás y crearía un camino eterno[94] para que las personas se acercaran a Dios. Él dijo que este hombre vendría a través de la familia de Jacob. Dios hizo este plan porque ama a las personas y quiere que lo conozcan y lo amen. Se estaba asegurando de que su plan se cumpliría.

Puedes leer toda la historia de la vida de José en Génesis, desde el capítulo 37 hasta el capítulo 46. Mientras la lees, piensa en el plan de Dios. Las personas de ese tiempo eran personas comunes como tú y yo, pero Dios estaba haciendo cosas a través de sus vidas para que se cumpliera su plan de salvación.

---

94. **eterno**: algo que dura para siempre

SESIÓN 9: DIOS ESCOGIÓ A JACOB.

1. Esaú y Jacob eran tipos de personas muy diferentes. ¿De qué manera eran diferentes?

2. ¿Qué le estaba diciendo Dios a Jacob en el sueño acerca de las escaleras que tuvo en su camino a Harán?

3. Piensa en lo que les sucedió a Abraham, Isaac, Jacob y José. ¿Qué nos dice eso acerca de Dios y cómo él obra en las vidas de las personas?

SESIÓN 10

DIOS ENVIÓ DIEZ PLAGAS A EGIPTO

Comenzaremos a leer la palabra de Dios nuevamente en el libro de Éxodo. La familia de Jacob había vivido en la tierra extranjera de Egipto durante algunas generaciones. Para este tiempo, la familia había crecido mucho. Había cientos de miles de descendientes de Jacob. Como grupo, eran ricos y poderosos. Todos hablaban el mismo idioma hebreo. Adoraban al único Dios Creador.

ÉXODO 1:6-22

⁶ Con el tiempo, José y sus hermanos murieron y toda esa generación llegó a su fin. ⁷ Pero sus descendientes —los israelitas— tuvieron muchos hijos y nietos. De hecho, se multiplicaron tanto que llegaron a ser sumamente poderosos y llenaron todo el territorio.

⁸ Tiempo después, subió al poder de Egipto un nuevo rey que no conocía nada de José ni de sus hechos. ⁹ El rey le dijo a su pueblo: «Miren, el pueblo de Israel ahora es más numeroso y más fuerte que nosotros. ¹⁰ Tenemos que idear un plan para evitar que los israelitas sigan multiplicándose. Si no hacemos nada, y estalla una guerra, se aliarán con nuestros enemigos, pelearán contra nosotros, y luego se escaparán del reino».

SU HISTORIA – EL RESCATE

> ¹¹ Por lo tanto, los egipcios esclavizaron a los israelitas y les pusieron capataces despiadados a fin de subyugarlos por medio de trabajos forzados. Los obligaron a construir las ciudades de Pitón y Ramsés como centros de almacenamiento para el rey. ¹² Sin embargo, cuanto más los oprimían, más los israelitas se multiplicaban y se esparcían, y tanto más se alarmaban los egipcios. ¹³ Por eso los egipcios los hacían trabajar sin compasión. ¹⁴ Les amargaban la vida forzándolos a hacer mezcla, a fabricar ladrillos y a hacer todo el trabajo del campo. Además, eran crueles en todas sus exigencias.
>
> ¹⁵ Después, el faraón, rey de Egipto, dio la siguiente orden a las parteras hebreas Sifra y Puá: ¹⁶ «Cuando ayuden a las mujeres hebreas en el parto, presten mucha atención durante el alumbramiento. Si el bebé es niño, mátenlo; pero si es niña, déjenla vivir». ¹⁷ Sin embargo, como las parteras temían a Dios, se negaron a obedecer las órdenes del rey, y también dejaron vivir a los varoncitos.
>
> ¹⁸ Entonces el rey de Egipto mandó llamar a las parteras: —¿Por qué hicieron esto? —les preguntó—. ¿Por qué dejaron con vida a los varones?
>
> ¹⁹ —Las mujeres hebreas no son como las egipcias —contestaron ellas—, son más vigorosas y dan a luz con tanta rapidez que siempre llegamos tarde.
>
> ²⁰ Por eso Dios fue bueno con las parteras, y los israelitas siguieron multiplicándose, y se hicieron cada vez más poderosos. ²¹ Además, como las parteras temían a Dios, él les concedió su propia familia.
>
> ²² Entonces el faraón dio la siguiente orden a todo su pueblo: «Tiren al río Nilo a todo niño hebreo recién nacido; pero a las niñas pueden dejarlas con vida».

El Faraón, o rey, de Egipto en ese momento tenía miedo de los israelitas. Pensaba que podrían ayudar a cualquier nación enemiga a luchar en su contra, pero también los necesitaba para que hicieran trabajo de construcción y cultivo en Egipto. Entonces el Faraón decidió convertir en esclavos a los israelitas y tratarlos muy mal. No quería que se volvieran en contra de Egipto, así que intentó

SESIÓN 10: DIOS ENVIÓ DIEZ PLAGAS A EGIPTO

debilitarlos. La palabra de Dios dice que *les amargaban*[95] la vida. Pero Dios estaba cuidando de los israelitas, nacieron más bebés y la cantidad de israelitas se multiplicó. Entonces el Faraón decidió que todos los varones hebreos recién nacidos debían ser ahogados en el río Nilo.

Satanás, el enemigo de Dios, estaba guiando al Faraón e intentando destruir al pueblo de Dios. Satanás no quería que la familia de Jacob, la nación de Israel, viviera. Dios había dicho que surgiría un hombre de esta nación que destruiría a Satanás y se llevaría el poder de este sobre la tierra y las personas. Podemos estar seguros de que Satanás quería detener el plan de Dios.

El Señor sabía lo que Satanás intentaba hacer y todo lo que les sucedería a los hijos de Israel. Muchos años antes, Dios le había dicho a Abraham que sus descendientes serían esclavos en una tierra extranjera. Dios ama a su pueblo y no desea que sufra[96], le encanta mostrar misericordia y ser bondadoso. Alcanza y rescata a las personas que aceptan que lo necesitan. Dios no permitiría que Satanás detuviera su plan de rescatar a las personas. Así que ideó un plan para salvar a los israelitas.

ÉXODO 2:1-10

¹ En esos días, un hombre y una mujer de la tribu de Leví se casaron. ² La mujer quedó embarazada y dio a luz un hijo. Al ver que era un niño excepcional, lo escondió durante tres meses. ³ Cuando ya no pudo ocultarlo más, tomó una canasta de juncos de papiro y la recubrió con brea y resina para hacerla resistente al agua. Después puso al niño en la canasta y la acomodó entre los juncos, a la orilla del río Nilo. ⁴ La hermana del bebé se mantuvo a cierta distancia para ver qué le pasaría al niño.

⁵ Al poco tiempo, la hija del faraón bajó a bañarse en el río, y sus sirvientas se paseaban por la orilla. Cuando la princesa vio la canasta entre los juncos, mandó a su criada que se la trajera. ⁶ Al abrir la canasta la princesa vio al bebé. El niño lloraba, y ella sintió lástima por él. «Seguramente es un niño hebreo», dijo.

⁷ Entonces la hermana del bebé se acercó a la princesa.

---

95. **amargar**: hacer muy difícil e infeliz
96. **sufrir**: que te suceda algo malo o doloroso

SU HISTORIA – EL RESCATE

—¿Quiere que vaya a buscar a una mujer hebrea para que le amamante al bebé? —le preguntó.

⁸ —¡Sí, consigue a una! —contestó la princesa. Entonces la muchacha fue y llamó a la madre del bebé.

⁹ «Toma a este niño y dale el pecho por mí —le dijo la princesa a la madre del niño—. Te pagaré por tu ayuda». Así que la mujer se fue con el bebé a su casa y lo amamantó.

¹⁰ Años más tarde, cuando el niño creció, ella se lo devolvió a la hija del faraón, quien lo adoptó como su propio hijo y lo llamó Moisés, pues explicó: «Lo saqué del agua».

Un hombre y su esposa de la tribu israelita de Leví tuvieron un hijo. Si lo encontraban, los egipcios lo ahogarían en el río Nilo. Entonces, su madre lo ocultó durante tres meses. Luego, lo puso en una canasta en la orilla del río. Ella preparó la canasta de manera tal que no le entrara agua.

La hija del Faraón fue al río a bañarse, encontró al bebé en la canasta y decidió que debía vivir. Lo llamó "Moisés" y más tarde lo adoptó⁹⁷ como a su propio hijo. Moisés creció y tuvo una muy buena educación⁹⁸ en Egipto.

Dios estaba preparando⁹⁹ a Moisés. Quería que ayudara a llevar adelante su plan de rescatar a los israelitas. Dios da trabajo importante a la gente para que lo haga. Los equipa¹⁰⁰ para la tarea que quiere que hagan. Desea que las personas sean parte de su plan de salvar a otras personas. Tenía un trabajo importante para Moisés y se aseguró de que Moisés estuviera preparado para hacerlo.

ÉXODO 2:11-14, 23

¹¹ Muchos años después, cuando ya era adulto, Moisés salió a visitar a los de su propio pueblo, a los hebreos, y vio con cuánta dureza los obligaban a trabajar. Durante su visita, vio que un egipcio golpeaba a uno de sus compatriotas hebreos. ¹² Entonces Moisés miró a todos lados para asegurarse de que nadie lo observaba, y mató al egipcio y escondió el cuerpo en la arena.

---

97. **adoptar**: tomar el hijo de otra persona y criarlo como si fuera propio
98. **educación**: ir a la escuela y aprender
99. **preparar**: dejar a alguien listo para algo que tiene que hacer
100. **equipar**: preparar a alguien para una tarea o un trabajo que tiene que hacer

SESIÓN 10: DIOS ENVIÓ DIEZ PLAGAS A EGIPTO

> ¹³ Al día siguiente, cuando Moisés salió de nuevo a visitar a los de su pueblo, vio a dos hebreos peleando. —¿Por qué le pegas a tu amigo? —le preguntó Moisés al que había empezado la pelea.
>
> ¹⁴ El hombre le contestó: —¿Quién te nombró para ser nuestro príncipe y juez? ¿Vas a matarme como mataste ayer al egipcio?
>
> ²³ Con el paso de los años, el rey de Egipto murió; pero los israelitas seguían gimiendo bajo el peso de la esclavitud. Clamaron por ayuda, y su clamor subió hasta Dios.

Moisés quiso ayudar a su pueblo. Visitó los lugares donde la gente vivía y trabajaba. Un día, vio a un egipcio que golpeaba a un hebreo, así que mató al egipcio y enterró su cuerpo. El Faraón se enteró lo que Moisés había hecho, así que este tuvo que huir. Moisés fue a Madián, que estaba al noreste de Egipto, se casó y se estableció en la región. Vivió allí durante muchos años, lejos de su propio pueblo y de los egipcios. Más tarde, el Faraón de Egipto murió y otro Faraón ocupó su lugar. Pero las vidas de los israelitas aún eran terribles y clamaron a Dios para pedirle que los ayudara.

ÉXODO 2:24-25

> ²⁴ [Dios] oyó sus gemidos y se acordó del pacto que había hecho con Abraham, Isaac y Jacob. 25 Miró desde lo alto a los hijos de Israel y supo que ya había llegado el momento de actuar.

Dios dice que él *oyó sus gemidos*. Los escuchó cuando clamaron a él. Recordó la promesa que les había hecho a Abraham, Isaac y Jacob. Dios es amoroso y misericordioso[101] y desea ayudar a las personas que saben que necesitan su ayuda. Y Dios nunca olvida todo lo que ha dicho que va a hacer; siempre lo hace.

Los israelitas eran esclavos en Egipto. No tenían forma de huir y no tenían esperanza. Dios era el único que podía rescatarlos. Tenía un plan para usar a Moisés para rescatar a los israelitas.

---

101. **misericordioso**: alguien que muestra perdón a otra persona a quien tiene el poder y el derecho para castigar o hacer daño

SU HISTORIA – EL RESCATE

ÉXODO 3:1-15,
4:1, 4:10-17

¹ Cierto día Moisés se encontraba apacentando el rebaño de su suegro, Jetro, quien era sacerdote de Madián. Llevó el rebaño al corazón del desierto y llegó al Sinaí, el monte de Dios. ² Allí el ángel del Señor se le apareció en un fuego ardiente, en medio de una zarza[102]. Moisés se quedó mirando lleno de asombro porque aunque la zarza estaba envuelta en llamas, no se consumía. ³ «Esto es increíble —se dijo a sí mismo—. ¿Por qué esa zarza no se consume? Tengo que ir a verla de cerca».

⁴ Cuando el Señor vio que Moisés se acercaba para observar mejor, Dios lo llamó desde el medio de la zarza: —¡Moisés! ¡Moisés!

—Aquí estoy —respondió él.

⁵ —No te acerques más —le advirtió el Señor—. Quítate las sandalias, porque estás pisando tierra santa. ⁶ Yo soy el Dios de tu padre, el Dios de Abraham, el Dios de Isaac y el Dios de Jacob. Cuando Moisés oyó esto, se cubrió el rostro porque tenía miedo de mirar a Dios.

⁷ Luego el Señor le dijo:

—Ciertamente he visto la opresión que sufre mi pueblo en Egipto. He oído sus gritos de angustia a causa de la crueldad de sus capataces. Estoy al tanto de sus sufrimientos. ⁸ Por eso he descendido para rescatarlos del poder de los egipcios, sacarlos de Egipto y llevarlos a una tierra fértil y espaciosa. Es una tierra donde fluyen la leche y la miel, la tierra donde actualmente habitan los cananeos, los hititas, los amorreos, los ferezeos, los heveos y los jebuseos. ⁹ ¡Mira! El clamor de los israelitas me ha llegado y he visto con cuánta crueldad abusan de ellos los egipcios. ¹⁰ Ahora ve, porque te envío al faraón. Tú vas a sacar de Egipto a mi pueblo Israel.

¹¹ Pero Moisés protestó: —¿Quién soy yo para presentarme ante el faraón? ¿Quién soy yo para sacar de Egipto al pueblo de Israel?

¹² Dios contestó: —Yo estaré contigo. Y esta es la señal para ti de que yo soy quien te envía: cuando hayas sacado de Egipto al pueblo, adorarán a Dios en este mismo monte.

---

102. **zarza**: un arbusto

SESIÓN 10: DIOS ENVIÓ DIEZ PLAGAS A EGIPTO

¹³ Pero Moisés volvió a protestar: —Si voy a los israelitas y les digo: "El Dios de sus antepasados me ha enviado a ustedes", ellos me preguntarán: "¿Y cuál es el nombre de ese Dios?". Entonces, ¿qué les responderé?

Dios le contestó a Moisés:

¹⁴ —Yo soy el que soy. Dile esto al pueblo de Israel: "Yo soy me ha enviado a ustedes".

¹⁵ Dios también le dijo a Moisés: —Así dirás al pueblo de Israel: "Yahveh, el Dios de sus antepasados, el Dios de Abraham, el Dios de Isaac y el Dios de Jacob, me ha enviado a ustedes.

Este es mi nombre eterno,

el nombre que deben recordar por todas las generaciones".

⁴:¹ Sin embargo, Moisés protestó de nuevo: —¿Qué hago si no me creen o no me hacen caso? ¿Qué hago si me dicen: "El Señor nunca se te apareció"?

⁴:¹⁰ Pero Moisés rogó al Señor: —Oh Señor, no tengo facilidad de palabra; nunca la tuve, ni siquiera ahora que tú me has hablado. Se me traba la lengua y se me enredan las palabras.

¹¹ Entonces el Señor le preguntó: —¿Quién forma la boca de una persona? ¿Quién decide que una persona hable o no hable, que oiga o no oiga, que vea o no vea? ¿Acaso no soy yo, el Señor? ¹² ¡Ahora ve! Yo estaré contigo cuando hables y te enseñaré lo que debes decir.

¹³ Pero Moisés suplicó de nuevo: —¡Te lo ruego, Señor! Envía a cualquier otro.

¹⁴ Entonces el Señor se enojó con Moisés y le dijo: —De acuerdo, ¿qué te parece tu hermano Aarón, el levita? Sé que él habla muy bien. ¡Mira! Ya viene en camino para encontrarte y estará encantado de verte. ¹⁵ Habla con él y pon las palabras en su boca. Yo estaré con los dos cuando hablen y les enseñaré lo que tienen que hacer. ¹⁶ Aarón será tu vocero ante el pueblo. Él será tu portavoz, y tú tomarás el lugar de Dios ante él al decirle lo que tiene que hablar.

SU HISTORIA – EL RESCATE

> ¹⁷ Lleva contigo tu vara de pastor y úsala para realizar las señales milagrosas que te mostré.

Dios escuchó a su pueblo cuando clamaron a él. Siguió adelante con su plan para rescatarlos. Un día, Moisés llevó a su rebaño al desierto¹⁰³, en un monte llamado Sinaí. A este monte a veces se lo llama Horeb. Allí, Moisés vio algo increíble, un arbusto que estaba en llamas, pero no se consumía. Moisés se acercó para observarlo mejor. Escuchó que llamaban su nombre desde el arbusto ardiente, Dios era el que le hablaba. Le dijo que era el Dios de Abraham, Isaac y Jacob. Le dijo a Moisés que vio la vida terrible que tenía su pueblo y que había oído su clamor de ayuda. Prometió que iba a rescatarlos y sacarlos de Egipto para llevarlos de regreso a la tierra de Canaán.

El Señor dijo que Moisés sacaría al pueblo de Egipto, pero él no creyó que los israelitas lo seguirían o lo escucharían. Le preguntó a Dios quién debía decir que lo había enviado. Dios respondió: *"Yo soy el que soy. Dile esto al pueblo de Israel: Yo soy me ha enviado a ustedes"*. Dios dijo que su nombre debía ser recordado por todas las generaciones. Este nombre, Yo soy, que Dios se dio a sí mismo es un nombre muy, muy importante. Dios estaba diciendo que él siempre fue, siempre es y siempre será. Él no vive en el tiempo como nosotros; puede vivir sin ayuda de nadie, y todo recibe la vida de él.

Moisés aún pensaba que los israelitas no lo escucharían. Dijo que no podía hacer lo que Dios quería que hiciera. Dios le dijo a Moisés que estaría con él y lo ayudaría mostrando señales de su poder. Más adelante, puedes leer acerca de estas señales en Éxodo capítulos 3 y 4 en tu Biblia. Y el Señor dijo que también daría otra señal de que estaba con Moisés. Dios dijo que, más adelante, Moisés guiaría a los israelitas de regreso al monte Sinaí para que lo adoraran allí.

Moisés seguía sin creer que podría realizar lo que Dios le había pedido que hiciera. Le pidió que enviara a otra persona. Después de que Moisés dijo eso, Dios se enojó con él. Moisés era parte de su plan, pero no confiaba en que él lo ayudaría. Pero Dios escuchó a Moisés y le dijo que su hermano Aarón podría ir con él. Él sería el vocero.

ÉXODO 4:29-31

> ²⁹ Luego Moisés y Aarón regresaron a Egipto y convocaron a todos los ancianos de Israel. ³⁰ Aarón les dijo todo lo que el

---
103. **desierto**: un área en la que no vive gente y no hay cultivos

SESIÓN 10: DIOS ENVIÓ DIEZ PLAGAS A EGIPTO

Señor le había dicho a Moisés, y Moisés realizó las señales milagrosas a la vista de ellos. ³¹ Entonces el pueblo de Israel quedó convencido de que el Señor había enviado a Moisés y a Aarón. Cuando supieron que el Señor se preocupaba por ellos y que había visto su sufrimiento, se inclinaron y adoraron.

Moisés y Aarón les dijeron a los israelitas que Dios había dicho que iba a rescatarlos. Cuando los israelitas escucharon que el Señor se preocupó por ellos y vio las vidas terribles que tenían, se inclinaron para adorarlo.

Luego de hablar con el pueblo, Moisés y Aarón fueron a hablar con el Faraón.

ÉXODO 5:1-9

¹ Después del encuentro con los líderes de Israel, Moisés y Aarón fueron a hablar con el faraón y le dijeron: —Esto dice el Señor, Dios de Israel: "Deja salir a mi pueblo para que celebre un festival en mi honor en el desierto".

² —¿Ah sí? —replicó el faraón—. ¿Y quién es ese Señor? ¿Por qué tendría que escucharlo y dejar ir a Israel? Yo no conozco a ese tal Señor y no dejaré que Israel se vaya.

³ Pero Aarón y Moisés insistieron: —El Dios de los hebreos nos ha visitado —declararon—. Por lo tanto, déjanos hacer un viaje de tres días al desierto a fin de ofrecer sacrificios al Señor nuestro Dios. Si no lo hacemos, nos matará con una plaga o a filo de espada.

⁴ El faraón respondió: —Moisés y Aarón, ¿por qué distraen al pueblo de sus tareas? ¡Vuelvan a trabajar! ⁵ Miren, hay muchos de su pueblo en esta tierra y ustedes les impiden continuar su labor.

⁶ Ese mismo día, el faraón dio la siguiente orden a los capataces egipcios y a los jefes de cuadrilla israelitas: ⁷ «Ya no les provean paja para hacer los ladrillos. ¡Hagan que ellos mismos vayan a buscarla! ⁸ Pero exíjanles que sigan fabricando la misma cantidad de ladrillos que antes. No reduzcan la cuota. Son unos perezosos; por eso claman: "Déjanos ir a ofrecer sacrificios a nuestro Dios". ⁹ Cárguenlos con más trabajo. ¡Háganlos sudar! Así aprenderán a no dejarse llevar por mentiras».

SU HISTORIA – EL RESCATE

El Faraón no escuchó a Moisés y Aarón. Dijo que no conocía al Señor y decidió hacer aún más difícil la vida de los israelitas. Dijo que ahora no solo tendrían la misma cantidad de trabajo para hacer, sino que también tendrían que buscar su propia paja para hacer ladrillos para la construcción.

Los egipcios creían que el Faraón era un dios. El Faraón y los egipcios se habían alejado de Dios mucho tiempo atrás. Habían inventado muchas historias en las que creían acerca del origen del mundo, la vida y la muerte. Tenían muchos dioses falsos a los que adoraban. El Faraón no creía en el Dios de los hebreos y no quería obedecer lo que él decía. Como Dios sabe todas las cosas, sabía que el Faraón no escucharía a Moisés y Aarón.

ÉXODO 6:1-8

¹ Entonces el Señor le dijo a Moisés: —Ahora verás lo que le haré al faraón. Cuando él sienta el peso de mi mano fuerte, dejará salir al pueblo. De hecho, ¡él mismo los echará de su tierra!

² Dios también le dijo: —Yo soy Yahveh, "el Señor". ³ Me aparecí a Abraham, a Isaac y a Jacob como El-Shaddai, "Dios Todopoderoso", pero a ellos no les revelé mi nombre: Yahveh. ⁴ Y reafirmé mi pacto con ellos, mediante el cual prometí darles la tierra de Canaán donde vivían como extranjeros. ⁵ Puedes estar seguro de que he oído los gemidos de los israelitas que ahora son esclavos de los egipcios, y tengo muy presente mi pacto con ellos.

⁶ »Por lo tanto, dile al pueblo de Israel: "Yo soy el Señor. Te libertaré de la opresión que sufres y te rescataré de tu esclavitud en Egipto. Te redimiré con mi brazo poderoso y con grandes actos de juicio. ⁷ Te tomaré como pueblo mío y seré tu Dios. Entonces sabrás que yo soy el Señor tu Dios, quien te ha librado de la opresión de Egipto. ⁸ Te llevaré a la tierra que juré dar a Abraham, a Isaac y a Jacob; te la daré a ti como tu posesión exclusiva. ¡Yo soy el Señor!".

Dios le dijo a Moisés que le mostraría al Faraón su gran poder. Y después de eso, el Faraón dejaría ir al pueblo. Dios dijo que cuando el Faraón viera lo fuerte que él era, ¡él mismo los echará de su tierra! El Faraón expulsaría a los israelitas de Egipto.

SESIÓN 10: DIOS ENVIÓ DIEZ PLAGAS A EGIPTO

Dios dijo que mostraría su poder al pueblo de Israel, verían que él era su Dios. Él los había escogido como su propio pueblo, quería que lo conocieran y vieran cómo los rescataba. Quería mostrarles quién era verdaderamente al liberarlos de la esclavitud. Era su Dios y cuidaría de ellos.

La palabra de Dios ahora nos habla acerca de nueve desastres o plagas[104] que Dios trajo sobre los egipcios y sus animales. Fue un tiempo terrible para Egipto. Puedes leer más adelante en tu Biblia acerca de los nueve desastres en Éxodo capítulos 7 al 10. El río Nilo se convirtió en sangre, luego vino una enorme cantidad de ranas, luego numerosos mosquitos[105] y moscas. Después, una enfermedad mató a gran cantidad de animales egipcios. Después de esto, todos los animales y las personas de Egipto contrajeron llagas[106] terribles, luego vino una enorme tormenta de granizo[107], seguida de una plaga de langostas[108] y, finalmente, tres días de completa oscuridad.

Dios estaba mostrando su gran poder. Quería que los egipcios supieran que él era el Dios de los israelitas, el Único Creador Verdadero. Los dioses falsos en los que creían los egipcios no podían salvarlos. Dios mostró claramente que era el que había traído los desastres a Egipto. Los israelitas y sus animales no sufrieron en absoluto a causa de las plagas. Dios les mostró su amor y su misericordia[109] para que supieran que eran su pueblo escogido.

---

104. **plagas**: cosas que causan daño o enfermedad a muchas personas
105. **mosquitos**: pequeños insectos que pican a personas y animales; en algunas versiones de la Biblia se habla de piojos
106. **llagas**: hinchazones llenas de pus que producen inflamación en la piel
107. **granizo**: trozos de hielo que caen como lluvia
108. **langostas**: saltamontes grandes que vuelan y comen plantas
109. **misericordia**: amor o perdón que se muestra a alguien en lugar de hacerle daño

SU HISTORIA – EL RESCATE

A medida que llegaba cada nueva plaga, el Faraón decía que dejaría ir a los israelitas. Pero cuando cada plaga se detenía, cambiaba de parecer y no los dejaba ir. Finalmente, después de la última plaga de oscuridad, el Faraón dijo que mataría a Moisés si venía otra vez a pedirle que dejara ir a los israelitas.

El Señor entonces le dijo a Moisés que enviaría una última catástrofe a Egipto. Después de eso, el Faraón iba a querer que el pueblo de Israel se fuera de Egipto. Dios dijo que el primer hijo varón de cada familia egipcia moriría. Puedes leer más adelante en tu Biblia exactamente lo que Dios le dijo a Moisés en Éxodo capítulo 11.

Dios les dijo a los israelitas que debían hacer algo importante antes de que viniera este último desastre. Les dijo que escucharan atentamente lo que él les decía que hicieran. Si hacían lo que él decía, sus hijos primogénitos se salvarían.

ÉXODO 12:3-7

> ³ Anuncien a toda la comunidad de Israel que el décimo día de este mes cada familia deberá seleccionar un cordero o un cabrito para hacer un sacrificio, un animal por cada casa. ⁴ Si una familia es demasiado pequeña para comer el animal entero, lo compartirá con una familia vecina. Dividan el animal según el tamaño de cada familia y la cantidad que cada uno pueda comer. ⁵ El animal seleccionado deberá ser un macho de oveja o de cabra, de un año y que no tenga ningún defecto.
>
> ⁶ »Cuiden bien al animal seleccionado hasta la tarde del día catorce de este primer mes. Entonces toda la asamblea de la comunidad de Israel matará su cordero o cabrito al anochecer. ⁷ Después tomarán parte de la sangre y la untarán en ambos lados y en la parte superior del marco de la puerta de la casa donde comen el animal.

Dios dijo que los hijos de Israel debían elegir un cordero o cabrito. Este animal debía ser perfecto, sin ningún defecto. Entonces, el día que Dios les dijera, debían matarlo. La sangre del animal se derramaría. Dios quería que hicieran esto para mostrar que creían ciertas cosas. Si así lo hacían, mostrarían que creerían que lo que Dios dijo era cierto. Indicaría que sabían que merecían morir como los egipcios, que entendían que la única manera de huir de la muerte era si un cordero o cabrito moría en su lugar. Estarían de acuerdo con Dios en que merecían la muerte debido a su pecado, pero que el Señor les había dado una

SESIÓN 10: DIOS ENVIÓ DIEZ PLAGAS A EGIPTO

manera de evitar la muerte. Un animal moriría en lugar de sus primeros hijos varones. Dios también explicó que no debían romper los huesos del animal cuando lo mataban y lo comían.

Dios explicó que las familias israelitas debían tomar una parte de la sangre del cordero o cabrito y untarla en los lados y en la parte superior de los marcos de las puertas de las casas. Luego, después de comer la carne del cordero o cabrito, debían quedarse dentro de sus casas, con la sangre en la madera a los costados y en la parte superior de las puertas.

ÉXODO 12:12-14

¹² Esa noche pasaré por la tierra de Egipto y heriré de muerte a todo primer hijo varón y a la primera cría macho de los animales en la tierra de Egipto. Ejecutaré juicio contra todos los dioses de Egipto, ¡porque yo soy el Señor! ¹³ Pero la sangre sobre los marcos de las puertas servirá de señal para indicar las casas donde ustedes estén. Cuando yo vea la sangre, pasaré de largo. Esa plaga de muerte no los tocará a ustedes cuando yo hiera la tierra de Egipto.

¹⁴ »Este será un día para recordar. Cada año, de generación en generación, deberán celebrarlo como un festival especial al Señor. Esta es una ley para siempre.

Dios dijo que pasaría por la tierra de Egipto y se llevaría la vida de los primeros hijos varones y las primeras crías macho de los animales. Demostraría que él es el único poderoso, a diferencia de los falsos dioses egipcios. Dijo que cuando viera la sangre en las viviendas donde estaban los israelitas, pasaría de largo por esas casas. La sangre indicaría que la muerte ya había llegado a esa casa, entonces Dios no mataría al primogénito en ese lugar.

ÉXODO 12:28-30

²⁸ Así que el pueblo de Israel hizo tal como el Señor había ordenado por medio de Moisés y Aarón. ²⁹ Esa medianoche, el Señor hirió de muerte a todos los primeros hijos varones de la tierra de Egipto, desde el hijo mayor del faraón, el que se sentaba en su trono, hasta el hijo mayor del preso en el calabozo. Incluso mató a las primeras crías de todos sus animales. ³⁰ Entonces el faraón, sus funcionarios y todo el pueblo de Egipto se despertaron durante la noche, y se oyó un lamento desgarrador por toda la tierra de Egipto. No había ni una sola casa donde alguien no hubiera muerto.

SU HISTORIA – EL RESCATE

Los israelitas creyeron en Dios e hicieron lo que él les pidió. Pusieron la sangre en los marcos de sus puertas y Dios la vio. Pasó de largo por las casas que tenían sangre y no mató a sus primeros hijos varones. Dios aceptó la muerte de los animales en su lugar cuando vio la sangre.

Pero los egipcios no pudieron huir. No había sangre en las puertas de sus casas ni nada que demostrara que la muerte ya había pasado por ese lugar. Entonces, a la medianoche, Dios mató a todos los primogénitos de los habitantes de Egipto y sus animales. El propio hijo del Faraón también murió. Esa misma noche, el Faraón llamó a Moisés y Aarón para que fueran a verlo.

ÉXODO 12:31-33

> ³¹ Esa noche el faraón mandó llamar a Moisés y a Aarón y les dijo a gritos: «¡Lárguense! ¡Váyanse! ¡Dejen en paz a mi pueblo —les ordenó— y llévense a todos los demás israelitas con ustedes! Vayan y adoren al Señor como han pedido. ³² Llévense sus rebaños y sus manadas, como dijeron, y márchense ya. Váyanse, pero bendíganme al salir». ³³ Todos los egipcios apresuraban al pueblo de Israel a que abandonara la tierra cuanto antes, porque pensaban: «¡Todos moriremos!».

El Faraón les dijo a Moisés y Aarón que se llevaran a los israelitas y se fueran de su país. Tanto querían los egipcios que se fueran que les dieron oro, plata y otros objetos valiosos[110]. Dios cumplió lo que prometió que iba a hacer por Moisés y su pueblo. E hizo lo que le prometió a Abraham cientos de años antes, que su pueblo se iría con una gran riqueza de la nación que los había esclavizado. Y esto es lo que sucedió.

---

110. **valiosos**: cosas que valen mucho dinero

SESIÓN 10: DIOS ENVIÓ DIEZ PLAGAS A EGIPTO

1. ¿Por qué Satanás quería destruir a los hijos de Israel?

2. ¿De qué manera Dios cuidó de Moisés y lo preparó para el trabajo que tenía para él?

3. Dios trajo los desastres a Egipto. ¿Qué les estaba mostrando a los egipcios acerca de sí mismo? ¿Qué les estaba mostrando a los israelitas acerca de sí mismo?

4. ¿Por qué Dios pasó de largo por algunas de las casas en Egipto y no mató a los primogénitos de esas viviendas?

SESIÓN 11

DIOS RESCATÓ A LOS ISRAELITAS E HIZO UN PACTO CON ELLOS

Dios hizo lo que dijo que iba a hacer. Liberó a su pueblo escogido de la esclavitud en Egipto, mostró claramente su poder y cumplió las promesas que les había hecho a Abraham, Isaac y Jacob. También cuidó de la familia de Abraham, que se había multiplicado hasta convertirse en una gran nación. Esta era la familia de la que vendría el Salvador[111] prometido, el hombre que derrotaría a Satanás y salvaría a la humanidad. Él era la persona que Dios había prometido que vendría.

Más tarde en la historia de Dios veremos cómo los israelitas se convirtieron en sus mensajeros durante los siguientes 1500 años. Los profetas[112] hablarían a la gente, y sus palabras se escribirían en lo que ahora llamamos el Antiguo Testamento. Y los israelitas les dirían después a otros grupos de personas cómo era tener una relación con Dios.

ÉXODO 13:17-22

¹⁷ Cuando por fin el faraón dejó salir a los israelitas, Dios no los guió por el camino principal que atraviesa el territorio filisteo, aunque esa era la ruta más corta a la Tierra Prometida.

---
111. **Salvador**: el que salva o rescata a las personas
112. **profetas**: maestros o voceros de las palabras de Dios

SU HISTORIA – EL RESCATE

> Dios dijo: «Si los israelitas llegaran a enfrentar una batalla, podrían cambiar de parecer y regresar a Egipto». ¹⁸ Por eso Dios los hizo dar un rodeo por el camino del desierto, hacia el mar Rojo. Así los israelitas salieron de Egipto como un ejército preparado para la batalla.
>
> ¹⁹ Moisés llevó consigo los restos de José, porque José había hecho jurar a los hijos de Israel que así lo harían cuando dijo: «Pueden estar seguros de que Dios vendrá a ayudarlos. Cuando eso suceda, llévense de aquí mis restos con ustedes».
>
> ²⁰ Entonces los israelitas salieron de Sucot y acamparon en Etam, al límite del desierto. ²¹ El Señor iba delante de ellos, y los guiaba durante el día mediante una columna de nube y les daba luz durante la noche con una columna de fuego. Esto les permitía viajar de día y de noche. ²² El Señor nunca quitó de su lugar, delante de ellos, la columna de nube ni la columna de fuego.

Los israelitas eran ahora un enorme grupo de personas, probablemente unos dos millones de adultos y niños. La manera más fácil de ir de Egipto a Canaán era a lo largo de la costa del Mediterráneo, pero Dios los guio hacia el desierto, en dirección al sudeste. De esa manera, no se encontrarían con los filisteos, que era un pueblo guerrero[113] y muy fuerte, además de muy buenos navegantes[114]. Dios dijo que si los israelitas se encontraban con los filisteos y tenían que luchar contra ellos, posiblemente tuvieran que regresar a Egipto.

El Señor los guio con una columna[115] de nube durante el día y una columna de fuego por la noche. Estas columnas de nube y de fuego los acompañaron durante todo su viaje. Dios les estaba mostrando claramente el camino. Moisés era el mensajero elegido para transmitir sus palabras, pero Dios era quien los guiaba.

ÉXODO 14:1-4

> ¹ Entonces el Señor le dio a Moisés las siguientes instrucciones: ² «Ordénales a los israelitas que den la vuelta y acampen cerca de Pi-hahirot, entre Migdol y el mar. Que acampen allí, a lo largo de la orilla, frente a Baal-zefón. ³ Entonces el faraón pensará: "Los israelitas están confundidos. ¡Quedaron atrapados en el desierto!". ⁴ Y una vez más endureceré el corazón del

---

113. **guerrero**: a menudo peleaban guerras en contra de otros pueblos
114. **navegantes**: personas que viajan por el agua en botes
115. **columna**: algo que es alto y se levanta desde el suelo

faraón, y él saldrá a perseguirlos. Lo haré así para manifestar mi gloria por medio del faraón y de todo su ejército. ¡Después los egipcios sabrán que yo soy el Señor!». Así que los israelitas acamparon donde se les dijo.

Dios los guio hasta la orilla[116] del mar Rojo y acamparon[117] allí.

ÉXODO 14:5-9

⁵ Cuando al rey de Egipto le llegó la noticia de que los israelitas habían huido, el faraón y sus funcionarios cambiaron de parecer. «¿Qué hemos hecho al permitir que todos estos esclavos israelitas se fueran?», se preguntaban. ⁶ Entonces el faraón preparó su carro de guerra y llamó a sus tropas. ⁷ Llevó consigo seiscientos de los mejores carros de guerra, junto con los demás carros de Egipto, cada uno con su respectivo oficial al mando. ⁸ Así que el Señor endureció el corazón del faraón, rey de Egipto, quien por lo tanto salió a perseguir a los israelitas, los cuales se habían marchado con puños en alto en señal de desafío. ⁹ Los egipcios los persiguieron con todas las fuerzas del ejército de faraón —todos sus caballos y sus carros de guerra, sus conductores y sus tropas— y alcanzaron al pueblo de Israel mientras acampaba junto al mar, cerca de Pi-hahirot, frente a Baal-zefón.

El Faraón se enteró de que los israelitas habían acampado a orillas del mar Rojo. Decidió llevarlos de regreso a Egipto para que fueran sus esclavos y envió a su ejército a buscarlos.

ÉXODO 14:10-14

¹⁰ Mientras el faraón se acercaba, los israelitas levantaron la vista y se llenaron de pánico al ver que los egipcios los alcanzaban. Entonces clamaron al Señor ¹¹ y le dijeron a Moisés:

—¿Por qué nos trajiste aquí a morir en el desierto? ¿Acaso no había suficientes tumbas para nosotros en Egipto? ¿Qué nos has hecho? ¿Por qué nos obligaste a salir de Egipto? ¹² ¿No te dijimos que esto pasaría cuando aún estábamos en Egipto? Te dijimos: "¡Déjanos en paz! Déjanos seguir siendo esclavos de los egipcios. ¡Es mejor ser un esclavo en Egipto que un cadáver en el desierto!".

---

116. **orilla**: el borde de un mar o lago
117. **acamparon**: prepararon un lugar para quedarse por un breve tiempo

SU HISTORIA – EL RESCATE

¹³ Pero Moisés les dijo:

—No tengan miedo. Solo quédense quietos y observen cómo el Señor los rescatará hoy. Esos egipcios que ahora ven, jamás volverán a verlos. ¹⁴ El Señor mismo peleará por ustedes. Solo quédense tranquilos.

Cuando los israelitas vieron que se acercaba el ejército egipcio, se aterrorizaron[118]. Clamaron al Señor para pedirle ayuda, pero se olvidaron de todas las cosas que Dios había hecho para sacarlos de Egipto. Estaban enojados con Moisés por liderarlos para que salieran de Egipto. Moisés les dijo que solo tenían que esperar para ver lo que Dios iba a hacer. Estaban atrapados[119]. No podían avanzar dentro del mar Rojo, y los soldados egipcios venían detrás de ellos. Solo Dios podía salvarlos.

ÉXODO 14:15-31

¹⁵ Luego el Señor le dijo a Moisés: «¿Por qué clamas a mí? ¡Dile al pueblo que se ponga en marcha! ¹⁶ Toma tu vara y extiende la mano sobre el mar. Divide las aguas para que los israelitas puedan pasar por en medio del mar, pisando tierra seca. ¹⁷ Yo endureceré el corazón de los egipcios y se lanzarán contra los israelitas. La grandeza de mi gloria se manifestará por medio del faraón y de su ejército, sus carros de guerra y sus conductores. ¹⁸ Cuando mi gloria se exhiba por medio de ellos, ¡todo Egipto verá mi gloria y sabrán que yo soy el Señor!».

¹⁹ Entonces el ángel de Dios, que iba al frente del pueblo de Israel, se trasladó hacia atrás del campamento. La columna de nube también se cambió de lugar y pasó a estar detrás de ellos. ²⁰ La nube se puso entre los egipcios y el campamento de los israelitas. Al atardecer, la nube se convirtió en fuego e iluminó la noche, pero los egipcios y los israelitas no se acercaron unos a otros en toda la noche.

²¹ Luego Moisés extendió la mano sobre el mar y el Señor abrió un camino a través de las aguas mediante un fuerte viento oriental. El viento sopló durante toda la noche y transformó el lecho del mar en tierra seca. ²² Entonces el pueblo de Israel cruzó por en medio del mar, caminando sobre tierra seca, con muros de agua a cada lado.

---

118. **aterrorizaron**: se asustaron mucho
119. **atrapados**: sin ninguna manera de escapar

SESIÓN 11: DIOS RESCATÓ A LOS ISRAELITAS E HIZO UN PACTO CON ELLOS

²³ Entonces los egipcios —con todos los carros de guerra y sus conductores, y con los caballos del faraón— persiguieron a los israelitas hasta el medio del mar. ²⁴ Pero poco antes del amanecer, el Señor miró al ejército egipcio desde la columna de fuego y de nube, y causó gran confusión en sus fuerzas de combate. ²⁵ Torció las ruedas de los carros para que les resultara difícil manejarlos. «¡Salgamos de aquí, alejémonos de los israelitas! —gritaban los egipcios—. ¡El Señor está luchando por ellos en contra de Egipto!».

²⁶ Cuando todos los israelitas habían llegado al otro lado, el Señor le dijo a Moisés: «Extiende otra vez tu mano sobre el mar, y las aguas volverán con fuerza y cubrirán a los egipcios, a sus carros y a sus conductores». ²⁷ Entonces, cuando el sol comenzaba a salir, Moisés extendió su mano sobre el mar y las aguas volvieron con fuerza a su estado normal. Los egipcios trataron de escapar, pero el Señor los arrastró al mar. ²⁸ Enseguida las aguas volvieron a su lugar y cubrieron todos los carros y a sus conductores: el ejército completo del faraón. No sobrevivió ni uno de los egipcios que entró al mar para perseguir a los israelitas.

²⁹ En cambio, el pueblo de Israel caminó por en medio del mar sobre tierra seca, mientras las aguas permanecían levantadas como muros a ambos lados. ³⁰ Así es como el Señor aquel día rescató a Israel de las manos de los egipcios. Y los israelitas vieron los cadáveres de los egipcios a la orilla del mar. ³¹ Cuando el pueblo de Israel vio el gran poder que el Señor había desatado contra los egipcios, se llenaron de temor reverente delante de él. Entonces pusieron su fe en el Señor y en su siervo Moisés.

Dios salvó a su pueblo aun cuando no merecían[120] su misericordia en absoluto. Le dijo a Moisés que levantara la mano, y luego abrió un camino seco a través del mar. Dios es el creador de los océanos, los mares, los ríos, los lagos y el agua, por eso pudo hacer un camino seco en medio del mar. Todos los israelitas con todos sus animales pasaron a lo largo de este camino que el Señor había hecho.

---

120. **merecer**: ganar un premio por haber hecho algo

SU HISTORIA – EL RESCATE

Los egipcios persiguieron a los israelitas por el camino que Dios había hecho a través del mar. Por la mañana, el Señor hizo que los carros[121] de los egipcios fueran muy difíciles de manejar. El ejército del Faraón tuvo miedo porque ahora pudieron ver que Dios estaba luchando contra ellos. Pero era demasiado tarde, el agua golpeó con fuerza y todos murieron. Los israelitas pudieron ver los cuerpos de los egipcios arrastrados a la orilla. Creyeron en Dios cuando vieron su gran poder. El Señor rescata a las personas que están atrapadas y le piden ayuda.

En Éxodo capítulos 16 y 17, la palabra de Dios nos cuenta lo que sucedió inmediatamente después de que los israelitas cruzaron el mar Rojo. Estaban en el desierto, donde no había personas, comida ni agua. Se enojaron con Moisés y Aarón y se olvidaron de que Dios era el único que podía ayudarlos. Pensaron que la vida era mejor en Egipto y que morirían de hambre[122] en el desierto.

Aunque los israelitas no confiaban en Dios, él cuidó de ellos. Les dio alimentos para comer. Hizo que vinieran aves a su campamento para que pudieran matarlas y comerlas. Les dio un alimento llamado 'maná' que estaba en el suelo todas las mañanas cuando se despertaban. Hacían pan con este maná que Dios les daba. Más tarde, cuando solo había un poco de agua para que bebieran, comenzaron a quejarse[123] nuevamente. Pero Dios les proveyó el agua que necesitaban, les dio más que suficiente para todas las personas y todos sus animales.

Dios siguió guiando a los israelitas de día y de noche. Los condujo al monte Sinaí.

ÉXODO 19:1,2

> ¹ Exactamente dos meses después de haber salido de Egipto, los israelitas llegaron al desierto de Sinaí. 2 Después de levantar campamento en Refidim, llegaron al desierto de Sinaí y acamparon al pie del monte Sinaí.

Levantaron campamento en el desierto, frente al monte Sinaí. ¿Recuerdas que Dios había dicho muchos años antes que esta sería una señal para Moisés de que Dios estaba con él y con los israelitas? Dios dijo que llevaría a Moisés y a los israelitas de regreso a esta montaña para que lo adoraran. Y eso es lo que sucedió. Dios siempre hace lo que dice que va a hacer.

---

121. **carro**: vehículo pequeño con dos ruedas tirado por caballos
122. **morir de hambre**: morir por no tener alimentos para comer
123. **quejarse**: decir que uno no está feliz con algo o hablar mal de alguien debido a algo que hizo

SESIÓN 11: DIOS RESCATÓ A LOS ISRAELITAS E HIZO UN PACTO CON ELLOS

Dios llevó a los israelitas al monte Sinaí para hacer un acuerdo[124] con ellos como pueblo. Otra palabra para decir acuerdo es *pacto*. Un pacto es un acuerdo que a menudo se escribe en un contrato[125]. Otra palabra antigua que significa lo mismo es *testamento*.

ÉXODO 19:3-8

> ³ Entonces Moisés subió al monte para presentarse delante de Dios. El Señor lo llamó desde el monte y le dijo: «Comunica estas instrucciones a la familia de Jacob; anúncialas a los descendientes de Israel: ⁴ "Ustedes vieron lo que hice con los egipcios. Saben cómo los llevé a ustedes sobre alas de águila y los traje hacia mí.
>
> ⁵ Ahora bien, si me obedecen y cumplen mi pacto, ustedes serán mi tesoro especial entre todas las naciones de la tierra; porque toda la tierra me pertenece. ⁶ Ustedes serán mi reino de sacerdotes, mi nación santa". Este es el mensaje que debes transmitir a los hijos de Israel».
>
> ⁷ Entonces Moisés regresó del monte y llamó a los ancianos del pueblo y les comunicó todo lo que el Señor le había ordenado. ⁸ Y todo el pueblo respondió a una voz: «Haremos todo lo que el Señor ha ordenado». Entonces Moisés llevó al Señor la respuesta del pueblo.

Moisés subió al monte para hablar con Dios. Él le dijo a Moisés que les expresara a los israelitas que él era su Padre y Señor, quien los había rescatado de la esclavitud en Egipto. Manifestó que serían su pueblo especial sobre la tierra y, como su pueblo, serían parte de su obra en la tierra. Pero dijo que debían obedecer todo lo que les iba a pedir que hicieran. Este sería el acuerdo que haría con ellos. Cuando Moisés les dijo todo esto a los israelitas, ellos prometieron que harían todo lo que el Señor ordenara.

Los israelitas no sabían qué contendría el acuerdo de Dios. Anteriormente, habían sido incapaces[126] de creerle y hacer lo que él había dicho. Entonces no estuvieron de acuerdo en hacer cualquier cosa que Dios les pidiera. Debieron

---

124. **acuerdo**: para dos personas o grupos de personas, decir que prometen hacer las cosas que han dicho que harán
125. **contrato**: algo que dos personas o grupos de personas acuerdan por escrito
126. **incapaz**: que no puede hacer algo

SU HISTORIA – EL RESCATE

haber recordado que sus vidas estaban llenas de pecado y haberle pedido a Dios que los ayudara. Debieron haber recordado que el pecado y Satanás controlaban sus vidas y que merecían la muerte por sus pecados, recordando que solo Dios podía salvarlos al enviarles el Salvador prometido.

En Éxodo capítulo 19, puedes leer todo lo que Dios le dijo a Moisés que el pueblo debía hacer al prepararse para escuchar lo que él diría. Quería prepararlos de todas las maneras posibles para que escucharan cuál sería su acuerdo con ellos. Quería que supieran lo importante que iba a ser este pacto. Dios dijo que debían establecer un límite[127] alrededor de la montaña. Dijo que ninguna persona o animal podría cruzar ese límite. Si alguna persona o animal lo cruzaba, tendría que morir.

Dios les estaba mostrando a los israelitas que debido a que él estaba allí, ese monte era un lugar santo[128]. Él iría a ese lugar a decirles cuál era su acuerdo. Solo Dios es perfecto y su acuerdo también sería perfecto. Él quería recordarles a los israelitas que eran pecadores y no podían acudir a él sin su ayuda. Si cruzaban el límite que había marcado alrededor de la montaña, morirían. Dios siempre hace lo que es real y verdadero. Entonces la relación que tenían con él también debía ser real y verdadera. Eran sus enemigos, así que no podían simplemente acercarse a él de la manera que quisieran, tenían que hacerlo de la manera que él dijo. Entonces su relación con él sería real y verdadera.

En la mañana del tercer día, una nube cubrió la cima de la montaña. Los israelitas pudieron oír truenos y ver relámpagos. Había humo en toda la montaña y la tierra tembló. Moisés guio al pueblo aterrorizado hasta el límite. Luego, Dios le dijo a Moisés que subiera hasta el humo de la montaña.

Entonces le habló a Moisés otra vez en la montaña.

ÉXODO 20:1-17

¹ Luego Dios le dio al pueblo las siguientes instrucciones:

² «Yo soy el Señor tu Dios, quien te rescató de la tierra de Egipto, donde eras esclavo.

³ »No tengas ningún otro dios aparte de mí.

---

127. **límite**: una línea que marca una zona
128. **lugar santo**: un lugar apartado para Dios

SESIÓN 11: DIOS RESCATÓ A LOS ISRAELITAS E HIZO UN PACTO CON ELLOS

⁴ »No te hagas ninguna clase de ídolo ni imagen de ninguna cosa que está en los cielos, en la tierra o en el mar. ⁵ No te inclines ante ellos ni les rindas culto, porque yo, el Señor tu Dios, soy Dios celoso, quien no tolerará que entregues tu corazón a otros dioses. Extiendo los pecados de los padres sobre sus hijos; toda la familia de los que me rechazan queda afectada, hasta los hijos de la tercera y la cuarta generación. ⁶ Pero derramo amor inagotable por mil generaciones sobre los que me aman y obedecen mis mandatos.

⁷ »No hagas mal uso del nombre del Señor tu Dios. El Señor no te dejará sin castigo si usas mal su nombre.

⁸ »Acuérdate de guardar el día de descanso al mantenerlo santo. ⁹ Tienes seis días en la semana para hacer tu trabajo habitual, ¹⁰ pero el séptimo día es un día de descanso y está dedicado al Señor tu Dios. Ese día, ningún miembro de tu casa hará trabajo alguno. Esto se refiere a ti, a tus hijos e hijas, a tus siervos y siervas, a tus animales y también incluye a los extranjeros que vivan entre ustedes. ¹¹ Pues en seis días el Señor hizo los cielos, la tierra, el mar, y todo lo que hay en ellos; pero el séptimo día descansó. Por eso el Señor bendijo el día de descanso y lo apartó como un día santo.

¹² »Honra a tu padre y a tu madre. Entonces tendrás una vida larga y plena en la tierra que el Señor tu Dios te da.

¹³ »No cometas asesinato.

¹⁴ »No cometas adulterio.

¹⁵ »No robes.

¹⁶ »No des falso testimonio contra tu prójimo.

¹⁷ »No codicies la casa de tu prójimo. No codicies la esposa de tu prójimo, ni su siervo, ni su sierva, ni su buey, ni su burro, ni ninguna otra cosa que le pertenezca».

Moisés regresó de la montaña y le dijo al pueblo lo que Dios había dicho. Él les había dado diez mandamientos[129] a los hijos de Israel. Más adelante, les daría muchas otras leyes sobre cómo debían vivir y acercarse a él. Pero estos prim-

---

129. **mandamiento**: una regla impuesta por Dios que debe obedecerse

SU HISTORIA – EL RESCATE

eros diez mandamientos eran los más básicos[130] e importantes para que ellos entendieran.

Dios les recordó que él es su Señor, quien los rescató de la esclavitud en Egipto. Tenía el derecho de ser su Legislador porque él es el Creador y porque los rescató y cuidó de ellos.

El primer mandamiento. Dios explicó que no debían tener ningún otro dios aparte de él. Esto significa que ninguna persona, objeto, deseo ni idea debería ser más importante que Dios. No debían confiar en nadie más para que los ayudara o cuidara de ellos. No debían confiar en sí mismos ni en nada más. Si hacían eso aunque fuera una sola vez, estarían desobedeciendo el primer mandamiento de Dios y no podrían cumplir con su parte del acuerdo que tenían con él.

El segundo mandamiento. Dios ordenó que no debían hacerse ídolos, que son objetos hechos por personas, a los que adoran como si fueran dioses. Muchas otras naciones en ese momento adoraban ídolos hechos por el hombre. Las personas que no escuchan a Dios a menudo se vuelven a objetos hechos por el hombre y los adoran. Muchas personas dedican sus vidas a pensar y trabajar para obtener objetos hechos por el hombre. Si los israelitas hacían eso aunque fuera una vez, estarían desobedeciendo el segundo mandamiento y se rompería el acuerdo que tenían con Dios.

---

130. **básico**: el punto de partida o el fundamento (para todas las otras reglas)

SESIÓN 11: DIOS RESCATÓ A LOS ISRAELITAS E HIZO UN PACTO CON ELLOS

El tercer mandamiento. Dios dijo que no debían hacer mal uso[131] de su nombre. Quería que recordaran quién era él en realidad y que no usaran su nombre de una mala manera, sin pensar en él. Quería que recordaran que él era su Señor, el único que los había salvado. Los egipcios y otros pueblos de ese tiempo a menudo usaban los nombres de sus dioses en cánticos[132]. Decían el nombre de un dios y pensaban que decirlo los protegería de todo mal. Dios quería que los israelitas recordaran siempre la verdad acerca de quién él es en realidad. La manera en la que hablaban de él o usaban su nombre mostraría lo que realmente pensaban de él. Si olvidaban esto aunque fuera una sola vez, desobedecerían el tercer mandamiento de Dios.

El cuarto mandamiento. Dios les exigió que debían guardar un día como santo en cada semana. Este día se llamaría *Sabbat*, o día de descanso, y se apartaría para él. En idioma hebreo, 'Sabbat' significa *descanso*. Dios descansó después del sexto día de la creación. Dios quería que los israelitas se detuvieran a descansar y se tomaran un día libre de su trabajo normal para que pudieran recordar a Dios, su Creador. Al hacer esto, estarían de acuerdo con Dios en que él tiene el control de sus vidas. Dios sabía que podrían estar ocupados con sus vidas y olvidarse de él, así que les pidió que apartaran un día de cada semana para recordarlo. Si se olvidaban del Señor aunque fuera por un momento, estarían desobedeciendo este mandamiento que Dios les dio de que debían recordarlo.

El quinto mandamiento. Dios dijo que debían honrar[133] a sus padres y madres. Más adelante en la palabra de Dios, dice que el Señor quiere que los padres les enseñen a sus hijos acerca de él. Entonces Dios sabía que los hijos deben honrar a sus padres, o de lo contrario no lo honrarían a él. Él quería que todas las generaciones lo conocieran, lo amaran y lo respetaran. Si alguno de los israelitas trataba mal a sus padres, aunque fuera una sola vez, desobedecería el quinto mandamiento de Dios.

El sexto mandamiento. Dios advirtió que no podrían cometer asesinato[134]. Toda la vida proviene de Dios. El Creador ama a las personas y sus vidas son muy valiosas para él. Quería que los israelitas valoraran la vida humana tanto como él la valora. Dijo que una persona no debía quitarle la vida a otra. Más adelante en la Biblia, Dios dice que odiar a una persona es lo mismo que matarla.

---

131. **mal uso**: utilizar algo de una manera equivocada
132. **cántico**: una canción o frase que la gente cree que hará que sucedan cosas si la repiten
133. **honrar**: amar y respetar a alguien por algo que ha hecho
134. **asesinato**: cuando un ser humano mata a otro

SU HISTORIA – EL RESCATE

Así que si los israelitas odiaban a alguien aunque fuera una vez, desobedecerían el sexto mandamiento de Dios.

El séptimo mandamiento. Dios expresó que no debían cometer adulterio[135]. Dios creó el matrimonio como la mejor manera para que las personas vivan y los niños crezcan. El sexo fuera del matrimonio va en contra de lo que Dios estableció. Más adelante, la palabra de Dios dice que mirar a alguien con pensamientos sexuales es lo mismo que tener relaciones sexuales con esa persona. Si los israelitas hacían esto aunque fuera una sola vez, desobedecerían el séptimo mandamiento.

El octavo mandamiento. Dios ordenó que no debían robar. Él quería que supieran que no debían tomar nada que le perteneciera a otra persona. Podía ser dinero u otras pertenencias. Pero también significaba que no debían llevarse nada de otra persona de ninguna otra manera, no debían pensar solo en sí mismos y obtener lo que quisieran quitándoselo a los demás. Más adelante, la palabra de Dios dice que las personas deberían pensar primero en las necesidades de los demás, antes de pensar en sí mismos. Si los israelitas pensaban primero en sus propias necesidades y tomaban algo de otra persona, aunque fuera una sola vez, desobedecerían el octavo mandamiento de Dios.

El noveno mandamiento. Dios manifestó que no debían hablar falso testimonio contra los demás. Dios no miente; siempre dice la verdad. Satanás es un mentiroso y odia la verdad. Entonces Dios les dijo a los israelitas que no debían decir mentiras acerca de los demás. Dios sabe que Satanás usa las mentiras para hacer daño a las personas y para causar problemas entre ellos. Si los israelitas decían aunque fuera una sola mentira o decían algo que no era totalmente cierto, desobedecerían el noveno mandamiento.

El décimo mandamiento. El Señor les explicó que no debían 'codiciar' las cosas de los demás. Codiciar es querer algo que le pertenece a otra persona. Dios era el único que había cuidado de los israelitas y les había dado todo lo que necesitaban. Los rescató y cuidó de ellos cuando estaban en el desierto. Si codiciaban las cosas de los demás, esto habría indicado que no estaban contentos con lo que Dios les había dado. Además, si querían las cosas de los demás, esto habría demostrado que pensaban que sus necesidades eran más importantes que las de los demás. Codiciar no solo significa querer más dinero o cosas materiales, sino

---

135. **adulterio**: relaciones sexuales entre una persona casada y alguien que no es su esposo o esposa

SESIÓN 11: DIOS RESCATÓ A LOS ISRAELITAS E HIZO UN PACTO CON ELLOS

también querer tener poder sobre otras personas, o simplemente querer tener más cosas que los demás. Si los israelitas aunque fuera una sola vez deseaban algo que no les pertenecía, desobedecerían el décimo mandamiento de Dios.

Así que estas eran las leyes de Dios, que Moisés trajo desde la montaña. Dios le había dicho al pueblo lo que debían hacer como parte de su acuerdo con ellos, ¡pero esta sería una tarea imposible[136]! ¡Nunca habrían podido obedecer ni siquiera una de las leyes de Dios todo el tiempo!

Dios quería que entendieran que era imposible que obedecieran todas sus leyes. Dios es perfecto y las leyes que hizo indicaban cómo un grupo de personas perfecto debían vivir juntas. Sin embargo, los israelitas no eran perfectos. Habían nacido fuera del jardín del Edén, en un mundo de pecado y muerte. Eran pecadores, no podían cumplir sus leyes aunque lo intentaran. Dios quería que supieran que necesitaban que los rescatara de la muerte. Quería tener una relación con ellos que fuera real y verdadera. La verdad era que necesitaban que él los rescatara. No podían pagar por sus propios pecados al cumplir las leyes de Dios, ni con sus propios esfuerzos.

Esto era lo que Dios estaba tratando de decirle a la gente desde el principio. Adán y Eva estaban desnudos y se sentían avergonzados. Solo Dios podía hacer ropa para ellos con pieles de animales. Las hojas de higuera que ellos podían encontrar no eran suficientes, la ropa que Dios hizo para ellos demostró que merecían la muerte. Los animales habían muerto en lugar de ellos. Caín intentó acercarse a Dios a su manera, pero Dios no aceptó la ofrenda de Caín porque no estuvo de acuerdo con Dios en que debía haber muerte para pagar por sus pecados. Noé y su familia tuvieron una sola puerta para entrar en el barco. Dios les dijo cómo debían construir el barco y él era el único que podía cerrar la puerta detrás de ellos. La muerte estaba afuera del bote, pero Noé y su familia estaban a salvo adentro. Dios era el que los había rescatado. No tenían manera de escapar si Dios no los salvaba. Isaac no tenía esperanza si Dios no proveía un cordero para que muriera en su lugar. Y los israelitas no tenían manera de huir del ejército del Faraón junto al mar Rojo. Entonces Dios hizo un camino para que cruzaran sin peligro y los rescató de sus enemigos.

---

136. **imposible**: algo que no se puede hacer

Ahora Dios les había dado sus leyes a los israelitas. Querían su ayuda y protección[137]. Querían tener una relación especial con él. Él dijo que serían la nación a través de la cual vendría el Salvador prometido. Todas las familias de la tierra serían bendecidas a través de ellos, así que los israelitas estaban felices de estar de acuerdo con el contrato de Dios. Pensaron que no tendrían problemas para cumplir con todas las leyes de Dios. Pensaron que podrían hacerlo y que él estaría contento con ellos, pero esto no fue real ni verdadero. Deberían haber sabido que les resultaría imposible de cumplir. Dios es perfectamente santo y siempre hace lo correcto. Nunca podrían vivir vidas perfectas obedeciendo sus leyes. Necesitaban que Dios los rescatara de la muerte y de estar separados[138] de él para siempre.

1. Dios guio a los israelitas para que cruzaran el mar Rojo, donde no podían huir de sus enemigos. ¿Por qué hizo eso? ¿Qué estaba mostrando acerca de sí mismo?

2. ¿Los israelitas tenían fe en Dios? ¿Creían lo que Dios dijo?

3. Dios ayudó a los israelitas en el desierto. Los guio y les dio comida y agua. ¿Por qué hizo eso?

4. ¿De qué manera Dios mostró que sus leyes eran importantes?

5. ¿Pensaba Dios que los israelitas podían obedecer sus leyes?

6. ¿Podría cualquier persona obedecer todas las leyes de Dios? ¿Por qué?

7. ¿Por qué Dios les dio a los israelitas sus leyes si sabía que no podrían obedecerlas?

---

137. **protección**: mantener a salvo de daños o peligros
138. **separados**: estar distanciados o lejos de algo

SESIÓN 12

DIOS LES DIJO A LOS ISRAELITAS CÓMO DEBÍAN ADORARLE

Los israelitas dijeron que estaban felices de hacer un acuerdo con Dios. Cuando Moisés regresó de la montaña con las leyes de Dios, los israelitas dijeron nuevamente que harían todo lo que el Señor ordenó.

ÉXODO 24:3

³ Después Moisés descendió y le repitió al pueblo todas las instrucciones y ordenanzas que el Señor le había dado, y todo el pueblo respondió a una voz: «Haremos todo lo que el Señor ha ordenado».

Luego Dios le dijo a Moisés que volviera a subir al monte Sinaí.

ÉXODO 24:12

¹² Luego el Señor le dijo a Moisés: «Sube al monte para encontrarte conmigo. Espera allí, y te daré las tablas de piedra en las que he escrito las instrucciones y los mandatos para que puedas enseñar al pueblo».

SU HISTORIA – EL RESCATE

Esta vez, Dios le dio a Moisés una copia de sus leyes escritas en grandes piedras planas. Dios quería que sus leyes perfectas fueran talladas[139] en piedras. No quería que se perdieran ni se modificaran. Quería que los israelitas recordaran lo que habían aceptado hacer.

Dios también le dijo a Moisés algo increíble. Le explicó que iba a venir a vivir con el pueblo de Israel. Ellos habían aceptado el contrato de Dios y él dijo que iba a ser parte de su comunidad[140]. Los israelitas eran nómadas, es decir, se trasladaban de un lugar a otro y vivían en tiendas. Tenían que construir el lugar en el que Dios viviría en medio de ellos de manera tal que pudiera trasladarse de un lugar a otro. Dios le dijo a Moisés que debían construir una gran tienda de reunión donde él pudiera quedarse. La palabra usada para definir esta tienda es 'tabernáculo'.

Este tabernáculo sería un lugar especial. Dios le indicó a Moisés cada pequeño detalle para construirlo. Le nombró a Moisés claramente qué muebles[141] y qué otros objetos debían estar en el interior, además de cómo debía decorarse[142]. Dios quería que los israelitas vieran claramente lo santo y perfecto que él es. Quería mostrarles que los seres humanos pecadores no pueden simplemente acercarse al Señor a su manera. Quería que entendieran que tenían que acercarse a él de la manera que él había indicado, así que les dijo muy claramente cómo construir este lugar especial donde él viviría con su pueblo.

Dios sabía que los israelitas no podrían cumplir con sus leyes. Sabía que no podían hacer lo que habían acordado. Sí, eran el pueblo escogido de Dios, pero al igual que todas las personas nacidas fuera del jardín, eran pecadores. No podían cambiar ni arreglar eso, nacieron en un mundo de pecado, y el pecado era parte de su ser. Al igual que todas las personas, no podían vivir de manera perfecta y obedecer todas las leyes de Dios. Él es el único perfecto. Los israelitas no podían cumplir lo que decían las leyes de Dios, necesitaban que él los rescatara. Pero no lo entendían en ese momento.

Ahora Dios había hecho un acuerdo, un pacto, con el pueblo de Israel. Viviría en medio de ellos. El tabernáculo sería un lugar en el que pudieran acercarse a él. Sería un lugar en el que todo el pueblo, alrededor de dos millones de per-

---
139. **tallar**: cortar dentro de algo con un elemento filoso para dejar una marca profunda
140. **comunidad**: un grupo de personas que viven juntas en el mismo lugar
141. **muebles**: objetos para que usen las personas en una habitación, como mesas, sillas y lámparas
142. **decorar**: hacer que algo que se vea mejor al agregarle cortinas, pintura o diseños

SESIÓN 12: DIOS LES DIJO A LOS ISRAELITAS CÓMO DEBÍAN ADORARLE

sonas, podrían acercarse a Dios precisamente de la manera que él quería. Era un lugar muy importante y especial. Dios les dijo exactamente[143] cómo debían hacerlo. Puedes leer más adelante en tu Biblia en Éxodo capítulos 25 al 27 todas las cosas que Dios enumeró acerca de cómo construir el tabernáculo. Ahora veremos solo algunas de las cosas que Dios dijo acerca de esto.

Dios les pidió que usaran pieles de animales y materiales hechos de pelo de animales para las paredes externas y el techo del tabernáculo. Eran los mismos objetos que los israelitas utilizaban para hacer sus propias tiendas en las que vivían.

Dios dijo que debía haber un gran área con paredes de tienda a su alrededor para marcar el borde del tabernáculo, de aproximadamente 46 x 23 metros[144]. Dentro de esas paredes de tienda, debía haber una tienda de aproximadamente 14 x 4,5 metros[145], con dos salas en su interior. La primera sala, la más grande, debería llamarse Lugar Santo. Junto a ella, habría otra sala llamada Lugar Santísimo, que sería la mitad del tamaño del Lugar Santo.

El Lugar Santísimo sería el lugar de Dios, apartado para él. Dios es espíritu, no tiene un cuerpo como nosotros, así que no necesita una casa o una tienda en la que vivir. Pero Dios quería que su pueblo supiera que estaba con ellos, por eso quiso que construyeran el tabernáculo.

---

143. **exactamente**: les dijo cada pequeño detalle
144. **46 x 23 metros**: 141 x 75 pies
145. **14 x 4,5 metros**: 46 x 15 pies

SU HISTORIA – EL RESCATE

Dios dijo que debían colgar una cortina[146] muy gruesa entre las dos salas. La cortina estaba allí para recordarle al pueblo que no podían simplemente acercarse a Dios a su manera. Él era santo y ellos no. La cortina debía recordarles que su pecado los mantenía separados del Señor. Su pecado era como la cortina que estaba entre ellos y el Lugar Santísimo donde estaba Dios.

Dios dijo que debían colocar una caja de madera especial cubierta de oro dentro del Lugar Santísimo, este sería el único objeto allí. Esta caja se llamaba 'arca'. Un arca es una caja fuerte, y cualquier cosa que se coloque adentro de ella estará segura. Las leyes de Dios que se tallaron en las piedras planas se guardarían dentro de esta caja de oro. Estas leyes eran el acuerdo que los israelitas habían hecho con Dios. Esta caja de oro se llamó el Arca del Pacto. Dios dijo que la caja debía tener una tapa especial. Esta tapa cubriría las piedras planas con las leyes escritas sobre ellas, que estaban en el interior de la caja. Dios dijo que justo arriba de la caja sería el lugar donde él viviría. Ese sería su lugar, encima de la caja de oro con las leyes en su interior. Él dijo que ese sitio sería un lugar de misericordia, donde las cosas malas se harían buenas.

Dios sabía que el pueblo nunca obedecería sus leyes. Sabía que no podían pagar por sus pecados, pero quería hacer una manera para que se acercaran a él. No quería que murieran por causa de sus pecados. Él ama a las personas y quería rescatar a los israelitas y estar con ellos, quería tener con ellos una relación que fuera real y verdadera. La caja de oro con leyes en su interior mostraba lo perfectas que eran las leyes de Dios, que nunca cambiarían. Pero como Dios ama a las personas, él haría una manera de "cubrir" sus leyes, tal como la tapa en la caja de oro cubría las leyes escritas sobre piedra. No quería que las personas tuvieran que pagar por sus pecados con su propia muerte. Dios había prometido enviar al Salvador para resolver el problema del pecado para siempre. Pero en ese momento, Dios estaba haciendo una manera temporal[147] para que su pueblo se acercara a él en el tabernáculo.

Dios dijo que debían construir un gran altar, un lugar para quemar ofrendas. Este altar debía estar hecho de latón[148], y debía colocarse dentro del área con las paredes de la tienda. Dios dijo que debían traer animales para matarlos allí. La persona que lo trajera, debía colocar su mano sobre la cabeza del animal, luego, le debía pedir al Señor que aceptara la muerte de este en lugar de la suya. Dios

---

146. **cortina**: un trozo de tela que cuelga desde la parte superior para crear una división
147. **temporal**: algo que dura solo una breve cantidad de tiempo
148. **latón**: un metal amarillo hecho de cobre y zinc

SESIÓN 12: DIOS LES DIJO A LOS ISRAELITAS CÓMO DEBÍAN ADORARLE

quería que recordaran siempre que merecían la muerte por sus pecados, pero que había hecho una manera para que se acercaran a él y siguieran viviendo.

Había muchas otras decoraciones, muebles y objetos que Dios les dijo que pusieran en el tabernáculo. Él les dijo cómo debían hacer todo y de qué materiales debían ser todos los elementos. Todo lo que había en el tabernáculo era para recordarle al pueblo los aspectos importantes acerca de su Señor.

Dios le dijo a Moisés que un grupo de hombres llamados sacerdotes[149] cuidaría del tabernáculo. Los sacerdotes se asegurarían de que las ofrendas se hicieran de manera correcta, ayudarían al pueblo a hacer todo de la manera que el Señor explicó que debía hacerse. Dios dispuso que Aarón, el hermano de Moisés, sería el primer sumo sacerdote, es decir, el líder de los sacerdotes, y sus hijos Aarón trabajarían con él. Más adelante, también vendrían nuevos sacerdotes de la familia de Aarón. Puedes leer todo lo que Dios mencionó acerca de los sacerdotes en Éxodo capítulos 28 y 29. Dios les indicó a los israelitas muy claramente muchas cosas acerca de los sacerdotes. Les dijo cómo debían hacer ropas hermosas y especiales para los sacerdotes. Les explicó exactamente cómo esos hombres debían hacer el trabajo que él quería que hicieran. Les dio muchas instrucciones[150] acerca de cómo debían hacer sus ofrendas.

Dios indicó que el sumo sacerdote tenía que hacer un trabajo especial. Un día de cada año, debía entrar en el Lugar Santísimo. Este día se llamaba el *Día de Expiación*. Expiación significa pagar por algo que uno ha hecho mal. Dios dijo que ese día, el sumo sacerdote debía llevar la sangre de un animal al lugar especial de Dios. El sacerdote debía rociar[151] la sangre sobre la tapa del Arca del Pacto. El Señor declaró que debía hacer esto todos los años, tal como él lo había ordenado. Entonces Dios no castigaría a los israelitas por todas las veces que desobedecieron sus leyes ese año.

Dios sabe todo lo que ha sucedido alguna vez y todo lo que sucederá siempre, así que sabía que los hijos de Israel no podrían obedecer las leyes que les había dado. Quería que entendieran que necesitaban que él los salvara. Pero incluso cuando Moisés aún se encontraba en la montaña con Dios, los israelitas ya estaban desobedeciendo sus leyes.

---

149. **sacerdote**: alguien que guía a otras personas a adorar a Dios
150. **instrucciones**: indicaciones u órdenes acerca de cómo hacer algo
151. **rociar**: cubrir algo con pequeñas gotas (en este caso, de sangre)

SU HISTORIA – EL RESCATE

Puedes leer toda la historia acerca de lo que hicieron más adelante en Éxodo capítulo 32. Moisés estuvo en la montaña durante mucho tiempo. Mientras los israelitas lo esperaban, fundieron[152] una gran cantidad de oro. Le dieron al oro la forma de un becerro[153]. Luego adoraron al becerro de oro y le agradecieron por sacarlos de Egipto. Se olvidaron de que el Señor era quien los había sacado de Egipto. Estaban adorando a un ídolo[154] en lugar de a Dios.

Dios sabía que iban a desobedecer sus leyes, por lo que hizo otra manera para que se acercaran a él. Dijo que podían ofrecer animales en el tabernáculo. Al hacer eso, mostrarían que sabían que debían morir por sus pecados, pero los animales morirían en su lugar. Debían hacer eso y esperar que viniera el Salvador, quien derrotaría a Satanás y pagaría por los pecados de las personas de una vez y para siempre.

Una vez que el tabernáculo estuvo terminado, los israelitas comenzaron a moverse nuevamente.

ÉXODO 40:36-38

³⁶ Cada vez que la nube se levantaba del tabernáculo, el pueblo de Israel se ponía en marcha y la seguía. ³⁷ Pero si la nube no se levantaba, ellos permanecían donde estaban hasta que la nube se elevaba. ³⁸ Durante el día, la nube del Señor quedaba en el aire sobre el tabernáculo y, durante la noche, resplandecía fuego dentro de ella, de modo que toda la familia de Israel podía ver la nube. Eso mismo ocurrió durante todos sus viajes.

Dios vino a vivir con ellos. Durante el día, el pueblo de Israel podía ver que Dios estaba con ellos, ya que puso una nube sobre el tabernáculo. Y por la noche, podían ver que él seguía allí, ya que puso fuego dentro de la nube para que todos pudieran ver que él seguía estando con ellos. Cuando esta nube subía, el pueblo sabía que Dios les estaba diciendo que avanzaran.

Un día, diez u once meses después de que llegaron por primera vez al monte Sinaí, la nube se movió.

---

152. **fundir**: calentar el oro para poder darle otra forma
153. **becerro**: una vaca joven
154. **ídolo**: una escultura que las personas hacen con metal o madera, y la adoran como si fuera un dios

SESIÓN 12: DIOS LES DIJO A LOS ISRAELITAS CÓMO DEBÍAN ADORARLE

NÚMEROS 10:11

¹¹ Durante el segundo año después que Israel saliera de Egipto, el día veinte del segundo mes, la nube se elevó del tabernáculo del pacto.

Con la guía de Dios, viajaron por el desierto. Llegaron al área de la frontera[155] de Canaán. Esta era la tierra que Dios le había prometido a Abraham cientos de años antes. Acamparon en un lugar llamado Cades-barnea.

La tierra de Canaán es el área que ahora conocemos como Israel, los territorios[156] palestinos, el Líbano y las partes occidentales de Jordania y Siria. Era la tierra que Dios le prometió a la nación israelita. Pero cuando llegaron a la frontera, ya había muchas tribus que vivían allí. Estas tribus eran pueblos *semitas*, es decir, descendientes de Sem, el hijo de Noé. Algunas de estas tribus estaban tratando de obtener más tierras, dinero y poder. Peleaban con las otras tribus. Estas tribus no escuchaban a Dios ni obedecían lo que él decía. También adoraban ídolos. No creían que él era el Creador. Dios le había dicho a Abraham muchos años antes que estas tribus serían castigadas por apartarse de él. Dios sabía cómo sería la tierra de Canaán cuando los israelitas llegaran allí. Sabía que habría tribus de otros pueblos viviendo allí.

Mientras los israelitas acampaban en Cades-barnea, sucedieron algunas cosas interesantes. Puedes leerlas por ti mismo más adelante. Pero ahora avanzaremos un poco en la historia. Dios le dijo a Moisés que eligiera doce hombres, uno de cada una de las tribus israelitas. Les dijo que fueran a Canaán y regresaran para contarle al pueblo lo que encontraran allí.

NÚMEROS 13:21-29

²¹ Así que subieron y exploraron la tierra desde el desierto de Zin hasta Rehob, cerca de Lebo-hamat. ²² Yendo al norte, atravesaron el Neguev y llegaron a Hebrón donde vivían Ahimán, Sesai y Talmai, todos descendientes de Anac. (La antigua ciudad de Hebrón fue fundada siete años antes de la ciudad egipcia de Zoén). ²³ Cuando llegaron al valle de Escol, cortaron una rama con un solo racimo de uvas, tan grande ¡que tuvieron que transportarlo en un palo, entre dos! También llevaron muestras de granadas e higos. ²⁴ A ese lugar se le llamó el valle de Escol (que significa «racimo») por el racimo de uvas que los israelitas cortaron allí.

---

155. **frontera**: el borde exterior de algo
156. **territorios**: áreas de tierra gobernadas por un estado o país

SU HISTORIA – EL RESCATE

²⁵ Después de explorar la tierra durante cuarenta días, los hombres regresaron ²⁶ a Moisés, a Aarón y a toda la comunidad de Israel en Cades, en el desierto de Parán. Informaron a toda la comunidad lo que vieron y les mostraron los frutos que tomaron de la tierra. ²⁷ Este fue el informe que dieron a Moisés: «Entramos en la tierra a la cual nos enviaste a explorar y en verdad es un país sobreabundante, una tierra donde fluyen la leche y la miel. Aquí está la clase de frutos que allí se producen. ²⁸ Sin embargo, el pueblo que la habita es poderoso y sus ciudades son grandes y fortificadas. ¡Hasta vimos gigantes allí, los descendientes de Anac! ²⁹ Los amalecitas viven en el Neguev y los hititas, los jebuseos y los amorreos viven en la zona montañosa. Los cananeos viven a lo largo de la costa del mar Mediterráneo y a lo largo del valle del Jordán».

Los doce hombres estuvieron en la tierra de Canaán durante casi seis semanas. Recorrieron diferentes áreas, y vieron que la tierra era muy buena para el cultivo. Trajeron un enorme racimo de uvas para mostrarle al pueblo. Pero también le dijeron al pueblo que las tribus que habitaban el lugar eran muy fuertes. Dijeron que había personas gigantes en el territorio y que sus ciudades tenían murallas fortificadas, muy resistentes. Pero dos de los hombres que habían entrado en Canaán le dijeron al pueblo que no tuviera miedo. Sus nombres eran Caleb y Josué. Ellos creían que Dios los ayudaría a derrotar a las personas que vivían allí.

NÚMEROS 13:30

³⁰ Pero Caleb trató de calmar al pueblo que se encontraba ante Moisés. —¡Vamos enseguida a tomar la tierra! —dijo—. ¡De seguro podemos conquistarla!

Sin embargo, el pueblo no escuchó a Caleb y Josué, porque tenían miedo. Escucharon a los otros diez hombres que habían ido a Canaán. Pensaron en Egipto y quisieron regresar allí. Se enojaron y quisieron matar a Caleb y Josué. No querían que Moisés y Aarón siguieran siendo sus líderes.

El Señor había prometido que los israelitas vivirían en la tierra de Canaán, pero ellos no creían lo que él decía. Como los hijos de Israel no creían lo que Dios había dicho, él les dijo que su generación no iría a vivir a la tierra prometida. Dios dijo que andarían por el desierto por cuarenta años y allí morirían, pero que la generación de sus hijos entraría en la tierra que les había prometido.

SESIÓN 12: DIOS LES DIJO A LOS ISRAELITAS CÓMO DEBÍAN ADORARLE

La palabra de Dios nos cuenta más acerca de cuando los israelitas estuvieron en el desierto. Puedes leer en Números capítulo 20 acerca de una ocasión en la que se quedaron sin agua, pero no le pidieron ayuda a Dios. En cambio, se quejaron y culparon a Moisés y Aarón por llevarlos a morir en el desierto.

No mucho tiempo después de esto, los israelitas comenzaron a quejarse nuevamente de Dios y de Moisés. Dijeron que no tenían buena comida y bebida en el desierto. Afirmaron que el maná que el Señor les había dado para comer era horrible[157].

NÚMEROS 21:4-9

> 4 Luego el pueblo de Israel salió del monte Hor y tomó el camino hacia el mar Rojo para bordear la tierra de Edom; pero el pueblo se impacientó con tan larga jornada 5 y comenzó a hablar contra Dios y Moisés: «¿Por qué nos sacaron de Egipto para morir aquí en el desierto? —se quejaron—. Aquí no hay nada para comer ni agua para beber. ¡Además, detestamos este horrible maná!».
>
> 6 Entonces el Señor envió serpientes venenosas entre el pueblo y muchos fueron mordidos y murieron. 7 Así que el pueblo acudió a Moisés y clamó: «Hemos pecado al hablar contra el Señor y contra ti. Pide al Señor que quite las serpientes». Así pues, Moisés oró por el pueblo.
>
> 8 Entonces el Señor le dijo a Moisés: «Haz la figura de una serpiente venenosa y átala a un poste. Todos los que sean mordidos vivirán tan solo con mirar la serpiente». 9 Así que Moisés hizo una serpiente de bronce y la ató a un poste. ¡Entonces los que eran mordidos por una serpiente miraban la serpiente de bronce y sanaban!

Dios envió serpientes venenosas[158] al lugar donde acampaban los israelitas. Cuando las serpientes mordían a una persona, esta moría. El pueblo sabía que Dios les hacía esto por haber hablado en contra de Dios y de Moisés. Le pidieron a Moisés que hablara con el Señor y le pidiera ayuda. Dios le ordenó a Moisés que hiciera una serpiente de bronce y la pusiera sobre un poste, y explicó que

---

157. **horrible**: muy malo o desagradable
158. **venenoso**: algo que tiene veneno adentro que puede matar a las personas

SU HISTORIA – EL RESCATE

cualquier persona a quien hubiera mordido una serpiente venenosa, podría mirar a la serpiente de bronce en el poste. Si la miraban, Dios los sanaría[159].

Dios envió las serpientes para demostrar a los israelitas que lo necesitaban. No tenían forma de escapar de la mordedura de las serpientes, pero él hizo una manera para que vivieran. Si no obedecían, morirían.

Dios les prometió a Adán y Eva que enviaría al Salvador para poner fin al poder de Satanás. El Salvador rescataría a las personas para que no tuvieran que pagar por sus pecados. La serpiente de bronce era un ejemplo de lo que haría el Salvador más tarde por toda la humanidad. Vamos a ver todo sobre eso más adelante en la palabra de Dios.

1. Dios les dijo muy claramente a los hijos de Israel cómo debían construir el tabernáculo. ¿Por qué?

2. Dios sabía que los israelitas no podrían obedecer sus leyes, pero aun así fue a vivir con ellos y él les dio una manera de acercarse a él. ¿Por qué crees que hizo eso?

3. ¿De qué manera dijo que los israelitas debían acercarse a él?

4. ¿De qué manera Dios mostró que estaba con los israelitas?

5. ¿Qué mostró la serpiente de bronce en un poste al pueblo acerca de Dios?

---

159. **sanar**: hacer que alguien esté bien otra vez

SESIÓN 13

DIOS LLEVÓ A LOS ISRAELITAS A CANAÁN

Dios dijo que la generación de personas que había liberado de Egipto no entraría en la tierra prometida de Canaán. Dijo eso porque cuando los israelitas estaban en Cades-barnea, no le creyeron, desconfiaron de él y de Moisés. El Señor afirmó que no entrarían en la tierra, y eso es lo que sucedió. Debido a que no creyeron que lo que Dios dijo era cierto, los israelitas de esa generación murieron en el desierto.

Pero Josué y Caleb habían escuchado a Dios. Le habían dicho al pueblo que confiaran en él. Entonces fueron las únicas dos personas de esa generación que entraron en la tierra prometida. Dios le dijo a Moisés que convirtiera a Josué en el nuevo líder de los israelitas.

NÚMEROS 27:18-23

18 El Señor le respondió: —Toma a Josué, hijo de Nun, en quien está el Espíritu, y pon tus manos sobre él. 19 Preséntalo al sacerdote Eleazar ante toda la comunidad y públicamente encárgale que dirija al pueblo. 20 Entrégale de tu autoridad para que toda la comunidad de Israel lo obedezca. 21 Cuando se necesite dirección del Señor, Josué se presentará ante el sacerdote Eleazar, quien usará el Urim —uno de los sorteos sagra-

dos que se hacen ante el Señor— para determinar su voluntad. De esta manera Josué y el resto de la comunidad de Israel decidirán todo lo que deben hacer.

²² Así que Moisés hizo lo que el Señor le ordenó y presentó a Josué ante el sacerdote Eleazar y ante toda la comunidad. ²³ Luego Moisés impuso sus manos sobre él y le entregó el cargo de dirigir al pueblo, tal como el Señor había ordenado por medio de Moisés.

No mucho tiempo después, Dios le dijo a Moisés que fuera a la cima de una montaña con vista a[160] Canaán.

DEUTERONOMIO 34:1-8

¹ Entonces Moisés se dirigió al monte Nebo desde las llanuras de Moab, y subió a la cumbre del monte Pisga, que está frente a Jericó. Y el Señor le mostró todo el territorio: desde Galaad hasta tan lejos como Dan, ² toda la tierra de Neftalí, la tierra de Efraín y de Manasés, toda la tierra de Judá —que se extiende hasta el mar Mediterráneo—, ³ el Neguev, y el valle del Jordán junto con Jericó —la ciudad de las palmeras— hasta Zoar. ⁴ Entonces el Señor le dijo a Moisés: «Esta es la tierra que le prometí bajo juramento a Abraham, a Isaac y a Jacob cuando dije: "La daré a tus descendientes". Ahora te he permitido verla con tus propios ojos, pero no entrarás en ella».

⁵ Así que Moisés, siervo del Señor, murió allí, en la tierra de Moab, tal como el Señor había dicho. ⁶ El Señor lo enterró en un valle cercano a Bet-peor, en Moab, pero nadie conoce el lugar exacto hasta el día de hoy. ⁷ Moisés tenía ciento veinte años cuando murió, pero hasta entonces conservó una buena vista y mantuvo todo su vigor. ⁸ El pueblo de Israel hizo duelo por Moisés en las llanuras de Moab durante treinta días, hasta que se cumplió el tiempo acostumbrado para el duelo.

Dios le dijo a Moisés que recordara la promesa que les había hecho a Abraham, Isaac y Jacob. Él dijo que esta tierra era la que había prometido darles a sus descendientes. El Señor le mostró la tierra a Moisés, pero no le permitió entrar. El líder de los israelitas murió allí y ellos guardaron luto[161] durante treinta días.

---

160. **con vista a**: desde la cima se puede ver todo el territorio
161. **guardar luto**: sentir pena por la muerte de alguien

SESIÓN 13: DIOS LLEVÓ A LOS ISRAELITAS A CANAÁN

La palabra de Dios nos cuenta muchas cosas que sucedieron mientras él ayudaba a los israelitas a avanzar hacia Canaán. No podemos mencionarlas a todas aquí, pero puedes leerlas más tarde en tu Biblia. Josué lideró a los israelitas en muchas batallas contra las tribus que vivían en Canaán. Algunas veces, confiaban en la ayuda del Señor y él los ayudaba a vencer a sus enemigos. Pero a veces no creían que Dios podía ayudarlos, y por eso pasaban momentos muy difíciles. Tenían muchos enemigos que vivían alrededor de ellos. No escuchaban a Dios, así que no podían tomar todo el territorio como él había querido. Muchos enemigos que querían matar a los israelitas vivían cerca de ellos.

Además, debido a que el pueblo de Dios vivía en medio de las otras tribus, comenzaron a actuar como ellos.

JUECES 2:7-13

⁷ Los israelitas sirvieron al Señor todo el tiempo que vivieron Josué y los líderes que lo sobrevivieron, aquellos que habían visto todas las grandes cosas que el Señor había hecho por Israel.

⁸ Entonces Josué, hijo de Nun y siervo del Señor, murió a los ciento diez años de edad. ⁹ Lo enterraron en Timnat-sera, tierra que se le había asignado en la zona montañosa de Efraín, al norte del monte Gaas.

¹⁰ Después de que murieron todos los de esa generación, creció otra que no conocía al Señor ni recordaba las cosas poderosas que él había hecho por Israel.

¹¹ Los israelitas hicieron lo malo a los ojos del Señor y sirvieron a las imágenes de Baal. ¹² Abandonaron al Señor, Dios de sus antepasados, quien los había sacado de Egipto. Siguieron y rindieron culto a otros dioses —los dioses de los pueblos vecinos— y así provocaron el enojo del Señor. ¹³ Abandonaron al Señor para servir a Baal y a las imágenes de Astoret.

Después de que Josué murió, la siguiente generación de israelitas se olvidó del Señor, y comenzaron a adorar a dioses falsos. Satanás, el enemigo de Dios, los estaba llevando a olvidarse de él. No quería que lo siguieran y no quería que el plan de salvación de Dios se concretara. Los israelitas se olvidaron de que solo el Señor podía salvarlos. Intentaron buscar otra manera de salvarse, al pedirle ayuda a dioses falsos. La palabra de Dios dice que *provocaron el enojo del Señor.*

SU HISTORIA – EL RESCATE

Dios tenía un plan para salvar a toda la humanidad a través de los hijos de Israel, pero ellos lo ignoraron. Entonces, cuando se olvidaron de él, Dios permitió que sus enemigos los derrotaran en las batallas[162].

Esto sucedió muchas veces durante los siguientes cientos de años. El pueblo de Israel se alejó de Dios y adoró a otros dioses. Cuando hacían eso, Dios permitía que sus adversarios les ganaran. Incluso permitió que sus enemigos tomaran parte de su territorio. Entonces, cuando sus rivales los derrotaban, los israelitas se volvían nuevamente al Señor y se arrepentían[163].

En ese tiempo, Dios ayudó a algunos de los israelitas a convertirse en jefes entre su pueblo. Él levantó estos líderes para que ayudaran a las tribus israelitas a luchar contra sus enemigos.

JUECES 2:16-19

¹⁶ Entonces el Señor levantó jueces para rescatar a los israelitas de la mano de sus agresores. ¹⁷ Sin embargo, Israel no hizo caso a los jueces, sino que se prostituyó rindiendo culto a otros dioses. ¡Qué pronto se apartaron del camino de sus antepasados, los cuales habían obedecido los mandatos del Señor!

¹⁸ Cada vez que el Señor levantaba un juez sobre Israel, él estaba con ese juez y rescataba al pueblo de sus enemigos durante toda la vida del juez. Pues el Señor tenía compasión de su pueblo, que estaba sobrecargado de opresión y sufrimiento. ¹⁹ Pero al morir el juez, la gente no solo volvía a sus prácticas corruptas, sino que se comportaba peor que sus antepasados. Seguía a otros dioses: los servía y les rendía culto. Además se negaba a abandonar sus prácticas malvadas y sus tercos caminos.

La palabra utilizada para nombrar a estos líderes es 'jueces'. Otra palabra que a veces se utiliza para referirse a ellos es 'libertadores', que significa 'salvadores'. Dios trajo estos líderes para que ayudaran al pueblo israelita. Aunque el pueblo se seguía volviendo contra el Señor, él siempre los ayudaba cuando regresaban. Dios tenía un plan que había prometido mucho tiempo atrás. No renunciaría al pueblo de Israel ni a su plan. Iba a enviar un Salvador que destruiría el poder de Satanás, el pecado y la muerte.

---

162. **batalla**: en guerras o peleas
163. **arrepentirse**: estar de acuerdo con Dios en que has pecado contra él

SESIÓN 13: DIOS LLEVÓ A LOS ISRAELITAS A CANAÁN

El último de los jueces se llamó Samuel. Le transmitió las palabras de Dios al pueblo de Israel durante muchos años. La persona que expresa las palabras de Dios se llama *profeta*. Cuando Samuel se hizo viejo, no había nadie que lo reemplazara.

1 SAMUEL 8:1-7

¹ Cuando Samuel envejeció, nombró a sus hijos como jueces de Israel. 2 Joel y Abías, sus hijos mayores, establecieron su corte en Beerseba. 3 Pero ellos no eran como su padre, porque codiciaban el dinero; aceptaban sobornos y pervertían la justicia.

4 Finalmente, todos los ancianos de Israel se reunieron en Ramá para hablar del asunto con Samuel. 5 «Mira, Samuel —le dijeron—, ya eres anciano y tus hijos no son como tú. Danos un rey para que nos juzgue así como lo tienen las demás naciones».

6 Samuel se disgustó con esta petición y fue al Señor en busca de orientación. 7 «Haz todo lo que te digan —le respondió el Señor—, porque me están rechazando a mí y no a ti; ya no quieren que yo siga siendo su rey.

El pueblo le pidió a Samuel que les diera un rey. Samuel pensaba que esta era una idea pecaminosa. ¿Por qué? Porque Dios era el líder de los israelitas, el que los había sacado de Egipto, el que los había ayudado. Samuel habló con el Señor sobre esto, quien le dijo que el pueblo lo estaba rechazando a él como su rey. Querían un rey como todas las otras naciones que los rodeaban, ya no querían que Dios fuera su líder.

Dios les permitió tener un rey, porque eso era lo que querían. El primer rey se llamó Saúl. Comenzó bien, pero luego empenzó a enfadarse por las palabras que el Señor dijo a través de Samuel.

1 SAMUEL 13:13-14

¹³ —¡Qué tontería! —exclamó Samuel—. No obedeciste al mandato que te dio el Señor tu Dios. Si lo hubieras obedecido, el Señor habría establecido tu reinado sobre Israel para siempre. 14 Pero ahora tu reino tiene que terminar, porque el Señor ha buscado a un hombre conforme a su propio corazón. El Señor ya lo ha nombrado para ser líder de su pueblo, porque tú no obedeciste el mandato del Señor.

SU HISTORIA – EL RESCATE

Saúl no escuchó las palabras que Dios dijo a través de Samuel, así que Dios buscó a otro líder para su pueblo. Su nombre era David. Cuando era joven, David era pastor de ovejas. Hay muchas historias acerca de su vida en la Biblia. Cuando era joven, luchó contra un gigante[164] llamado Goliat. David confió en Dios y venció a Goliat.

David fue el rey más importante y famoso de Israel. Tenía una relación muy cercana con Dios. Al igual que todas las personas, David era pecador y no siempre hacía lo correcto. Pero siempre hablaba con Dios acerca de sus pecados, sabía que debía morir por ellos, pero que Dios había hecho una manera para que se acercara a él. David es un gran ejemplo de una persona que quería tener una relación cercana con el Señor.

Dios convirtió a David en el rey de Israel y también en uno de sus mensajeros, alguien que expresaba las palabras del Señor, es decir, un profeta. David también fue un muy buen músico[165]. Escribió muchas canciones acerca de Dios y su relación con él. Otra palabra para nombrar las canciones de adoración a Dios es 'salmos'. Muchas de las canciones de David están escritas en el libro de los Salmos. Puedes leer esas canciones más tarde en tu Biblia. Cuando David escribía sus canciones, era muy abierto y sincero[166] sobre cómo se sentía. Dios se aseguró de que esas canciones estuvieran en la Biblia para que nosotros las leyéramos hoy. El Señor desea que tengamos una relación cercana con todas las personas. Las canciones de David nos muestran un ejemplo de la estrecha relación de Dios con una persona a quien amaba mucho.

El rey David fue un buen líder de la nación de Israel, la cual disfrutó de un tiempo de paz y se fortaleció. Los israelitas ya no necesitaban trasladarse. David vivía en un palacio[167] hermoso, y quería que el Señor también tuviera un palacio hermoso en el que vivir. Ya no creía que la tienda del tabernáculo fuera un lugar lo suficientemente bueno para Dios.

2 SAMUEL 7:1-17

¹ Una vez que David se instaló en el palacio, y el Señor le dio descanso de los enemigos que lo rodeaban, ² el rey mandó llamar al profeta Natán. —Mira —le dijo David—, yo vivo en un

---

164. **gigante**: un hombre muy alto, de gran tamaño
165. **músico**: alguien que toca instrumentos musicales y escribe canciones
166. **sincero**: decir la verdad y no ocultar nada
167. **palacio**: un edificio grande y hermoso donde vive un rey o gobernante

SESIÓN 13: DIOS LLEVÓ A LOS ISRAELITAS A CANAÁN

hermoso palacio de cedro, ¡mientras que el arca de Dios está allá afuera en una carpa!

³ Natán le respondió al rey: —Adelante, haz todo lo que tienes pensado porque el Señor está contigo.

⁴ Pero esa misma noche el Señor le dijo a Natán:

⁵ «Ve y dile a mi siervo David: "Esto ha declarado el Señor: ¿acaso eres tú el que me debe construir una casa en la que yo viva? ⁶ Desde el día en que saqué a los israelitas de Egipto hasta hoy, nunca he vivido en una casa. Siempre fui de un lugar a otro con una carpa y un tabernáculo como mi morada. ⁷ Sin embargo, dondequiera que fui con los israelitas, ni una sola vez me quejé ante los jefes de las tribus de Israel, los pastores de mi pueblo Israel. Nunca les pregunté: '¿Por qué no me han construido una hermosa casa de cedro?'".

⁸ »Ahora ve y dile a mi siervo David: "Esto ha declarado el Señor de los Ejércitos Celestiales: te saqué de cuidar ovejas en los pastos y te elegí para que fueras el líder de mi pueblo Israel. ⁹ He estado contigo dondequiera que has ido y destruí a todos tus enemigos frente a tus propios ojos. ¡Ahora haré que tu nombre sea tan famoso como el de los grandes que han vivido en la tierra! ¹⁰ Le daré una patria a mi pueblo Israel y lo estableceré en un lugar seguro donde nunca será molestado. Las naciones malvadas no lo oprimirán como lo hicieron en el pasado, ¹¹ cuando designé jueces para que gobernaran a mi pueblo Israel; y te daré descanso de todos tus enemigos.

»"Además, el Señor declara que construirá una casa para ti, ¡una dinastía de reyes! ¹² Pues cuando mueras y seas enterrado con tus antepasados, levantaré a uno de tus hijos de tu propia descendencia y fortaleceré su reino. ¹³ Él es quien edificará una casa —un templo— para mi nombre, y afirmaré su trono real para siempre. ¹⁴ Yo seré su padre, y él será mi hijo. Si peca, lo corregiré y lo disciplinaré con vara, como lo haría cualquier padre. ¹⁵ Pero no le retiraré mi favor como lo retiré de Saúl, a quien quité de tu vista. ¹⁶ Tu casa y tu reino continuarán para siempre delante de mí, y tu trono estará seguro para siempre"».

¹⁷ Entonces Natán regresó adonde estaba David y repitió todo lo que el Señor le había dicho en la visión.

SU HISTORIA – EL RESCATE

El profeta Natán transmitió las palabras de Dios. A través de Natán, Dios le dijo a David que era una buena idea construir una casa para el Señor. Pero Dios advirtió que David no debía construirla; en su lugar, el hijo de David la construiría. Dios también le aseguró que su *trono estará seguro para siempre*. Dios estaba prometiendo que el Salvador vendría de la familia de David. El Prometido, quien vendría para derrotar a Satanás, sería un descendiente directo de David. Esta era la misma promesa que el Señor le había hecho a Abraham, Isaac y Jacob. Dios estaba diciendo que seguiría adelante con su plan y que no había olvidado su promesa.

El rey David comenzó a reunir todo el oro, la plata, la madera especial y otros materiales para construir la casa del Señor. La palabra que usamos para esta casa de Dios es 'templo'. El templo se edificaría en Jerusalén, la ciudad principal de Israel. Salomón, el hijo de David, era el que iba a construir el templo, tal como Dios lo indicó. Esto es lo que dijo Salomón al respecto.

2 CRÓNICAS 2:5,6

⁵ »Este tendrá que ser un templo magnífico porque nuestro Dios es más grande que todos los demás dioses; ⁶ pero en realidad, ¿quién puede edificarle un hogar digno de él? ¡Ni siquiera los cielos más altos pueden contenerlo! ¿Quién soy yo para proponer construirle un templo, excepto como lugar para quemarle sacrificios?

Salomón construyó el templo en Jerusalén. Era un edificio enorme y hermoso hecho de piedra, madera, oro y plata. Se usó el mismo plano para las salas y tuvo los mismos muebles que el tabernáculo. Cuando estuvo terminado, el pueblo ofreció muchos sacrificios[168] de animales a Dios. Él entró en el templo y la gente pudo ver una luz muy brillante. La luz brillante estaba en el Lugar Santísimo en el templo. Dios les estaba mostrando que estaba allí. Él quería vivir con su pueblo, quería que supieran que estaba allí con ellos.

Cuando David y Salomón fueron reyes de Israel, hubo un tiempo de paz. Israel se volvió poderoso y rico. Pero después de que David y Salomón murieron, Israel se dividió en dos reinos[169], el reino del norte y el reino del sur, que se llamaron Israel y Judá. Con el tiempo, cada reino tuvo alrededor de veinte reyes que tomaron el poder. La mayoría de estos reyes no obedecieron a Dios, siguieron a

---

168. **sacrificio**: matar un animal o entregar algo como ofrenda a Dios
169. **reino**: un área y un grupo de personas que son gobernados por un rey

SESIÓN 13: DIOS LLEVÓ A LOS ISRAELITAS A CANAÁN

otros dioses e hicieron lo que hacían las naciones que los rodeaban. Dios estaba muy triste porque el pueblo de Israel no lo seguía, pero nunca renunció a ellos. Siguió intentando hablarles, corregirlos y castigarlos. Quería que regresaran a sus caminos. Cada vez que volvían a él y le pedían ayuda, él los socorría.

Dios nos cuenta en su historia muchas cosas que le sucedieron a Israel durante los siguientes 500 años. El pueblo de Israel no siempre siguió a Dios, muchas veces adoraron a otros dioses y se alejaron del Señor. No obedecieron sus leyes y no cumplieron el acuerdo que tenían con él. Pero Dios siempre intentó hablarles de muchas maneras. Los amaba y quería que lo recordaran. Quería tener una relación real y cercana con ellos.

La manera en la que Dios habló a Israel y Judá durante ese tiempo fue principalmente a través de sus profetas. Algunos de los profetas más conocidos de ese tiempo fueron Isaías, Jeremías, Ezequiel y Daniel. Ellos le dijeron al pueblo que no siguiera a otros dioses, y afirmaron que iba a venir un tiempo en el que el pueblo sería juzgado[170] por lo que hacía. Puedes leer las palabras de cada uno de estos profetas en los libros de la Biblia que llevan sus nombres.

Jonás fue otro profeta durante este tiempo, Dios lo envió para que hablara a las naciones cercanas a Israel. Les dijo que sucederían cosas terribles si no se volvían al Dios Creador verdadero. Puedes leer acerca de lo que le ocurrió a este profeta en el libro de Jonás en la Biblia.

Algunas personas escucharon a los profetas y se volvieron a Dios, y en ocasiones alguno de los reyes guio al pueblo a que regresara a Dios, pero esto no sucedió con mucha frecuencia. Durante esos 500 años, la mayoría de las personas se olvidaron de Dios. Siguieron ofreciéndole sacrificios en el templo, pero en realidad no conocían ni amaban al Señor. Esto es lo que Dios dijo acerca de ellos.

ISAÍAS 29:13

[13] Así que el Señor dice:

«Este pueblo dice que me pertenece;

me honra con sus labios,

pero su corazón está lejos de mí.

Y la adoración que me dirige

no es más que reglas humanas, aprendidas de memoria.

---

170. **juzgado**: decirle a alguien cómo se lo castigará o recompensará por lo que ha hecho

SU HISTORIA – EL RESCATE

Dios siempre es real y verdadero en todo lo que hace, desea tener relaciones reales y verdaderas con las personas. Él sabía que la gente que ofrecía sacrificios en el templo no lo seguía de verdad, estaban haciendo cosas que según él eran *reglas humanas*. Dios siempre sabe lo que las personas piensan realmente. Ellos ofrecían sacrificios y cumplían reglas, pero en realidad no creían que lo que decía el Señor era cierto. No pensaban en él como si fuera una persona real a quien pudieran conocer y amar. No querían tener una verdadera relación con Dios.

El profeta Isaías transmitió un mensaje de parte de Dios a Israel, el reino del norte. Dijo que los asirios los derrotarían en una guerra si no se arrepentían. Los asirios eran una nación enemiga muy fuerte pero Israel no escuchó el mensaje de Dios, así que los asirios tomaron la ciudad de Samaria, al norte de Israel, aproximadamente en el año 722 antes de Cristo. Entonces Israel fue gobernado por los asirios, y miles de israelitas fueron llevados como esclavos. Luego, los asirios trajeron a otros pueblos a vivir en las áreas del norte de Canaán. Estos pueblos no conocían al Dios Creador verdadero, adoraban a otros dioses.

El profeta Jeremías transmitió mensajes de Dios al reino del sur, Judá. Otros profetas también lo hicieron. Jeremías les dijo que debían arrepentirse y que debían recordar el acuerdo que habían hecho con el Señor. Si no lo hacían, la fuerte nación de Babilonia los destruiría. Judá no escuchó el mensaje, los babilonios vinieron y derribaron el templo en Jerusalén. Derrumbaron las paredes de piedra que rodeaban Jerusalén, y muchos habitantes de Judá fueron llevados a Babilonia. La palabra de Dios nos cuenta acerca de este tiempo. Puedes leer sobre esto en tu propia Biblia más tarde en 2 Reyes 25:1-12.

Después de que sucedieron estas cosas terribles, muchos de los israelitas quisieron volverse a Dios. Leyeron las leyes que él les había dado. Después de una generación, algunos de los israelitas que estaban en Asiria y en Babilonia regresaron a Canaán. Más tarde, reconstruyeron las murallas de Jerusalén y el templo. Estas personas se llamaron 'judíos', un nombre que probablemente proviene de Judá, que fue la más importante de las doce tribus de Israel.

Dios quería que los judíos fueran un ejemplo para otras naciones. No deberían haberse comportado como los pueblos que los rodeaban, pero ellos no querían tener una verdadera relación con el Señor. Intentaron obedecer todas las leyes de Dios, pero eso era imposible. También agregaron muchas leyes nuevas que

SESIÓN 13: DIOS LLEVÓ A LOS ISRAELITAS A CANAÁN

hicieron ellos mismos. Pensaron que esto agradaría a Dios y pagaría por sus pecados, no creían que él era el único que podía salvarlos. Por supuesto, Dios sabía que esto iba a suceder. Muchos años antes, cuando hablaba con Moisés, dijo:

DEUTERONOMIO 31:20

²⁰ Pues los haré entrar en la tierra que juré dar a sus antepasados, una tierra donde fluyen la leche y la miel. Allí llegarán a ser prósperos, comerán todo lo que quieran y engordarán. Pero comenzarán a rendir culto a otros dioses; me despreciarán y romperán mi pacto.

Aproximadamente en el año 400 antes de Cristo, Alejandro Magno, un líder de Grecia, tomó la tierra de Canaán. En ese momento, la cultura y el idioma griego se habían expandido por una enorme área alrededor del mar Mediterráneo. Después de la muerte de Alejandro, se pelearon muchas guerras en esa zona. Hubo guerras en la tierra donde vivían los judíos. Aproximadamente en el año 60 antes de Cristo, el ejército romano vino y tomó la tierra donde vivían los israelitas. El pueblo fue gobernado por los romanos y tuvieron que pagar costosos impuestos a Roma.

Los judíos de ese tiempo aún ofrecían sacrificios a Dios en el templo, trataban de obedecer las leyes que él les había dado y las que ellos mismos habían establecido. Pensaban en Dios como si fuera un ídolo, no lo conocían ni lo amaban por quién era en realidad. No creían las cosas verdaderas que el Señor les había dicho acerca de sí mismo. Pero Dios no renunció a ellos, los amaba y quería que recordaran quién era él verdaderamente. Quería que tuvieran una relación real con él. Pero tenía que ser por quién era él y por quiénes eran ellos en realidad, cualquier otro tipo de relación habría sido una mentira. Y Dios no miente, estas son algunas de las cosas que dijo a través del profeta Isaías.

ISAÍAS 51:12-16

¹² «Yo, sí, yo soy quien te consuela.

Entonces, ¿por qué les temes a simples seres humanos
que se marchitan como la hierba y desaparecen?

¹³ Sin embargo, has olvidado al Señor tu Creador,
el que extendió el cielo como un dosel
y puso los cimientos de la tierra.

SU HISTORIA – EL RESCATE

¿Vivirás en constante terror de los opresores humanos?

¿Seguirás temiendo el enojo de tus enemigos?

¿Dónde están ahora su furia y su enojo?

¡Han desaparecido!

¹⁴ Pronto quedarán libres los cautivos.

¡La prisión, el hambre y la muerte no serán su destino!

¹⁵ Pues yo soy el Señor tu Dios,

que agito el mar haciendo que rujan las olas.

Mi nombre es Señor de los Ejércitos Celestiales.

¹⁶ Y he puesto mis palabras en tu boca

y te he escondido a salvo dentro de mi mano.

Yo extendí el cielo como un dosel

y puse los cimientos de la tierra.

Yo soy el que le dice a Israel:

"¡Tú eres mi pueblo!"».

Aunque el pueblo se había olvidado de él, Dios no se olvidó de ellos ni de su plan de rescatarlos de Satanás, el pecado y la muerte. Pero ¿cómo iba a hacerlo?

1. La generación de los israelitas que salió de Egipto no entró en la tierra prometida. ¿Por qué?

2. ¿De qué manera el pueblo demostró que se habían alejado de Dios?

3. Cuando el pueblo se alejó de Dios, ¿qué hizo él?

4. Los judíos intentaron obedecer las leyes de Dios. Entonces ¿por qué Dios no estaba feliz con esto?

5. ¿Cambió Dios su plan de rescate debido a que los israelitas se olvidaron de él?

SESIÓN 14

DIOS ENVIÓ A JUAN PARA PREPARAR A ISRAEL PARA EL SALVADOR

Unos 340 años antes de que llegaran los romanos, Dios envió a uno de sus profetas a los judíos, su nombre era Malaquías. Fue el último profeta cuyas palabras se escribieron en el Antiguo Testamento. A través de él, Dios le recordó al pueblo judío su promesa de enviar a un Salvador. Dijo que el Prometido pronto vendría.

MALAQUÍAS 3:1,2

¹ «¡Miren! Yo envío a mi mensajero y él preparará el camino delante de mí. Entonces el Señor al que ustedes buscan vendrá de repente a su templo. El mensajero del pacto a quien buscan con tanto entusiasmo, sin duda vendrá», dice el Señor de los Ejércitos Celestiales.

² «Pero ¿quién será capaz de soportar su venida? ¿Quién podrá mantenerse de pie y estar cara a cara con él cuando aparezca? Pues él será como un fuego abrasador que refina el metal o como un jabón fuerte que blanquea la ropa.

Dios dijo que justo antes del Salvador, vendría primero otro profeta. Traería un mensaje del Señor que prepararía a la gente para la llegada del Salvador.

SU HISTORIA – EL RESCATE

MALAQUÍAS 4:5,6

⁵ »Miren, les envío al profeta Elías antes de que llegue el gran y terrible día del Señor. ⁶ Sus predicaciones harán volver el corazón de los padres hacia sus hijos y el corazón de los hijos hacia sus padres. De lo contrario, vendré y haré caer una maldición sobre la tierra».

Después de la muerte de Malaquías, Dios no envió a otro profeta ni le habló a su pueblo durante 400 años. Quería que esperaran la llegada del Salvador.

La primera parte de la historia de Dios que ahora llamamos el Antiguo Testamento se escribió en idioma hebreo. El Antiguo Testamento termina con las palabras de Malaquías, el profeta de Dios. La segunda parte de la historia de Dios se llama Nuevo Testamento. Más adelante hablaremos más acerca de los hombres que escribieron las palabras de Dios en el Nuevo Testamento. Esta parte se escribió en idioma griego.

Muchas cosas sucedieron en el mundo en los 400 años después de Malaquías. El idioma griego se difundió a lo largo de toda la región[171]. Muchos grupos de personas ahora podían hablar con los demás en griego. Debido a eso, muchas ideas se divulgaron en lugares muy lejanos. Además, los romanos construyeron muchos caminos. Se volvió más fácil para la gente trasladarse de una ciudad a otra. Durante ese tiempo, el pueblo hebreo se esparció y se estableció en muchos lugares a lo largo del mar Mediterráneo. Se llevaron la historia de Dios con ellos. Adoptaron la idea de que hay un solo Dios, no muchos dioses. En muchos pequeños pueblos y ciudades vivían personas judías. Conocían la verdadera historia de Dios que hablaba de sus promesas con respecto al Salvador. Otras personas escucharon acerca de la verdadera historia de Dios gracias a los judíos que vivían entre ellos.

Ahora leeremos en la palabra de Dios lo que sucedió a continuación. La tierra de Israel y Judá habían sido gobernadas por los romanos durante mucho tiempo. Los judíos esperaban la llegada del Salvador, lo llamaban *Mesías*. En idioma hebreo, Mesías significa 'el Salvador prometido de Dios'.

Dos de los judíos que esperaban al Mesías eran un hombre llamado Zacarías y su esposa, Elisabet.

---

171. **región**: un área grande con muchos países y grupos de personas

SESIÓN 14: DIOS ENVIÓ A JUAN PARA PREPARAR A ISRAEL PARA EL SALVADOR

LUCAS 1:5-25

⁵ Cuando Herodes era rey en Judea, hubo un sacerdote judío llamado Zacarías. Era miembro del grupo sacerdotal de Abías; y su esposa, Elisabet, también pertenecía a la familia sacerdotal de Aarón. ⁶ Zacarías y Elisabet eran justos a los ojos de Dios y cuidadosos en obedecer todos los mandamientos y las ordenanzas del Señor. ⁷ No tenían hijos porque Elisabet no podía quedar embarazada y los dos eran ya muy ancianos.

⁸ Cierto día, Zacarías se encontraba sirviendo a Dios en el templo, porque su grupo de sacerdotes estaba de turno esa semana. ⁹ Como era costumbre entre los sacerdotes, le tocó por sorteo entrar en el santuario del Señor y quemar el incienso. ¹⁰ Mientras el incienso se quemaba, una gran multitud estaba afuera orando.

¹¹ Y mientras Zacarías estaba en el santuario, se le apareció un ángel del Señor, de pie a la derecha del altar del incienso. ¹² Cuando Zacarías lo vio, se alarmó y se llenó de temor, ¹³ pero el ángel le dijo:

—¡No tengas miedo, Zacarías! Dios ha oído tu oración. Tu esposa, Elisabet, te dará un hijo, y lo llamarás Juan. ¹⁴ Tendrás gran gozo y alegría, y muchos se alegrarán de su nacimiento, ¹⁵ porque él será grande a los ojos del Señor. No deberá beber vino ni ninguna bebida alcohólica y será lleno del Espíritu Santo aun antes de nacer. ¹⁶ Y hará que muchos israelitas vuelvan al Señor su Dios. ¹⁷ Será un hombre con el espíritu y el poder de Elías; preparará a la gente para la venida del Señor. Inclinará el corazón de los padres hacia los hijos y hará que los rebeldes acepten la sabiduría de los justos.

¹⁸ Zacarías le dijo al ángel:

—¿Cómo puedo estar seguro de que ocurrirá esto? Ya soy muy anciano, y mi esposa también es de edad avanzada.

¹⁹ Entonces el ángel dijo:

—¡Yo soy Gabriel! Estoy en la presencia misma de Dios. ¡Fue él quien me envió a darte esta buena noticia! ²⁰ Pero ahora, como no creíste lo que te dije, te quedarás mudo, sin poder hablar hasta que nazca el niño. Te aseguro que mis palabras se cumplirán a su debido tiempo.

SU HISTORIA – EL RESCATE

> ²¹ Mientras tanto, la gente esperaba a que Zacarías saliera del santuario y se preguntaba por qué tardaba tanto. ²² Cuando por fin salió, no podía hablarles. Entonces, por las señas que hacía y su silencio, se dieron cuenta de que seguramente había tenido una visión en el santuario.
>
> ²³ Cuando Zacarías terminó su semana de servicio en el templo, regresó a su casa. ²⁴ Poco tiempo después, su esposa, Elisabet, quedó embarazada y permaneció recluida en su casa durante cinco meses. ²⁵ «¡Qué bondadoso es el Señor! —exclamó ella—. Me ha quitado la vergüenza de no tener hijos».

Zacarías era sacerdote en el templo. Un día, estaba haciendo su trabajo allí y un ángel, uno de los mensajeros espirituales de Dios, fue a hablar con él. El ángel se mostró en forma humana para hablarle. Dijo que Zacarías y Elisabet tendrían un hijo y que debían llamarlo Juan. En los idiomas hebreo y arameo, Juan significa 'Dios ha mostrado gracia¹⁷²'.

El ángel le dijo a Zacarías cuál sería el trabajo de Juan. Él sería el profeta que Malaquías anunció que vendría justo antes del Salvador. El mensaje de Juan ayudaría a las personas a prepararse para el Prometido. El ángel dijo: *preparará*¹⁷³ *a la gente para la venida del Señor*. Afirmó que el Salvador sería el Señor mismo. De algún modo, Dios aparecería entre su pueblo de una manera especial. ¿Cómo haría eso?

Juan fue el hijo que tuvieron Zacarías y Elisabet aunque ambos ya eran de edad avanzada. Dios dijo que tendrían un hijo y eso es lo que sucedió. Algunos días después de que nació Juan, el Espíritu de Dios le dio a Zacarías la capacidad¹⁷⁴ especial de hablar para Dios.

LUCAS 1:67-79

> ⁶⁷ Entonces su padre, Zacarías, se llenó del Espíritu Santo y dio la siguiente profecía:
>
> ⁶⁸ «Alaben al Señor, el Dios de Israel,
>
> porque ha visitado y redimido a su pueblo.
>
> ⁶⁹ Nos envió un poderoso Salvador

---

172. **gracia**: cuando Dios ama, perdona o salva a las personas sin que hayan hecho nada para ganárselo u obtenerlo
173. **preparar**: dejar listo para algo
174. **capacidad**: ser capaz de hacer algo

SESIÓN 14: DIOS ENVIÓ A JUAN PARA PREPARAR A ISRAEL PARA EL SALVADOR

> del linaje real de su siervo David,
>
> 70 como lo prometió
>
> mediante sus santos profetas hace mucho tiempo.
>
> 71 Ahora seremos rescatados de nuestros enemigos
>
> y de todos los que nos odian.
>
> 72 Él ha sido misericordioso con nuestros antepasados
>
> al recordar su pacto sagrado,
>
> 73 el pacto que prometió mediante un juramento
>
> a nuestro antepasado Abraham.
>
> 74 Hemos sido rescatados de nuestros enemigos
>
> para poder servir a Dios sin temor,
>
> 75 en santidad y justicia,
>
> mientras vivamos.
>
> 76 »Y tú, mi pequeño hijo,
>
> serás llamado profeta del Altísimo,
>
> porque prepararás el camino para el Señor.
>
> 77 Dirás a su pueblo cómo encontrar la salvación
>
> mediante el perdón de sus pecados.
>
> 78 Gracias a la tierna misericordia de Dios,
>
> la luz matinal del cielo está a punto de brillar entre nosotros,
>
> 79 para dar luz a los que están en oscuridad y en sombra de muerte,
>
> y para guiarnos al camino de la paz».

Zacarías dijo que las promesas de Dios acerca del Mesías estaban a punto de convertirse en realidad. Dios le había hecho a Abraham la promesa de que todas las familias de la tierra serían bendecidas a través de su familia. El Señor iba a cumplir lo que dijo que haría. Zacarías proclamó: *"Alaben al Señor, el Dios de Israel, porque ha visitado y redimido a su pueblo"*. Redimir significa que otra persona ha pagado el precio por algo que tú debes. Zacarías dijo que eso era lo que Dios iba a hacer.

SU HISTORIA – EL RESCATE

Zacarías también anunció que cuando Juan creciera, le hablaría a la gente acerca de sus pecados y cómo podían ser perdonados[175]. Juan prepararía a la gente para la venida del Salvador.

Zacarías dijo que gracias a la misericordia de Dios, estaba a punto de venir la luz matinal del cielo, que *daría luz a los que están en oscuridad y en sombra de muerte*. Desde el momento en que Adán y Eva habían escuchado las mentiras de Satanás, las tinieblas habían gobernado la tierra. Todos los habitantes de la tierra vivían en oscuridad, lejos de la luz del conocimiento del Señor. Vivían en la *sombra de muerte* porque cuando murieran irían al lugar de muerte. Ahora Dios dijo que su luz estaba a punto de llegar.

Hasta ahora, en toda su historia, Dios ha intentado decir la verdad a las personas. Pudieron ver a su alrededor todas las cosas que él había creado para ellos, les había hablado muchas veces. Había hecho un acuerdo con ellos y les había dado sus leyes. Había vivido en medio de su pueblo, los israelitas. Había enviado sus profetas, y se habían escrito sus palabras. Pero Satanás había trabajado en su contra y dicho mentiras sobre él. Las personas habían elegido creerle a Satanás y no a Dios.

El trabajo de Juan era decirle al pueblo de Israel que Dios estaba a punto de venir. Él iba a venir a las tinieblas para traer luz y verdad. Iba a demostrar que Satanás le había dicho mentiras a la gente. Y Dios iba a mostrar quién es él en realidad de una manera que nunca antes había sucedido. Iba a venir y buscar personas que lo escucharan. Iba a contarles su historia, y a mostrarles quién era realmente, de una manera totalmente nueva. Esto que iba a ocurrir pronto[176] fue lo más importante que sucedió y que sucederá alguna vez.

En el norte de la tierra de Israel había una ciudad llamada Nazaret, una joven llamada María vivía allí. Estaba comprometida[177] con un hombre llamado José, que era descendiente del rey David. María era pecadora, como todas las personas, pero reconocía que era pecadora y estaba separada de Dios, sabía que necesitaba que él la salvara. Era una de las personas judías que esperaba la llegada del Salvador.

---

175. **perdonado**: ser liberado de una deuda que tienes con alguien por hacerle algo malo
176. **pronto**: en un breve período de tiempo
177. **comprometida**: había prometido casarse con alguien

SESIÓN 14: DIOS ENVIÓ A JUAN PARA PREPARAR A ISRAEL PARA EL SALVADOR

Dios envió a un ángel para que hablara con María. Le dijo que Dios la había escogido para que fuera la madre del Salvador.

LUCAS 1:26-33

²⁶ Cuando Elisabet estaba en su sexto mes de embarazo, Dios envió al ángel Gabriel a Nazaret, una aldea de Galilea, ²⁷ a una virgen llamada María. Ella estaba comprometida para casarse con un hombre llamado José, descendiente del rey David. ²⁸ Gabriel se le apareció y dijo: «¡Saludos, mujer favorecida! ¡El Señor está contigo!».

²⁹ Confusa y perturbada, María trató de pensar lo que el ángel quería decir.

³⁰ —No tengas miedo, María —le dijo el ángel—, ¡porque has hallado el favor de Dios! ³¹ Concebirás y darás a luz un hijo, y le pondrás por nombre Jesús. ³² Él será muy grande y lo llamarán Hijo del Altísimo. El Señor Dios le dará el trono de su antepasado David. ³³ Y reinará sobre Israel para siempre; ¡su reino no tendrá fin!

El ángel le dijo a María que cuando su hijo naciera, debería ponerle el nombre Jesús. La palabra Jesús en idioma hebreo es Yeshua, que significa 'Yahveh salva' o 'Dios rescata'. El ángel dijo que Jesús sería el *Hijo del Altísimo*. Sería el Hijo de Dios.

Recuerda que antes dijimos que Dios es tres personas en una. Es Dios el Padre, Dios el Hijo y Dios el Espíritu. El ángel le dijo a María que su hijo sería el Hijo de Dios. Dios es espíritu, y no tiene cuerpo, puede estar en cualquier momento o en cualquier lugar que desee, es el Creador todopoderoso. Ahora el ángel le dijo a María que Dios iba a nacer como un bebé humano. Jesús sería un bebé, pero no sería como ningún otro bebé que hubiera existido antes, este niño sería Dios. El ángel también le dijo a María que su hijo reinaría[178] para siempre.

Unos 600 años antes, Dios había dicho que estas cosas sucederían. Esto es lo que dijo a través de su profeta Isaías.

---

178. **reinar**: gobernar como rey

SU HISTORIA – EL RESCATE

ISAÍAS 9:6

⁵ Pues nos ha nacido un niño,
un hijo se nos ha dado;
el gobierno descansará sobre sus hombros,
y será llamado:
Consejero Maravilloso, Dios Poderoso,
Padre Eterno, Príncipe de Paz.

Dios dijo que *nos ha nacido un niño, un hijo se nos ha dado*. Sería llamado de maneras que mostrarían que es maravilloso, sabio, poderoso, eterno y que traería paz.

María no entendía de qué manera podría tener un bebé. Nunca había tenido relaciones sexuales con un hombre, era virgen. El ángel le dijo que sería algo que Dios haría suceder.

LUCAS 1:34-36

³⁴ —¿Pero cómo podrá suceder esto? —le preguntó María al ángel—. Soy virgen.

³⁵ El ángel le contestó:

—El Espíritu Santo vendrá sobre ti, y el poder del Altísimo te cubrirá con su sombra. Por lo tanto, el bebé que nacerá será santo y será llamado Hijo de Dios. ³⁶ Además, tu parienta Elisabet, ¡quedó embarazada en su vejez! Antes la gente decía que ella era estéril, pero ha concebido un hijo y ya está en su sexto mes de embarazo.Gott war derjenige, der am Anfang den Menschen das Leben gab. Er ist der Einzige, der Leben geben kann. Er sagte, er würde Maria einen Sohn geben. Er würde das Kind in ihr wachsen lassen und es würde auf normale Weise geboren werden. Aber ihr Baby würde kein normales Kind sein. Es würde keinen menschlichen Vater haben. Es würde kein Nachkomme Adams sein, damit es nicht, wie alle anderen Menschen, als Sünder geboren werden würde. Marias erstes Kind sollte der vollkommene Sohn Gottes sein.

Dios fue el único que dio vida a las personas en el principio, es el único que puede crear vida. Anunció que le daría un hijo a María, haría crecer al niño

SESIÓN 14: DIOS ENVIÓ A JUAN PARA PREPARAR A ISRAEL PARA EL SALVADOR

dentro de ella y nacería de la manera normal. Pero su bebé no sería un niño humano normal. No tendría un padre humano, no sería descendiente de Adán, por lo que no nacería pecador como todas las demás personas. Sería el perfecto Hijo de Dios.

María escuchó lo que dijo el ángel, y creyó que Dios haría todo tal como el ángel lo había anunciado.

Uno de los mensajeros de Dios en ese tiempo se llamaba Mateo. Escribió sobre la vida de Jesús en el libro de Mateo en la Biblia. Él comenzó por contar acerca de la familia de Jesús. Lo llamó *Jesús el Mesías*.

MATEO 1:1

¹ El siguiente es un registro de los antepasados de Jesús el Mesías, descendiente de David y de Abraham.

Recuerda que en el idioma hebreo, Mesías significa 'el Salvador prometido de Dios'. Entonces, cuando Mateo llamó a Jesús el Mesías, quiso decir que Jesús es el Prometido de Dios y que tenía una obra especial para hacer.

Mil quinientos años antes, Moisés les había dado a los israelitas un mensaje del Señor. Anunció que un día Dios haría surgir a un profeta del pueblo de Israel. Recuerda que un profeta es alguien que comunica las palabras de Dios.

DEUTERONOMIO 18:15-18

¹⁵ Moisés siguió diciendo: «El Señor su Dios les levantará un profeta como yo de entre sus hermanos israelitas. A él tendrán que escucharlo, ¹⁶ pues eso fue lo que ustedes le pidieron al Señor su Dios cuando estaban reunidos al pie del monte Sinaí. Dijeron: "No queremos oír nunca más la voz del Señor nuestro Dios ni ver este fuego ardiente, porque moriremos".

¹⁷ »Entonces el Señor me dijo: "Lo que el pueblo dice es cierto. ¹⁸ Levantaré un profeta como tú de entre sus hermanos israelitas. Pondré mis palabras en su boca, y él dirá al pueblo todo lo que yo le ordene.

Dios dijo que él pondría sus palabras en la boca de este profeta. También afirmó que este profeta le transmitiría al pueblo todo lo que él le había encomendado que anunciara. Jesús es aquel de quien hablaba. Muchos años antes, dijo algo más acerca del Prometido que iba a venir. David lo escribió en una de sus canciones, o salmos.

SALMOS 110:4

⁴ El Señor ha hecho un juramento y no romperá su promesa: «Tú eres sacerdote para siempre, según el orden de Melquisedec».

Melquisedec fue un sacerdote especial que vivió en el tiempo de Abraham. David dijo que el Prometido también sería un sacerdote especial. Recuerda que el trabajo de los sumos sacerdotes era traer la sangre de los animales para rociarla en la tapa del Arca del Pacto. Hacían esto una vez al año, y tenían que hacerlo todos los años, generación tras generación, para cubrir los pecados del pueblo. Más tarde en la Biblia veremos que Jesús es el Sacerdote especial escogido por Dios. Haría una ofrenda que era mucho mayor que la que cualquier otro sacerdote hubiera entregado.

Unos 700 años antes de que Jesús naciera, el profeta de Dios Isaías escribió esto acerca de él.

> ⁷ Su gobierno y la paz
> nunca tendrán fin.
> Reinará con imparcialidad y justicia desde el trono de su antepasado David
> por toda la eternidad.
> ¡El ferviente compromiso del Señor de los Ejércitos Celestiales
> hará que esto suceda!

Isaías dijo que un descendiente de David vendría a gobernar *con imparcialidad y justicia*[179] *desde el trono de su antepasado David por toda la eternidad.* Jesús era el rey escogido de Dios para gobernar toda la creación, era aquel de quien Isaías había escrito.

Entonces Jesús, el Cristo, sería escogido por Dios para ser su Profeta, Sacerdote y Rey.

---

179. **justicia**: ser íntegro y verdadero

SESIÓN 14: DIOS ENVIÓ A JUAN PARA PREPARAR A ISRAEL PARA EL SALVADOR

Aquí hemos leído solo algunas de las cosas que Moisés, David e Isaías dijeron de Jesús, pero se escribió mucho más sobre él en el Antiguo Testamento. Se dijeron muchas cosas acerca de la familia de Jesús, su nacimiento, su vida, qué clase de persona sería y cómo moriría. Dios no vive en el tiempo como nosotros. Sabe lo que va a suceder en el futuro. Estableció esas cosas acerca de Jesús en su historia mucho tiempo antes de que sucedieran. Dios sabe todas las cosas, y cuando dice que algo sucederá, siempre sucede.

1. ¿Cuáles fueron algunas de las cosas que sucedieron en el mundo durante los 400 años después de Malaquías?

2. ¿Cómo crees que se sintieron Zacarías y Elisabet cuando se enteraron de que el Mesías estaba a punto de venir?

3. ¿Por qué Mateo lo llamó Jesús el Mesías?

4. ¿Cuáles son algunas otras cosas que los profetas del Antiguo Testamento dijeron acerca de Jesús, el Prometido?

SESIÓN 15

JESÚS NACIÓ Y CRECIÓ. JESÚS FUE BAUTIZADO.

Ahora la palabra de Dios nos cuenta acerca de cuando nació Jesús el Mesías.

MATEO 1:18-25

[18] Este es el relato de cómo nació Jesús el Mesías. Su madre, María, estaba comprometida para casarse con José, pero antes de que la boda se realizara, mientras todavía era virgen, quedó embarazada mediante el poder del Espíritu Santo. [19] José, su prometido, era un hombre bueno y no quiso avergonzarla en público; por lo tanto, decidió romper el compromiso en privado.

[20] Mientras consideraba esa posibilidad, un ángel del Señor se le apareció en un sueño. «José, hijo de David —le dijo el ángel—, no tengas miedo de recibir a María por esposa, porque el niño que lleva dentro de ella fue concebido por el Espíritu Santo. [21] Y tendrá un hijo y lo llamarás Jesús, porque él salvará a su pueblo de sus pecados».

[22] Todo eso sucedió para que se cumpliera el mensaje del Señor a través de su profeta:

[23] «¡Miren! ¡La virgen concebirá un niño!

SU HISTORIA – EL RESCATE

> Dará a luz un hijo,
>
> y lo llamarán Emanuel,
>
> que significa "Dios está con nosotros"».
>
> 24 Cuando José despertó, hizo como el ángel del Señor le había ordenado y recibió a María por esposa, 25 pero no tuvo relaciones sexuales con ella hasta que nació su hijo; y José le puso por nombre Jesús.

María estaba comprometida con un hombre llamado José. La ley judía decía que estar comprometido con alguien significaba que habían hecho un acuerdo muy firme de casarse. El compromiso no podía romperse tan fácilmente. Tenían que divorciarse[180] para romper su compromiso. Mientras José y María estaban comprometidos, ella vivía en la casa de su familia. Más tarde, después de que ella y José se casaran, María se mudaría a la casa de José.

José y María no habían tenido relaciones sexuales, pero José se enteró de que María estaba embarazada[181]. Entonces pensó que ella se había acostado[182] con otro hombre. Cuando una mujer judía hacía eso, se consideraba algo muy malo. A veces la gente mataba a la mujer que hacía eso. Pero la palabra de Dios dice que José era un hombre bueno y no quería *avergonzarla en público*, es decir, no quería que todos se enteraran porque entonces María se sentiría muy humillada. Entonces, decidió romper el compromiso en privado.

Pero parte del plan del Señor era que José se casara con María. Él sabía que José cuidaría de María y de su hijo especial, así que envió a un ángel para que hablara con José y le contara acerca del hijo de su prometida. El ángel de Dios le dijo a José claramente que María no había roto su acuerdo de compromiso. Afirmó que María estaba embarazada porque Dios, no un hombre, había hecho que esto sucediera. El ángel le dijo a José que el niño se llamaría Jesús. Recuerda que, en idioma hebreo, Jesús es *Yeshua*, que significa 'Yahveh salva'. El ángel dijo que se llamaría Jesús porque salvaría al pueblo de sus pecados.

El ángel también anunció que el bebé se llamaría *Emanuel*. Este nombre viene de dos palabras hebreas que significan 'Dios' y 'con nosotros'. Por eso Emanuel

---

180. **divorcio**: la resolución legal de un juez o un tribunal de romper un acuerdo matrimonial
181. **embarazada**: iba a tener un bebé
182. **acostarse**: tener relaciones sexuales

SESIÓN 15: JESÚS NACIÓ Y CRECIÓ.

significa 'Dios está con nosotros'. El profeta Isaías escribió acerca de todo esto unos 700 años antes:

ISAÍAS 7:14

¹⁴ Muy bien, el Señor mismo les dará la señal. ¡Miren! ¡La virgen concebirá un niño! Dará a luz un hijo y lo llamarán Emanuel (que significa 'Dios está con nosotros").

José creyó que lo que le dijo el ángel de Dios era cierto, así que hizo lo que este le indicó. Se casó con María, pero no tuvo relaciones sexuales con ella hasta después de que nació el bebé. Cuando el bebé nació, le puso por nombre Jesús.

La historia de Dios escrita por Mateo ahora nos cuenta lo que sucedió cuando nació Jesús. José y María estaban lejos de su ciudad natal, Nazaret, cuando llegó el momento de que el bebé naciera. Los romanos estaban haciendo un censo para obtener información acerca de las personas a quienes gobernaban. Les dijeron a todos que fueran a su propia ciudad para ser censados. José pertenecía a la familia de David, así que tuvo que ir a Belén, que era la ciudad de su antepasado. Por eso Jesús nació en Belén, que actualmente está ubicada en el territorio palestino de Cisjordania.

MATEO 2:1-18

¹ Jesús nació en Belén de Judea durante el reinado de Herodes. Por ese tiempo, algunos sabios de países del oriente llegaron a Jerusalén y preguntaron: ² «¿Dónde está el rey de los judíos que acaba de nacer? Vimos su estrella mientras salía y hemos venido a adorarlo».

³ Cuando el rey Herodes oyó eso, se perturbó profundamente igual que todos en Jerusalén. ⁴ Mandó llamar a los principales sacerdotes y maestros de la ley religiosa y les preguntó:

—¿Dónde se supone que nacerá el Mesías?

⁵ —En Belén de Judea —le dijeron— porque eso es lo que escribió el profeta:

⁶ "Y tú, oh Belén, en la tierra de Judá,

no eres la menor entre las ciudades reinantes de Judá,

porque de ti saldrá un gobernante

que será el pastor de mi pueblo Israel".

⁷ Luego Herodes convocó a los sabios a una reunión privada y, por medio de ellos, se enteró del momento en el que había

aparecido la estrella por primera vez. ⁸ Entonces les dijo: «Vayan a Belén y busquen al niño con esmero. Cuando lo encuentren, vuelvan y díganme dónde está para que yo también vaya y lo adore».

⁹ Después de esa reunión, los sabios siguieron su camino, y la estrella que habían visto en el oriente los guió hasta Belén. Iba delante de ellos y se detuvo sobre el lugar donde estaba el niño. ¹⁰ Cuando vieron la estrella, ¡se llenaron de alegría! ¹¹ Entraron en la casa y vieron al niño con su madre, María, y se inclinaron y lo adoraron. Luego abrieron sus cofres de tesoro y le dieron regalos de oro, incienso y mirra.

¹² Cuando llegó el momento de irse, volvieron a su tierra por otro camino, ya que Dios les advirtió en un sueño que no regresaran a Herodes.

¹³ Después de que los sabios se fueron, un ángel del Señor se le apareció a José en un sueño. «¡Levántate! Huye a Egipto con el niño y su madre —dijo el ángel—. Quédate allí hasta que yo te diga que regreses, porque Herodes buscará al niño para matarlo».

¹⁴ Esa noche José salió para Egipto con el niño y con María, su madre, ¹⁵ y se quedaron allí hasta la muerte de Herodes. Así se cumplió lo que el Señor había dicho por medio del profeta: «De Egipto llamé a mi Hijo».

¹⁶ Cuando Herodes se dio cuenta de que los sabios se habían burlado de él, se puso furioso. Entonces, basado en lo que dijeron los sabios sobre la primera aparición de la estrella, Herodes envió soldados para matar a todos los niños que vivieran en Belén y en sus alrededores y que tuvieran dos años o menos. ¹⁷ Esta acción brutal cumplió lo que Dios había anunciado por medio del profeta Jeremías:

¹⁸ «En Ramá se oyó una voz,

llanto y gran lamento.

Raquel llora por sus hijos,

se niega a que la consuelen,

porque están muertos».

Algunos hombres sabios del este de Palestina llegaron a Jerusalén. Estaban siguiendo una estrella que vieron en el cielo donde vivían. La estrella era una

SESIÓN 15: JESÚS NACIÓ Y CRECIÓ.

señal que conocían los sabios, sabían que esta estrella especial en el cielo significaba que había nacido un bebé que sería el *rey de los judíos*. Entonces los sabios fueron a Jerusalén para averiguar acerca de este bebé.

En ese momento, había un rey que gobernaba los territorios judíos. Su nombre era Herodes. Los romanos lo habían convertido en rey de los judíos. Herodes escuchó lo que los sabios habían dicho acerca de un bebé que nacería y sería rey de su pueblo. Herodes pensó que este bebé podría ocupar su lugar como rey cuando creciera, así que reunió a todos los expertos religiosos judíos[183], que eran los sumos sacerdotes[184] y los escribas[185], para preguntarles dónde nacería el Mesías. Los expertos religiosos le hablaron a Herodes acerca de algo que estaba escrito en el Antiguo Testamento. Decía que un líder y pastor de Israel nacería en Belén. Herodes les dijo a los hombres sabios que fueran a Belén a buscar al niño. Afirmó que quería adorar al nuevo rey, les dijo que regresaran y le avisaran cuando encontraran al niño en Belén.

Los sabios siguieron la estrella hasta la casa donde estaba Jesús. Le dieron regalos y lo adoraron como el nuevo rey. Dios les dijo a los sabios en un sueño que no debían regresar donde estaba Herodes, entonces regresaron a su casa por otro camino.

Uno de los ángeles de Dios le advirtió a José que Herodes los estaba buscando. El ángel dijo que José debía irse rápidamente con María y Jesús a Egipto. Se fueron justo a tiempo, porque Herodes estaba enojado y no quería que este nuevo rey tomara su lugar. Así que les ordenó a las personas de su pueblo que matara a todos los niños de Belén menores de dos años. Dios sabía que esto iba a suceder, el profeta Jeremías había escrito sobre esto. Podemos estar seguros de que Satanás quería que todos estos bebés murieran, porque él no quería que viniera el Salvador. Sabía acerca del plan de Dios de enviar a un hombre para destruirlo y gobernar sobre todas las personas de la tierra, Satanás quería detener el plan de salvación de Dios.

Más tarde, después de que murió Herodes, Dios le indicó a José que era el momento de irse de Egipto. Entonces José, María y Jesús regresaron a Israel, a su ciudad natal de Nazaret. Uno de los hombres que escribió la historia de Dios en

---

183. expertos religiosos judíos: personas que conocían todas las reglas y las leyes de los judíos
184. **sumo sacerdote**: el líder de los sacerdotes
185. **escribas**: líderes religiosos judíos que eran expertos en la ley judía y podían leer y escribir

SU HISTORIA – EL RESCATE

ese momento se llamó Lucas. Él escribió acerca de cómo Dios estaba con Jesús mientras crecía en Nazaret.

LUCAS 2:40

⁴⁰ Allí el niño crecía sano y fuerte. Estaba lleno de sabiduría, y el favor de Dios estaba sobre él.

Lucas también escribió acerca de algo que sucedió cuando Jesús tenía doce años. Fue con José y María a Jerusalén para el festival de la Pascua, que se celebraba una vez al año en esa ciudad. En esta celebración, el pueblo judío recordaba cómo Dios había dado muerte a los primeros hijos varones y las primeras crías macho de los animales de todas las casas egipcias. Recordaban cómo había pasado de largo por las casas de los israelitas que habían colocado sangre en los marcos de las puertas de sus casas.

LUCAS 2:41-52

⁴¹ Cada año, los padres de Jesús iban a Jerusalén para el festival de la Pascua. ⁴² Cuando Jesús tenía doce años, asistieron al festival como siempre. ⁴³ Una vez terminada la celebración, emprendieron el regreso a Nazaret, pero Jesús se quedó en Jerusalén. Al principio, sus padres no se dieron cuenta, ⁴⁴ porque creyeron que estaba entre los otros viajeros; pero cuando se hizo de noche y no aparecía, comenzaron a buscarlo entre sus parientes y amigos.

⁴⁵ Como no pudieron encontrarlo, regresaron a Jerusalén para buscarlo allí. ⁴⁶ Tres días después, por fin lo encontraron en el templo, sentado entre los maestros religiosos, escuchándolos y haciéndoles preguntas. ⁴⁷ Todos los que lo oían quedaban asombrados de su entendimiento y de sus respuestas.

⁴⁸ Sus padres no sabían qué pensar.

—Hijo, ¿por qué nos has hecho esto? —le dijo su madre—. Tu padre y yo hemos estado desesperados buscándote por todas partes.

⁴⁹ —¿Pero por qué tuvieron que buscarme? —les preguntó—. ¿No sabían que tengo que estar en la casa de mi Padre?

⁵⁰ Pero ellos no entendieron lo que les quiso decir.

⁵¹ Luego regresó con sus padres a Nazaret, y vivió en obediencia a ellos. Y su madre guardó todas esas cosas en el corazón.

SESIÓN 15: JESÚS NACIÓ Y CRECIÓ.

⁵² Jesús crecía en sabiduría y en estatura, y en el favor de Dios y de toda la gente.

Una vez que terminó el festival en Jerusalén, José y María emprendieron el regreso a Nazaret. Estaban con un gran grupo de otros judíos, por lo que no se dieron cuenta de que Jesús no estaba con el grupo. Al final del día, vieron que Jesús no estaba con ellos, así que regresaron a Jerusalén y allí lo encontraron. Jesús estaba sentado en el templo hablando con los líderes religiosos judíos. La palabra de Dios dice que José, María y todos los demás estaban *asombrados de su entendimiento y de sus respuestas*, estaban muy sorprendidos[186] porque Jesús conocía muy bien la palabra de Dios. Estaban asombrados[187] de que supiera tanto al ser un niño de solo doce años. Jesús sabía estas cosas porque era el Hijo de Dios.

María le preguntó a Jesús por qué había hecho esto. Él le preguntó por qué lo habían buscado. Dijo que deberían haber sabido que estaría en la casa de su Padre. Jesús quería que recordaran quién era él en realidad, el Hijo de Dios. El templo era la casa de Dios entre los judíos. Jesús dijo que estaba en la casa de su Padre, les estaba diciendo que Dios era su Padre.

Ahora la palabra de Dios nos habla un poco más acerca de Juan. Recuerda que Dios le había dado a Juan el trabajo de preparar al pueblo de Israel para la llegada del Mesías. Mateo escribió acerca de lo que Juan le dijo a la gente.

MATEO 3:1-6

¹ En esos días, Juan el Bautista llegó al desierto de Judea y comenzó a predicar. Su mensaje era el siguiente: ² «Arrepiéntanse de sus pecados y vuelvan a Dios, porque el reino del cielo está cerca». ³ El profeta Isaías se refería a Juan cuando dijo:

«Es una voz que clama en el desierto

"¡Preparen el camino para la venida del Señor!

¡Ábranle camino!"».

⁴ Juan usaba ropa tejida con pelo rústico de camello y llevaba puesto un cinturón de cuero alrededor de la cintura. Se alimentaba con langostas y miel silvestre. ⁵ Gente de Jerusalén, de toda Judea y de todo el valle del Jordán salía para ver y

---

186. **sorprendido**: ver algo que uno no espera ver
187. **asombrado**: estar muy sorprendido acerca de algo que uno ve

escuchar a Juan; ⁶ y cuando confesaban sus pecados, él las bautizaba en el río Jordán.

Juan vivía en el desierto, en una zona al noreste de Jerusalén, cerca del río Jordán. Se vestía con ropa hecha de pelo de camello[188], y se alimentaba con miel silvestre y langostas. Anunciaba la palabra de Dios a las personas. Gente de lugares lejanos escuchaba hablar de él, muchos venían a escuchar lo que Juan predicaba. Él les explicaba que debían *arrepentirse*, lo cual significa cambiar la manera de pensar y verse a uno mismo del mismo modo que Dios nos ve. Juan le estaba diciendo a la gente que dejara de intentar obedecer todas las leyes de Dios, porque eso era imposible. Dios quería que las personas entendieran que eran pecadores y que necesitaban que él los salvara de tener que pagar por sus pecados. Envió a Juan para que le dijera a la gente estas cosas.

El profeta Isaías escribió acerca de Juan, y Mateo repitió las palabras de Dios que Isaías había escrito muchos años antes: "*¡Preparen el camino para la venida del Señor!*

¡Ábranle camino!". Este mensaje era acerca de Juan y su trabajo para preparar al pueblo de Israel para la llegada del Salvador.

La palabra de Dios dice que cada vez más personas se acercaban a escuchar el mensaje de Juan. Venían de Jerusalén y de todo el valle del Jordán. Muchas personas escucharon lo que dijo Juan y creyeron que era cierto. Reconocieron que eran pecadores y que necesitaban que Dios los salvara. Después de que aceptaron lo que dijo Juan, la Biblia menciona que él los bautizaba en el río Jordán. Esto significa que los ayudaba a sumergirse en el agua y luego volver a levantarse. Hacían esto como una señal de que se habían arrepentido, habían reconocido ante Dios que eran pecadores y que esperaban que él los salvara. Estaban preparados y esperaban que llegara el Mesías.

MATEO 3:7-10

⁷ Cuando Juan vio que muchos fariseos y saduceos venían a mirarlo bautizar, los enfrentó. «¡Camada de víboras! —exclamó—. ¿Quién les advirtió que huyeran de la ira divina que se acerca? ⁸ Demuestren con su forma de vivir que se han arrepentido de sus pecados y han vuelto a Dios. ⁹ No se digan simplemente el uno al otro: "Estamos a salvo porque somos descendientes de Abraham". Eso no significa nada, porque les

---

188 **camello**: animal grande y peludo con patas y cuello largos que puede vivir en lugares muy secos

SESIÓN 15: JESÚS NACIÓ Y CRECIÓ.

> digo que Dios puede crear hijos de Abraham de estas piedras. ¹⁰ Ahora mismo el hacha del juicio de Dios está lista para cortar las raíces de los árboles. Así es, todo árbol que no produzca buenos frutos será cortado y arrojado al fuego.

No todos los que venían a escuchar a Juan creían lo que decía. Mateo escribió que muchos fariseos y saduceos se acercaban a escucharlo. Los fariseos eran líderes religiosos de los judíos, enseñaban al pueblo que tratara de obedecer todas las leyes de Dios y las leyes que los mismos judíos habían establecido. Los saduceos eran los líderes religiosos del templo y los sacerdotes judíos, pensaban que Dios estaría satisfecho con ellos solo porque eran descendientes de Abraham. Los fariseos y los saduceos tenían mucho poder sobre el pueblo.

Juan sabía que los fariseos y los saduceos no estaban de acuerdo con Dios. Él les habló y les dijo que eran como víboras que intentaban huir de la ira del Señor. Él conoce lo que las personas piensan en realidad. Sabía que estos hombres religiosos no creían realmente que eran pecadores o que necesitaban que Dios los salvara, pero Juan les dio el mensaje de Dios. Les dijo que Dios los cortaría como árboles frutales que no producían ningún fruto.

Cuando Juan bautizaba a las personas, hablaba acerca de alguien que iba a venir pronto.

MATEO 3:11-12

> ¹¹ »Yo bautizo con agua a los que se arrepienten de sus pecados y vuelven a Dios, pero pronto viene alguien que es superior a mí, tan superior que ni siquiera soy digno de ser su esclavo y llevarle las sandalias. Él los bautizará con el Espíritu Santo y con fuego. ¹² Está listo para separar el trigo de la paja con su rastrillo. Luego limpiará la zona donde se trilla y juntará el trigo en su granero, pero quemará la paja en un fuego interminable».

Juan dijo que los bautizaba en el agua del río Jordán, para demostrar que se habían arrepentido, que reconocían ante Dios que eran pecadores. Pero dijo que el Prometido sería muy superior a él. Aquel que iba a venir bautizaría a las personas con el Espíritu Santo y con fuego. El significado de esto se aclara más adelante en la palabra de Dios.

SU HISTORIA – EL RESCATE

Juan predicó que el que venía separaría a las personas entre las que realmente creían que lo que Dios decía era cierto y las que no creían en realidad. Anunció que el Mesías enviaría a las personas que no creían en Dios para ser quemadas por un fuego interminable, esto significa que los que no creían en lo que el Señor decía serían castigados para siempre.

MATEO 3:13-17

¹³ Luego Jesús fue de Galilea al río Jordán para que Juan lo bautizara, ¹⁴ pero Juan intentó convencerlo de que no lo hiciera.

—Yo soy el que necesita que tú me bautices —dijo Juan—, entonces, ¿por qué vienes tú a mí?

¹⁵ Pero Jesús le dijo:

—Así debe hacerse, porque tenemos que cumplir con todo lo que Dios exige.

Entonces Juan aceptó bautizarlo.

¹⁶ Después del bautismo, mientras Jesús salía del agua, los cielos se abrieron y vio al Espíritu de Dios que descendía sobre él como una paloma. ¹⁷ Y una voz dijo desde el cielo: «es mi Hijo muy amado, quien me da gran gozo».

Jesús fue para que Juan lo bautizara. ¿Por qué hizo esto? Juan bautizaba a las personas que reconocían ante Dios que eran pecadores, pero Jesús nunca había pecado. Jamás había hecho nada para desobedecer las leyes perfectas de su Padre. Jesús era como Dios en su manera de pensar y actuar, siempre hacía lo que el Señor quería que hiciera. Entonces, ¿por qué fue a bautizarse?

Juan le hizo la misma pregunta a Jesús, y le dijo que debería bautizarlo a él.

SESIÓN 15: JESÚS NACIÓ Y CRECIÓ.

Jesús le dijo a Juan que debía bautizarse porque esto era lo que Dios quería. Aunque no necesitaba arrepentirse, Jesús quería hacer todo lo que el Señor mandaba. Si no lo hacía, la gente podría pensar que no obedecía a Dios en todo. Así que Juan lo bautizó.

Mateo escribió acerca de lo que sucedió justo después de que Jesús salió del agua. El Espíritu de Dios descendió como una paloma[189] y se posó sobre Jesús. Esta fue una señal de que Jesús pasaría su vida siempre cerca de Dios. En todo tiempo confiaría en la guía y el cuidado de su Padre. El Espíritu de Dios le daría sabiduría y fortaleza para hacer el trabajo que el Señor quería que hiciera.

Dios el Padre vio que Jesús obedecía todo lo que él había dicho. Quería que la gente supiera lo que él pensaba acerca de Jesús, y declaró: *"Este es mi Hijo muy amado, quien me da gran gozo"*. Dios estaba completamente satisfecho con todo acerca de Jesús, y lo amaba mucho.

Otro hombre que escribió acerca de la vida de Jesús en la palabra de Dios se llamó Juan. Es otro Juan, no el que bautizaba a la gente en el río Jordán. Escribió acerca de algo que sucedió el día después de que Jesús fue bautizado.

JUAN 1:29

²⁹ Al día siguiente, Juan vio que Jesús se le acercaba y dijo: «¡Miren! ¡El Cordero de Dios, que quita el pecado del mundo!

Juan llamó a Jesús *el Cordero de Dios, que quita el pecado del mundo*. Durante más de mil años, el pueblo de Israel había matado corderos en el tabernáculo y en el templo. Una vez al año, la sangre de los corderos se rociaba sobre el Arca del Pacto en el Lugar Santísimo en el templo. Dios le había dicho al pueblo que hicieran esto para demostrar que reconocían ante él que debían morir por sus pecados. Los animales morían en su lugar para que ellos no tuvieran que morir. Entonces, ¿por qué Juan llamó a Jesús 'el Cordero de Dios'?

Juan estaba diciendo claramente que Jesús sería sacrificado para pagar por el pecado. Su sacrificio no sería solo por los pecados del pueblo de Israel, sino que quitaría los pecados de todo el mundo.

---

189. **paloma**: un pájaro que es una señal o un símbolo de la paz

1. La historia de Dios dice que un ángel fue a hablar con José. ¿Qué son los ángeles?

2. ¿Qué nos dicen los nombres Jesús y Emanuel acerca de Jesús y la obra que él iba a hacer?

3. ¿Qué significa cuando alguien se arrepiente?

4. ¿Por qué Jesús quería que Juan lo bautizara?

5. Cuando Juan llamó a Jesús el Cordero de Dios, ¿qué quiso decir con eso?

6. ¿Crees que el pueblo judío entendió lo que Juan quiso decir al llamar a Jesús el 'Cordero de Dios'? ¿Por qué?

SESIÓN 16

JESÚS COMENZÓ SU TRABAJO

Mateo escribió en la palabra de Dios acerca de algo que le sucedió a Jesús.

MATEO 4:1-11

¹ Luego el Espíritu llevó a Jesús al desierto para que allí lo tentara el diablo. ² Durante cuarenta días y cuarenta noches ayunó y después tuvo mucha hambre.

³ En ese tiempo, el diablo se le acercó y le dijo:

—Si eres el Hijo de Dios, di a estas piedras que se conviertan en pan.

⁴ Jesús le dijo:

—¡No! Las Escrituras dicen:

"La gente no vive solo de pan,

sino de cada palabra que sale de la boca de Dios".

⁵ Después el diablo lo llevó a la santa ciudad, Jerusalén, al punto más alto del templo, ⁶ y dijo:

—Si eres el Hijo de Dios, ¡tírate! Pues las Escrituras dicen:

"Él ordenará a sus ángeles que te protejan.

SU HISTORIA – EL RESCATE

Y te sostendrán con sus manos

para que ni siquiera te lastimes el pie con una piedra".

⁷ Jesús le respondió:

—Las Escrituras también dicen: "No pondrás a prueba al Señor tu Dios".

⁸ Luego el diablo lo llevó a la cima de una montaña muy alta y le mostró todos los reinos del mundo y la gloria que hay en ellos.

⁹ —Te daré todo esto —dijo— si te arrodillas y me adoras.

¹⁰ —Vete de aquí, Satanás —le dijo Jesús—, porque las Escrituras dicen:

"Adora al Señor tu Dios

y sírvele únicamente a él".

¹¹ Entonces el diablo se fue, y llegaron ángeles a cuidar a Jesús.

El Espíritu de Dios guiaba a Jesús. Después de que fue bautizado, se le permitió ir al desierto, donde se quedó durante cuarenta días sin comer ningún alimento. Jesús tenía un cuerpo, como nosotros, así que tuvo mucha, mucha hambre. Satanás vino a hablar con él. Mateo llama a Satanás *el diablo*, que es otro de sus nombres.

Jesús no había comido ningún alimento durante unas seis semanas. Estaba muy débil y hambriento, a solas en el desierto. No sabemos qué aspecto tenía Satanás o si se mostró físicamente a Jesús, pero la palabra de Dios dice que el diablo comenzó a hablar con él. Le dijo: *"Si eres el Hijo de Dios, di a estas piedras que se conviertan en pan"*. Satanás sabía que Jesús tenía muchísima hambre, quería que pensara en sus necesidades y tomara alimentos. Quería que hiciera algo que Dios no le había indicado. Deseaba que lo escuchara a él y no a Dios, intentaba engañarlo. Era algo similar a lo que había hecho con Adán y Eva, con la diferencia de que Jesús sabía lo que el diablo trataba de hacer. Entonces, Jesús citó algunas palabras que están escritas en la palabra de Dios en el Antiguo Testamento, en el libro de Deuteronomio.

DEUTERONOMIO 8:3

³ Sí, te humilló permitiendo que pasaras hambre y luego alimentándote con maná, un alimento que ni tú ni tus antepasados conocían hasta ese momento. Lo hizo para enseñarte que

la gente no vive solo de pan, sino que vivimos de cada palabra que sale de la boca del Señor.

Jesús no usaría su gran poder para su propio beneficio. La obra que Dios quería que hiciera era para los demás, no para sí mismo, y Jesús no se dejaría guiar por el enemigo de Dios. Las palabras que citó de Deuteronomio las dijo primero Moisés muchos años antes. Cuando pronunció estas palabras, estaba recordando cómo Dios llevó al pueblo de Israel al desierto durante cuarenta años. En ese momento, el Señor les estaba mostrando a los israelitas que debían confiar en él y en su cuidado. Quería que supieran que las cosas como el alimento no son lo más importante en la vida. Deseaba que confiaran en que él cuidaría de ellos en todos los aspectos de sus vidas. Dios es el único que puede dar vida, y desea que las personas sepan que él puede cuidar de ellos.

Luego la palabra de Dios dice que Satanás llevó a Jesús al punto más alto en el techo del templo en Jerusalén. No conocemos cómo lo hizo, pero sabemos que es cierto. Satanás es muy poderoso y puede hacer cosas como esa. Luego le pidió a Jesús que saltara desde el techo para ver si los ángeles de Dios lo salvaban. Usó algunas de las palabras de Dios escritas acerca de Jesús en los Salmos.

SALMOS 91:11,12

¹¹ Pues él ordenará a sus ángeles

que te protejan por donde vayas.

¹² Te sostendrán con sus manos

para que ni siquiera te lastimes el pie con una piedra.

Satanás quería que Jesús saltara para ver si Dios lo salvaba. Si hubiera saltado del techo del templo, esto habría demostrado que en realidad no confiaba en Dios. Habría puesto a prueba a su Padre para ver si realmente lo amaba. Satanás usó las palabras de Dios, pero con ellas intentaba engañar a Jesús.

Sin embargo, Jesús no escuchó a Satanás. Sabía que Dios lo amaba y cuidaba siempre de él. No necesitaba que su Padre le demostrara nada. Para responderle a Satanás, repitió algunas otras palabras de Moisés que están escritas en el Antiguo Testamento: *"Las Escrituras también dicen: 'No pondrás a prueba al Señor tu Dios'"*. Moisés había pronunciado esas palabras cuando los israelitas le pedían a Dios que les diera agua en el desierto. Tanto Moisés como Jesús estaban diciendo que está mal poner a prueba al Señor de esa manera. Es un error intentar hacer que Dios haga algo que creemos que debe hacer. Dios siempre hace lo correcto. Entonces las personas pueden esperar y confiar en que él hará lo correcto, y eso es lo que hizo Jesús.

Después dice que Satanás llevó a Jesús a una montaña alta, desde donde podían ver *todos los reinos del mundo y la gloria que hay en ellos*. Satanás le estaba mostrando a Jesús todo el poder y la riqueza que había obtenido la gente. Desde que Adán y Eva desobedecieron a Dios en el jardín, Satanás se convirtió en el falso gobernante de la tierra. Le dijo a Jesús que podía darle todo el poder y la riqueza del mundo. Le pidió que se postrara y lo adorara, entonces podría tener todas esas cosas.

Jesús no escuchó a Satanás en absoluto, sabía que Dios tenía otro trabajo para él. No eligió tener todo el poder y la riqueza del mundo, solo quería hacer la voluntad de Dios. Por eso le exigió a Satanás que se fuera y a continuación citó algunas palabras más de Deuteronomio: *"Vete de aquí, Satanás —le dijo Jesús—, porque las Escrituras dicen: 'Adora al Señor tu Dios y sírvele únicamente a él'"*.

En el principio, Satanás demostró que quería que las personas lo adoraran a él y no a Dios. Por eso engañó a Adán y Eva, quienes lo escucharon y desobedecieron al Señor. Pero Jesús no escuchó al enemigo, se concentró en el trabajo que Dios quería que hiciera. Él sabía que su ministerio sería muy difícil, pero eligió hacer la obra de Dios de todos modos, y así demostró que no iba a desobedecerlo.

Dios envió a Jesús para que fuera su Cordero, para salvar a las personas de sus pecados. Iba a ser el Salvador de todas las personas del mundo, pero solo podía hacer esa obra si nunca pecaba ni desobedecía a Dios. Solo un hombre perfecto podía ser el Profeta, Sacerdote y Rey especial escogido de Dios, quien podía salvar a la gente de Satanás, el pecado y la muerte. Por eso Satanás intentó que Jesús cayera en la tentación de desobedecer a Dios, no quería que él pudiera hacer la obra que el Señor le había encomendado.

Pero esta es la historia de Dios y su plan de salvación, y él siempre hace lo que dice que va a hacer. Jesús es el Hijo de Dios, y por eso también siempre hace lo que dice que va a hacer.

Después de que Jesús le dijo a Satanás que se fuera, el diablo se marchó. Entonces la palabra dice que los ángeles de Dios vinieron a cuidar a Jesús. En la lucha

SESIÓN 16: JESÚS COMENZÓ SU TRABAJO

contra Satanás, el Hijo de Dios fue el ganador. Usó las verdaderas palabras del Señor y su fe en él para derrotar al enemigo.

Ahora vamos a leer el relato de la palabra de Dios escrito en el libro de Marcos, quien era otro hombre que vivió en el tiempo de Jesús. Dios escogió a cuatro hombres para que escribieran todas las cosas que le sucedieron al Salvador durante su vida. Sus palabras están escritas en los primeros cuatro libros del Nuevo Testamento: Mateo, Marcos, Lucas y Juan. Estos hombres fueron guiados por el Espíritu de Dios, todo lo que escribieron fue exactamente lo que él quería que expresaran. Estos cuatro libros en la palabra de Dios nos dan una imagen muy clara de la vida y el trabajo de Jesús el Mesías.

MARCOS 1:14,15

¹⁴ Más tarde, después del arresto de Juan, Jesús entró en Galilea, donde predicó la Buena Noticia de Dios. ¹⁵ «¡Por fin ha llegado el tiempo prometido por Dios! —anunciaba—. ¡El reino de Dios está cerca! ¡Arrepiéntanse de sus pecados y crean la Buena Noticia!»

Marcos escribió que Juan fue arrestado[190]. Juan era el hombre que Dios envió para preparar a la gente para la llegada de Jesús, el que lo había bautizado. La palabra de Dios nos cuenta que fue arrestado porque dijo algo en contra del rey Herodes y su manera de vivir. Herodes mantuvo a Juan encarcelado durante un tiempo, luego ordenó que le cortaran la cabeza. Juan había hecho el trabajo que el Señor le había encomendado: le había dicho a la gente que debía arrepentirse. Si reconocían delante de Dios que necesitaban su salvación, Juan los bautizaba. De este modo, había cumplido con el trabajo ordenado por el Señor de preparar a las personas para la venida del Mesías.

En ese momento, Jesús tenía unos 30 años. Marcos escribió que *Jesús entró en Galilea, donde predicó*[191] *la Buena Noticia de Dios.* La buena noticia de Dios era que Jesús era el Mesías que el pueblo judío había estado esperando. Jesús recorrió ciudades y pueblos en el área de Galilea, ubicada en el norte de Palestina. Les dijo a las personas que debían arrepentirse, tal como Juan les había dicho. Jesús quería que supieran que no podían hacer nada para huir[192] de la muerte

---

190. **arrestado**: puesto en una prisión o cárcel
191. **predicar**: enseñar a la gente acerca de Dios
192. **huir**: escapar de algo

que merecían por sus pecados, solo Dios podía pagar la deuda que tenían con él por haberle desobedecido. Solo él podía hacer un camino de regreso a sí mismo para que las personas pudieran volver a tener una relación real y verdadera con su Creador.

Jesús dijo: "«¡*Por fin ha llegado el tiempo prometido por Dios!... ¡El reino de Dios está cerca!*". Quiso decir que había llegado la manera de ser rescatados. Satanás había gobernado la Tierra desde el principio, cuando las personas se apartaron de Dios, pero ahora Jesús estaba diciendo que el dominio de Satanás llegaba a su fin. Dios había hecho muchas promesas de que vendría un Salvador, ahora Jesús anunciaba que el reino de Dios estaba cerca. Él deseaba tener una relación cercana y verdadera con las personas, quería ser su Líder y su Rey. Anhelaba que lo conocieran y disfrutaran de seguir sus caminos. Tenía un plan para salvarlos, y todo esto iba a suceder porque Jesús había venido a predicarles a las personas para que creyeran esta buena noticia de Dios.

MARCOS 1:16-20

¹⁶ Cierto día, mientras Jesús caminaba por la orilla del mar de Galilea, vio a Simón y a su hermano Andrés que echaban la red al agua, porque vivían de la pesca. ¹⁷ Jesús los llamó: «Vengan, síganme, ¡y yo les enseñaré cómo pescar personas!». ¹⁸ Y enseguida dejaron las redes y lo siguieron.

¹⁹ Un poco más adelante por la orilla, Jesús vio a Santiago y a Juan, hijos de Zebedeo, en una barca, reparando las redes. ²⁰ Los llamó de inmediato y ellos también lo siguieron, dejando a su padre Zebedeo en la barca con los hombres contratados.

Marcos escribió acerca de cómo Jesús les pidió a unos hombres llamados Simón y Andrés que lo siguieran. Estos hombres eran dos hermanos que pescaban en un gran lago, llamado mar de Galilea. Jesús les dijo a Simón y Andrés que les enseñaría a *pescar personas*. Quiso decir que les enseñaría cómo traer a las personas a Dios y a él, el Salvador. Dejaron el trabajo que estaban haciendo en los botes y lo siguieron.

Más adelante por la orilla se encontraban otros dos hermanos, Santiago y Juan, quienes estaban reparando sus redes de pesca. Jesús los llamó, y ellos también lo siguieron. Parte del trabajo que Jesús haría durante los próximos tres años sería enseñar a estos hombres, habría otros que también lo seguirían. Quería

SESIÓN 16: JESÚS COMENZÓ SU TRABAJO

contar con algunos hombres que supieran acerca del trabajo que Dios les había encomendado.

Marcos escribió acerca de cómo Jesús comenzó a mostrar a las personas quién era en realidad, el Hijo de Dios, el Mesías prometido.

MARCOS 1:21-39

²¹ Jesús y sus compañeros fueron al pueblo de Capernaúm. Cuando llegó el día de descanso, Jesús entró en la sinagoga y comenzó a enseñar. ²² La gente quedó asombrada de su enseñanza, porque lo hacía con verdadera autoridad, algo completamente diferente de lo que hacían los maestros de la ley religiosa.

²³ De pronto, un hombre en la sinagoga, que estaba poseído por un espíritu maligno, comenzó a gritar: ²⁴ «¿Por qué te entrometes con nosotros, Jesús de Nazaret? ¿Has venido a destruirnos? ¡Yo sé quién eres: el Santo de Dios!».

²⁵ «¡Cállate! —lo interrumpió Jesús y le ordenó—: ¡Sal de este hombre!». ²⁶ En ese mismo momento, el espíritu maligno soltó un alarido, le causó convulsiones al hombre y luego salió de él.

²⁷ El asombro se apoderó de la gente, y todos comenzaron a hablar de lo que había ocurrido. «¿Qué clase de enseñanza nueva es esta? —se preguntaban con emoción—. ¡Tiene tanta autoridad! ¡Hasta los espíritus malignos obedecen sus órdenes!». ²⁸ Las noticias acerca de Jesús corrieron velozmente por toda la región de Galilea.

²⁹ Después Jesús salió de la sinagoga con Santiago y Juan, y fueron a la casa de Simón y Andrés. ³⁰ Resulta que la suegra de Simón estaba enferma en cama con mucha fiebre. Se lo contaron a Jesús de inmediato. ³¹ Él se acercó a la cama, la tomó de la mano y la ayudó a sentarse. Entonces la fiebre se fue, y ella les preparó una comida.

³² Esa tarde, después de la puesta del sol, le llevaron a Jesús muchos enfermos y endemoniados. ³³ El pueblo entero se juntó en la puerta para mirar. ³⁴ Entonces Jesús sanó a mucha gente que padecía de diversas enfermedades y expulsó a muchos demonios, pero como los demonios sabían quién era él, no los dejó hablar.

³⁵ A la mañana siguiente, antes del amanecer, Jesús se levantó y fue a un lugar aislado para orar. ³⁶ Más tarde, Simón y los otros salieron a buscarlo. ³⁷ Cuando lo encontraron, le dijeron:

SU HISTORIA – EL RESCATE

> —Todos te están buscando.
>
> [38] Jesús les respondió:
>
> —Debemos seguir adelante e ir a otras ciudades, y en ellas también predicaré porque para eso he venido.
>
> [39] Así que recorrió toda la región de Galilea, predicando en las sinagogas y expulsando demonios.

Jesús estaba en Capernaúm, un pueblo pesquero en la orilla norte del mar de Galilea, esta era la zona donde vivían Simón, Andrés, Santiago y Juan. Jesús fue a la sinagoga de ese lugar para enseñar en el día de descanso. La sinagoga era el lugar de reunión de los judíos, el día de descanso era el día especial de reposo para los judíos. Las personas que estaban allí se asombraron por cómo Jesús explicó[193] lo que Moisés y los otros profetas habían escrito.

Los escribas ya habían enseñado antes a las personas en la sinagoga. Eran hombres que hacían copias de las palabras de Dios, expertos en las leyes de la religión judía. Siempre trataban de hacer que las personas cumplieran todas las leyes de Dios y todas las otras leyes que ellos mismos habían establecido. Entonces cuando estas personas en la sinagoga escucharon la enseñanza de Jesús, les resultó diferente de lo que habían explicado los escribas. Jesús *enseñaba con verdadera autoridad*. Esto significa que cuando él hablaba, sus palabras eran muy claras y poderosas. *Autoridad* quiere decir que uno tiene derecho a decir algo. Jesús tenía derecho a pronunciar las palabras de Dios, porque era su Hijo.

Un hombre que estaba en la sinagoga estaba poseído por un espíritu maligno. ¿Recuerdas que en el principio muchos ángeles siguieron a Satanás? Algunos de ellos podían vivir en las personas y hacer lo que el diablo les indicara. El espíritu maligno que vivía en este hombre llamó a Jesús a los gritos, le tenía mucho miedo porque sabía quién era Jesús en realidad. Exclamó: *"¡Yo sé quién eres: el Santo de Dios!"* y le preguntó si había venido para destruirlos.

Jesús quería mostrarle a la gente quién era él en realidad, no quería que el espíritu maligno les hablara de él a los demás. Entonces le ordenó al espíritu que se callara y saliera del hombre. Cuando el espíritu salió del hombre, le causó convulsiones[194] y dio un alarido. Las personas quedaron aún más asombradas, al ver que incluso los espíritus malignos tenían que obedecer lo que Jesús decía.

---

193. **explicar**: hablar claramente acerca de algo y su verdadero significado
194. **convulsión**: cuando uno cae al suelo y el cuerpo se sacude involuntariamente

SESIÓN 16: JESÚS COMENZÓ SU TRABAJO

Dios es muchísimo más poderoso que los espíritus malignos, ellos tuvieron que obedecer sus órdenes.

Jesús fue a muchas ciudades y pueblos, habló a las personas en grupos y también de forma individual. Quería que todos vieran que realmente era el Hijo de Dios. Marcos escribió acerca de algunas otras cosas que le sucedieron a Jesús.

MARCOS 1:40-42

⁴⁰ Un hombre con lepra se acercó, se arrodilló ante Jesús y le suplicó que lo sanara.

—Si tú quieres, puedes sanarme y dejarme limpio —dijo.

41 Movido a compasión, Jesús extendió la mano y lo tocó.

—Sí quiero —dijo—. ¡Queda sano!

42 Al instante, la lepra desapareció y el hombre quedó sano.

Un hombre con una enfermedad muy grave en la piel se acercó a Jesús, y le pidió que lo ayudara. Probablemente tenía lepra, una enfermedad peligrosa que se contagiaba fácilmente, entonces los leprosos tenían que vivir fuera de la ciudad, alejados de las personas sanas. La palabra de Dios dice que Jesús fue *movido a compasión*, es decir, que se interesó mucho por este hombre y quiso ayudarlo. Extendió la mano y tocó al hombre, quien enseguida quedó totalmente sano de su enfermedad.

Adondequiera que iba Jesús, sanaba a los enfermos o los poseídos por espíritus malignos. Mateo, Marcos, Lucas y Juan escribieron acerca de las muchas veces que Jesús sanó y ayudó a las personas, pero su verdadero ministerio no era solo sanar los cuerpos enfermos, sino sanar a las personas de su pecado. El leproso no tenía manera de sanarse a sí mismo, solo Dios podía salvarlo, solo Jesús podía sanarlo. Este fue un ejemplo real de cómo Dios es el único que puede salvar a las personas.

1. ¿Qué estaba intentando Satanás que hiciera Jesús? ¿Por qué?

2. ¿Cómo derrotó Jesús a Satanás cuando este intentó que desobedeciera a Dios?

3. Jesús sanó a muchos enfermos. ¿Qué estaba tratando de mostrar a las personas acerca de sí mismo?

4. ¿Por qué los espíritus malignos obedecieron lo que Jesús les ordenó?

SESIÓN 17

JESÚS DIJO QUE LAS PERSONAS DEBEN NACER DE NUEVO

Vamos a leer un poco más acerca de la historia de Dios que escribió Juan, el pescador, hermano de Santiago, a quien Jesús llamó para que lo siguiera. Juan escribió acerca de algo que le sucedió a Jesús.

JUAN 3:1-19

¹ Había un hombre llamado Nicodemo, un líder religioso judío, de los fariseos. ² Una noche, fue a hablar con Jesús:

—Rabí —le dijo—, todos sabemos que Dios te ha enviado para enseñarnos. Las señales milagrosas que haces son la prueba de que Dios está contigo.

³ Jesús le respondió:

—Te digo la verdad, a menos que nazcas de nuevo, no puedes ver el reino de Dios.

⁴ —¿Qué quieres decir? —exclamó Nicodemo—. ¿Cómo puede un hombre mayor volver al vientre de su madre y nacer de nuevo?

⁵ Jesús le contestó:

SU HISTORIA – EL RESCATE

—Te digo la verdad, nadie puede entrar en el reino de Dios si no nace de agua y del Espíritu. ⁶ El ser humano solo puede reproducir la vida humana, pero la vida espiritual nace del Espíritu Santo. ⁷ Así que no te sorprendas cuando digo: "Tienen que nacer de nuevo". ⁸ El viento sopla hacia donde quiere. De la misma manera que oyes el viento pero no sabes de dónde viene ni adónde va, tampoco puedes explicar cómo las personas nacen del Espíritu.

⁹ —¿Cómo es posible todo esto? —preguntó Nicodemo.

¹⁰ Jesús le contestó:

—¿Tú eres un respetado maestro judío y aún no entiendes estas cosas? ¹¹ Te aseguro que les contamos lo que sabemos y hemos visto, y ustedes todavía se niegan a creer nuestro testimonio. ¹² Ahora bien, si no me creen cuando les hablo de cosas terrenales, ¿cómo creerán si les hablo de cosas celestiales? ¹³ Nadie jamás fue al cielo y regresó, pero el Hijo del Hombre bajó del cielo. ¹⁴ Y, así como Moisés levantó la serpiente de bronce en un poste en el desierto, así deberá ser levantado el Hijo del Hombre, ¹⁵ para que todo el que crea en él tenga vida eterna.

¹⁶ »Pues Dios amó tanto al mundo que dio a su único Hijo, para que todo el que crea en él no se pierda, sino que tenga vida eterna. ¹⁷ Dios no envió a su Hijo al mundo para condenar al mundo, sino para salvarlo por medio de él.

¹⁸ »No hay condenación para todo el que cree en él, pero todo el que no cree en él ya ha sido condenado por no haber creído en el único Hijo de Dios. ¹⁹ Esta condenación se basa en el siguiente hecho: la luz de Dios llegó al mundo, pero la gente amó más la oscuridad que la luz, porque sus acciones eran malvadas.

Juan describe una ocasión en la que Jesús habló con un hombre llamado Nicodemo, que era fariseo, es decir, un líder religioso judío. Nicodemo fue a hablar con Jesús de noche, probablemente para que los otros líderes religiosos no lo vieran hablando con él.

A los líderes judíos no les gustaba lo que Jesús enseñaba a la gente. Grandes grupos de personas venían a escucharlo hablar, y él les explicaba a las personas que Dios le había encomendado la tarea de hacer un camino de regreso a Dios. Los

SESIÓN 17: JESÚS DIJO QUE LAS PERSONAS DEBEN NACER DE NUEVO

líderes judíos le habían dicho a la gente que debían obedecer todas sus leyes religiosas. Les decían que, si cumplían las leyes, Dios estaría satisfecho con ellos. Los fariseos tuvieron gran influencia sobre las personas al decirles que debían obedecer todas las leyes judías. Se aprendieron todas las palabras de todas las leyes, eran expertos en lo que decían las leyes, y por eso tenían poder sobre las personas.

Jesús afirmó que todas las personas eran pecadoras y necesitaban la salvación de Dios. Los líderes judíos pensaban que si la gente escuchaba a Jesús, dejarían de escucharlos a ellos y esto los haría perder su influencia sobre el pueblo.

Los fariseos decían mentiras acerca de Jesús. Afirmaban que Satanás lo estaba ayudando a hacer que los espíritus malignos lo obedecieran. Fueron a verlo y le preguntaron acerca de las leyes de Dios, querían hacerle cometer algún error y decir algo incorrecto, pero Jesús conocía todas las palabras de Dios y podía responder todas sus preguntas. La gente estaba comenzando a escuchar a Jesús y no a los líderes judíos.

Así que probablemente sea por este motivo que Nicodemo fue a hablar con Jesús de noche, porque no quería que se enteraran los otros líderes religiosos. Cuando habló con Jesús, lo llamó *Rabí*. El Rabí es un maestro judío que enseña a las personas acerca de Dios. Nicodemo dijo que Jesús había sido enviado por Dios y que sabía que el Señor estaba con él debido a las cosas increíbles que había hecho.

Jesús le dijo a Nicodemo que para ser hijo de Dios y estar bajo su autoridad, tenía que *nacer de nuevo*. Pero ¿qué significaba eso? Nicodemo no lo entendió, y le preguntó cómo alguien podía nacer de nuevo.

Jesús dijo que la única manera de huir del dominio de Satanás, el pecado y la muerte, y ser parte del pueblo de Dios, es nacer de nuevo. Explicó que no se trata de nacer de nuevo en el cuerpo, sino en el espíritu, es algo que solo el Espíritu de Dios puede hacer. Jesús habló del Espíritu de Dios como un viento fuerte, dijo que el viento puede ir donde lo desee. Quiso decir que nacer de nuevo es algo que solo el Espíritu de Dios puede hacer por las personas, sin importar si alguien es o no un experto religioso, solo cuenta lo que realmente cree. El Señor conoce lo que cada persona realmente cree, sabe si la gente realmente piensa que Dios es el único que puede salvarnos.

SU HISTORIA – EL RESCATE

Cuando una persona nace por primera vez, nace fuera del Jardín, como Caín y Abel, trae pecado al nacer y lo tiene en su interior, no puede huir de él. Todos los que han nacido una sola vez están bajo el dominio del enemigo de Dios. Y esto es así para los descendientes de Abraham, como Nicodemo.

El hombre seguía sin entender, Jesús le preguntó por qué siendo un maestro judío no entendía las cosas de Dios. Le comentó que él comprendía y podía hablar de todas las cosas su Padre. Jesús venía de parte de Dios, por eso todo lo que decía era cierto.

Jesús se llamó a sí mismo el *Hijo del Hombre*, porque es el Hijo de Dios que se hizo hombre. Vino a la tierra para hacer la obra de Dios, pero también fue un hombre de carne y hueso. Y le dijo a Nicodemo que sería levantado como la serpiente de bronce que Moisés había levantado. Recuerda que cuando los israelitas estaban en el desierto, aparecieron algunas serpientes venenosas, y si mordían a las personas, estas morían. Dios le dijo a Moisés que hiciera una serpiente de bronce y la pusiera sobre un poste. Cuando los israelitas la miraran, no morirían. Jesús dijo que él iba a ser levantado como esa serpiente de bronce. Nicodemo conocía muy bien la historia de Dios, pero lo que Jesús le estaba diciendo ahora era nuevo, le explicó que la serpiente de bronce era un ejemplo de sí mismo y de su obra.

Jesús dijo que cuando sea levantado, todos los que crean en él tendrán vida eterna[195]. Los israelitas a quienes habían mordido las serpientes no tenían forma de salvarse a sí mismos de la muerte. Es como todas las personas del mundo, que no tienen manera de salvarse a sí mismas, han nacido en el mundo de pecado y muerte y son todos pecadores. Su pecado significará que cuando mueran no estarán con Dios, sino que irán a un lugar de castigo y muerte. Sin embargo, Jesús dijo que los que creen en él nacerán de nuevo en la familia de Dios, y tendrán vida eterna.

Luego le dijo a Nicodemo que su Padre ama a todo el mundo y que debido a su amor envió a su Hijo como el Mesías, el Salvador, Jesús. Dios hizo esto para que ninguna persona que crea en él tenga que pagar por sus pecados. No tendrán que morir y estar separados del Señor. Jesús dijo que Dios los salvará, los rescatará y les dará vida para siempre junto a él.

---

195. **eterno**: algo que continúa para siempre y no termina

SESIÓN 17: JESÚS DIJO QUE LAS PERSONAS DEBEN NACER DE NUEVO

Marcos escribió acerca de algo más que sucedió en la vida y el ministerio de Jesús, el Hijo de Dios. Jesús fue a muchas ciudades en la zona rural de Judea, luego regresó a la ciudad de Capernaúm y se quedó en esa área durante los siguientes años con algunos hombres que lo acompañaban.

MARCOS 2:1-12

¹ Cuando Jesús regresó a Capernaúm varios días después, enseguida corrió la voz de que había vuelto a casa. ² Pronto la casa donde se hospedaba estaba tan llena de visitas que no había lugar ni siquiera frente a la puerta. Mientras él les predicaba la palabra de Dios, ³ llegaron cuatro hombres cargando a un paralítico en una camilla. ⁴ Como no podían llevarlo hasta Jesús debido a la multitud, abrieron un agujero en el techo, encima de donde estaba Jesús. Luego bajaron al hombre en la camilla, justo delante de Jesús. ⁵ Al ver la fe de ellos, Jesús le dijo al paralítico: «Hijo mío, tus pecados son perdonados».

⁶ Algunos de los maestros de la ley religiosa que estaban allí sentados pensaron: ⁷ «¿Qué es lo que dice? ¡Es una blasfemia! ¡Solo Dios puede perdonar pecados!».

⁸ En ese mismo instante, Jesús supo lo que pensaban, así que les preguntó: «¿Por qué cuestionan eso en su corazón? ⁹ ¿Qué es más fácil decirle al paralítico: "Tus pecados son perdonados" o "Ponte de pie, toma tu camilla y camina"? ¹⁰ Así que les demostraré que el Hijo del Hombre tiene autoridad en la tierra para perdonar pecados». Entonces Jesús miró al paralítico y dijo: ¹¹ «¡Ponte de pie, toma tu camilla y vete a tu casa!».

¹² Y el hombre se levantó de un salto, tomó su camilla y salió caminando entre los espectadores, que habían quedado atónitos. Todos estaban asombrados y alababan a Dios, exclamando: «¡Jamás hemos visto algo así!».

Los habitantes de Capernaúm se habían enterado de que Jesús estaba allí, y muchas personas fueron a la casa donde se alojaba. Él se sentó a hablar con ellos; les explicó claramente y con autoridad lo que los profetas habían escrito. Algunos líderes religiosos se encontraban también allí, pero no estaban contentos con lo que Jesús decía, no les gustaba que tantas personas quisieran escuchar sus palabras. La casa estaba llena de gente, por lo que nadie más podía entrar por la puerta.

SU HISTORIA – EL RESCATE

Algunos hombres llevaron a un enfermo a la casa donde estaba Jesús. Este hombre era paralítico, lo cual significa que no podía moverse ni caminar. Los que lo llevaban no podían entrarlo en la casa, así que lo llevaron hasta el techo. Allí hicieron un orificio y bajaron al hombre dentro de la casa. Creían que el Mesías podía sanarlo, por eso lo bajaron por el techo. Jesús sabía que creían en su poder de sanidad, sabían que él era el Hijo de Dios. Entonces le dijo al paralítico: *"Hijo mío, tus pecados son perdonados"*.

Los maestros de la ley religiosa que estaban en la casa se enojaron mucho al escuchar lo que dijo Jesús, sabían que Dios es el único que podía perdonar pecados. Ahora, él dijo que los pecados de este hombre eran perdonados. Los líderes religiosos no creían que Jesús era el Hijo de Dios, así que no pensaban que él debía decir que los pecados de este hombre eran perdonados.

Jesús les explicó que tenía autoridad para perdonar pecados, porque él es el Hijo de Dios. Luego, le dijo al hombre que se levantara, y él así lo hizo. Se puso de pie y salió caminando. Todos los presentes estaban asombrados, y muchos de ellos agradecieron a Dios por lo que había hecho.

Más tarde, cerca del lago, Jesús vio a un cobrador de impuestos[196] que estaba sentado cerca del camino. Su nombre era Leví. Recibía dinero de la gente, que debía entregar al gobierno romano. A los judíos no les agradaban los hombres como él, que trabajaban para los romanos y cobraban mucho dinero a los ciudadanos. Jesús le pidió a Leví que lo siguiera.

MARCOS 2:13-17

¹³ Entonces Jesús salió de nuevo a la orilla del lago y enseñó a las multitudes que se acercaban a él. ¹⁴ Mientras caminaba, vio a Leví, hijo de Alfeo, sentado en su cabina de cobrador de impuestos. «Sígueme y sé mi discípulo», le dijo Jesús. Entonces Leví se levantó y lo siguió.

¹⁵ Más tarde, Leví invitó a Jesús y a sus discípulos a una cena en su casa, junto con muchos cobradores de impuestos y otros pecadores de mala fama. (Había mucha de esa clase de gente entre los seguidores de Jesús). ¹⁶ Cuando los maestros de la ley religiosa, que eran fariseos, lo vieron comer con los cobradores de impuestos y otros pecadores, preguntaron a los discípulos: «¿Por qué come con semejante escoria?».

---

196. **cobrador de impuestos**: alguien que tiene el trabajo de cobrarle a la gente dinero para el gobierno

SESIÓN 17: JESÚS DIJO QUE LAS PERSONAS DEBEN NACER DE NUEVO

> ¹⁷ Cuando Jesús los oyó, les dijo: «La gente sana no necesita médico, los enfermos sí. No he venido a llamar a los que se creen justos, sino a los que saben que son pecadores».

Leví dejó su trabajo de cobrador de impuestos y siguió a Jesús. Más tarde, a Leví se lo llamó Mateo, y fue el hombre que escribió todas las cosas que Jesús hizo en su vida en el libro de Mateo en la Biblia.

Jesús y sus seguidores[197] cercanos fueron a comer a la casa de Leví, donde había también muchas otras personas. La palabra de Dios dice que estas personas eran *cobradores de impuestos y pecadores*, a quienes los líderes judíos consideraban personas de mala fama. Algunos de ellos trabajaban para los romanos y no obedecían las leyes judías. Los líderes religiosos judíos, los fariseos, vieron que Jesús comía con esa clase de personas, lo cual nunca hacían los fariseos porque esto iba en contra de sus leyes judías. Preguntaron por qué Jesús comía con personas de tan mala reputación.

Jesús les dijo: *"La gente sana no necesita médico, los enfermos sí. No he venido a llamar a los que se creen justos[198], sino a los que saben que son pecadores"*. Explicó que solo los que saben que están enfermos van al médico, y solo los que saben que son pecadores acuden a su llamado. Las personas que creen que pueden obedecer todas las leyes de Dios no se acercan a él porque no creen que necesitan la salvación del Señor.

Los líderes religiosos judíos esperaban que Jesús quebrantara alguna de sus leyes, para que pudieran acusarlo de ser una mala persona, por desobedecer la ley de Dios.

MARCOS 3:1-6

> ¹ Jesús entró de nuevo en la sinagoga y vio a un hombre que tenía una mano deforme. ² Como era el día de descanso, los enemigos de Jesús lo vigilaban de cerca. Si sanaba la mano del hombre, tenían pensado acusarlo por trabajar en el día de descanso.
>
> ³ Jesús le dijo al hombre con la mano deforme: «Ven y ponte de pie frente a todos». ⁴ Luego se dirigió a sus acusadores y les preguntó: «¿Permite la ley hacer buenas acciones en el día de

---

197. **seguidores**: personas que siguen a alguien; seguir significa estar con su líder, escucharlo y creer lo que dice
198. **justo**: estar bien con Dios por haber obedecido todas sus leyes

> descanso o es un día para hacer el mal? ¿Es un día para salvar la vida o para destruirla?». Pero ellos no quisieron contestarle.
>
> ⁵ Jesús miró con enojo a los que lo rodeaban, profundamente entristecido por la dureza de su corazón. Entonces le dijo al hombre: «Extiende la mano». Así que el hombre la extendió, ¡y la mano quedó restaurada! ⁶ Los fariseos salieron enseguida y se reunieron con los partidarios de Herodes para tramar cómo matar a Jesús.hängern von Herodes Antipas, wie sie ihn umbringen könnten.

Marcos escribió acerca de una ocasión en la que Jesús estaba en la sinagoga el día de descanso. Allí había un hombre que tenía la mano paralizada. Los líderes religiosos observaban atentamente, porque querían que Jesús hiciera algo que estuviera en contra de las leyes judías. Ellos tenían muchas leyes acerca del día de descanso, que decían que las personas no podían hacer ningún tipo de trabajo ese día. Querían que Jesús sanara al hombre para poder argumentar que había hecho un trabajo en el día de descanso, y así acusarlo de desobedecer la ley de Dios.

Jesús sabía lo que los líderes religiosos estaban pensando, sabía que esperaban que él quebrantara la ley judía, así que les preguntó si la ley permitía hacer buenas o malas acciones en el día de descanso. Ellos no le contestaron.

La palabra de Dios dice que Jesús se enojó y se entristeció por lo que estaban pensando los líderes judíos. Ellos no conocían el verdadero significado de las leyes que Dios les había dado, y habían agregado muchas leyes que ellos mismos habían establecido. No sabían cómo es Dios en realidad. Pensaban que podían obedecer todas las leyes de Dios, pero eso era imposible.

Jesús le pidió al hombre que extendiera la mano, y luego se la sanó. Los líderes religiosos vieron esto, pero aún no creían que Jesús era el Hijo de Dios. Entonces los fariseos fueron a hablar con los seguidores del rey Herodes sobre cómo podían matarlo.

Marcos escribió acerca de cómo personas de lugares muy lejanos comenzaron a venir para ver a Jesús. Acudían de toda Palestina y de otros lugares, algunos tan lejanos al norte como el Líbano de nuestros días. Multitudes de personas venían a ver a Jesús. Habían escuchado acerca de las cosas asombrosas que él

SESIÓN 17: JESÚS DIJO QUE LAS PERSONAS DEBEN NACER DE NUEVO

había hecho. Querían que los sanara de sus enfermedades, deseaban escuchar lo que decía acerca de Dios.

MARCOS 3:7-12

⁷ Jesús fue al lago con sus discípulos, y una gran multitud lo siguió. La gente llegaba de toda Galilea, Judea, ⁸ Jerusalén, Idumea, del oriente del río Jordán y de lugares tan al norte como Tiro y Sidón. Las noticias sobre sus milagros corrían por todas partes, y una enorme cantidad de personas llegó para verlo.

⁹ Jesús encargó a sus discípulos que prepararan una barca para que la multitud no lo apretujara. ¹⁰ Ese día sanó a tanta gente que todos los enfermos empujaban hacia adelante para poder tocarlo. ¹¹ Y, cuando los que estaban poseídos por espíritus malignos lo veían, los espíritus los arrojaban al suelo frente a él y gritaban: «¡Tú eres el Hijo de Dios!»; ¹² pero Jesús ordenó severamente a los espíritus que no revelaran quién era él.

Los espíritus malignos sabían quién era Jesús en realidad, decían que era el Hijo de Dios, pero él no quería que los espíritus malignos le dijeran a la gente quién era realmente.

Jesús tenía muchos seguidores, pero eligió a doce hombres para que fueran sus compañeros cercanos.

MARCOS 3:13-19

¹³ Tiempo después Jesús subió a un monte y llamó a los que quería que lo acompañaran. Todos ellos se acercaron a él. ¹⁴ Luego nombró a doce de ellos y los llamó sus apóstoles. Ellos lo acompañarían, y él los enviaría a predicar ¹⁵ y les daría autoridad para expulsar demonios. ¹⁶ Estos son los doce que escogió:

Simón (a quien llamó Pedro),

¹⁷ Santiago y Juan (los hijos de Zebedeo, a quienes Jesús apodó «hijos del trueno»),

¹⁸ Andrés,

Felipe,

Bartolomé,

SU HISTORIA – EL RESCATE

> Mateo,
>
> Tomás,
>
> Santiago (hijo de Alfeo),
>
> Tadeo,
>
> Simón (el zelote),
>
> ¹⁹ Judas Iscariote (quien después lo traicionó).

Jesús llamó a estos doce hombres *apóstoles*. Un apóstol es alguien elegido por Dios para hacer un trabajo especial. Jesús dijo que estos apóstoles estarían con él. Manifestó que los enviaría a predicar y que les daría autoridad para expulsar a los espíritus malignos de Satanás de las personas.

Jesús había venido al mundo para derrotar al enemigo de Dios. Ya había comenzado su trabajo, pero Dios siempre quiere que las personas trabajen con él, que luchen con él contra Satanás y que trabajen con él en su plan de salvación. Entonces Jesús escogió a estos doce apóstoles para que trabajaran a su lado.

Uno de los doce apóstoles era Judas Iscariote. Jesús es Dios, así que sabe todo lo que las personas están pensando, conoce todo lo que va a suceder. Sabía que más tarde Judas Iscariote iba a traicionarlo[199], pero Dios tenía un plan de salvación y Judas iba a ser parte del plan de Dios. Así que, aunque Jesús sabía que Judas iba a traicionarlo, lo eligió como uno de los apóstoles porque sabía que esto era parte del plan de Dios.

Los apóstoles iban a todas partes con Jesús, Marcos escribió acerca de una noche[200] cuando iban en bote por el mar de Galilea.

MARCOS 4:35-41

> ³⁵ Al atardecer, Jesús dijo a sus discípulos: «Crucemos al otro lado del lago». ³⁶ Así que dejaron a las multitudes y salieron con Jesús en la barca (aunque otras barcas los siguieron). ³⁷ Pronto se desató una tormenta feroz y olas violentas entraban en la barca, la cual empezó a llenarse de agua.
>
> ³⁸ Jesús estaba dormido en la parte posterior de la barca, con la cabeza recostada en una almohada. Los discípulos lo des-

---

199. **traicionar**: ayudar a los enemigos de alguien a atraparlo o lastimarlo
200. **noche**: el momento al final del día, desde aproximadamente las 6 de la tarde hasta la hora de acostarse

SESIÓN 17: JESÚS DIJO QUE LAS PERSONAS DEBEN NACER DE NUEVO

> pertaron: «¡Maestro! ¿No te importa que nos ahoguemos?», gritaron.
>
> ³⁹ Cuando Jesús se despertó, reprendió al viento y dijo a las olas: «¡Silencio! ¡Cálmense!». De repente, el viento se detuvo y hubo una gran calma. ⁴⁰ Luego él les preguntó: «¿Por qué tienen miedo? ¿Todavía no tienen fe?».
>
> ⁴¹ Los discípulos estaban completamente aterrados. «¿Quién es este hombre? —se preguntaban unos a otros—. ¡Hasta el viento y las olas lo obedecen!».

Ese día, Jesús había enseñado a grandes multitudes durante todo el día a la orilla del lago. Al atardecer, Jesús les dijo a sus apóstoles que debían cruzar al otro lado del lago, entonces comenzaron a cruzar el lago en un bote. También había otros barcos cerca de ellos. Jesús fue a la parte posterior del bote a dormir.

El mar de Galilea es un lago muy grande. Pueden desatarse tormentas[201] muy fuertes rápidamente en el lago. Esa noche, cuando Jesús estaba en el bote, se inició una gran tempestad. El viento era muy fuerte y enormes olas entraron en el barco. Los discípulos tenían miedo de que el bote se hundiera[202]. Algunos de estos hombres eran pescadores y habían estado en el lago muchas veces. Le tenían mucho miedo a esta tormenta, así que debe de haber sido terrible. Despertaron a Jesús y le dijeron: *"¡Maestro! ¿No te importa que nos ahoguemos?"*.

Jesús se levantó y les habló al viento y al mar, les ordenó que se calmaran e hicieran silencio. Después de las palabras de Jesús, el viento y el mar estuvieron en calma[203]. Entonces Jesús les preguntó a los hombres que estaban en el bote por qué tenían miedo. *"¿Todavía no tienen fe?"*, les dijo. Quería que creyeran que él realmente era quien decía ser, el Hijo de Dios.

---

201. **tormenta**: mal tiempo o clima peligroso
202. **hundir**: llenarse de agua y sumergirse
203. **en calma**: quieto, tranquilo y en silencio

1. ¿Qué pensaban los fariseos de las leyes de Dios?

2. ¿Qué quiso decir Jesús cuando dijo que Nicodemo debía nacer de nuevo?

3. ¿Por qué Jesús dijo que él era como la serpiente de bronce que Moisés levantó?

4. ¿Qué es un 'apóstol'?

5. ¿Por qué Jesús eligió a Judas, aunque sabía que iba a traicionarlo?

SESIÓN 18

JESÚS MOSTRÓ SU GRAN PODER

Los apóstoles vieron lo que Jesús había hecho, les había mostrado su gran poder. Vieron que él tenía poder sobre el viento y el mar. Solo el Creador del viento y el mar podía tener poder sobre ellos. Los hombres vieron lo que Jesús había hecho y tuvieron miedo porque vieron cuánto poder él tenía realmente.

Luego, Marcos escribió acerca de lo que sucedió cuando el bote llegó al otro lado del lago. Jesús se encontró con un hombre que tenía muchos espíritus malignos en su interior. Puedes leer en tu Biblia lo que sucedió, está escrito en Marcos 5:1-20. Los espíritus malignos sabían quién era Jesús verdaderamente. Lo llamaron *"Jesús, Hijo del Dios Altísimo"*, y él demostró que era mucho más poderoso que Satanás y sus seguidores malvados. Sanó al hombre y les dijo a los espíritus malignos que salieran de él. Los envió a una manada de dos mil cerdos, quienes corrieron hacia el lago y murieron ahogados. Las personas que vivían allí le tuvieron mucho miedo a Jesús cuando vieron lo que hizo, le rogaron que se fuera. El hombre a quien Jesús había liberado de los espíritus malignos quería estar con él, pero Jesús le dijo que vaya a contarle a su familia lo que Dios había hecho por él.

SU HISTORIA – EL RESCATE

Jesús regresó al mar de Galilea. Juan escribió lo que sucedió a continuación.

JUAN 6:1-15

¹ Después Jesús cruzó al otro lado del mar de Galilea, conocido también como el mar de Tiberias. ² Una gran multitud siempre lo seguía a todas partes porque veía las señales milagrosas que hacía cuando sanaba a los enfermos. ³ Entonces Jesús subió a una colina y se sentó allí rodeado de sus discípulos. ⁴ (Ya era casi el tiempo de la celebración de la Pascua judía). ⁵ Enseguida Jesús vio que una gran multitud venía a su encuentro. Dirigiéndose a Felipe, le preguntó:

—¿Dónde podemos comprar pan para alimentar a toda esta gente?

⁶ Lo estaba poniendo a prueba, porque Jesús ya sabía lo que iba a hacer.

⁷ Felipe contestó:

—¡Aunque trabajáramos meses enteros, no tendríamos el dinero suficiente para alimentar a toda esta gente!

⁸ Entonces habló Andrés, el hermano de Simón Pedro: ⁹ «Aquí hay un muchachito que tiene cinco panes de cebada y dos pescados. ¿Pero de qué sirven ante esta enorme multitud?».

¹⁰ Jesús dijo: «Díganles a todos que se sienten». Así que todos se sentaron sobre la hierba, en las laderas. (Solo contando a los hombres sumaban alrededor de cinco mil). ¹¹ Luego Jesús tomó los panes, dio gracias a Dios y los distribuyó entre la gente. Después hizo lo mismo con los pescados. Y todos comieron cuanto quisieron. ¹² Una vez que quedaron satisfechos, Jesús les dijo a sus discípulos: «Ahora junten lo que sobró, para que no se desperdicie nada». ¹³ Entonces ellos juntaron las sobras y llenaron doce canastos con los restos que la multitud había dejado después de comer de los cinco panes de cebada.

¹⁴ La gente, al ver la señal milagrosa que Jesús había hecho, exclamó: «¡No hay duda de que es el Profeta que esperábamos!». ¹⁵ Cuando Jesús vio que estaban dispuestos a hacerlo rey a la fuerza, se escabulló hacia las colinas él solo.

Jesús vio una gran multitud[204] de personas que venía a verlo. La palabra de Dios dice que subió a una colina con sus *discípulos*[205]. A veces en la Biblia, *discípulos*

---

204. **multitud**: un grupo muy grande de personas
205. **discípulos**: los seguidores cercanos de Jesús

SESIÓN 18: JESÚS MOSTRÓ SU GRAN PODER

se refiere a los doce hombres que Jesús había elegido, otras veces significa otras personas que lo seguían. Faltaba poco para el festival de la Pascua judía, ¿recuerdas que este era el tiempo anual en el que el pueblo judío agradecía lo que el Señor había hecho por ellos en Egipto? Conmemoraban el momento en el que Dios los había salvado de la muerte cuando colocaron sangre en los marcos de las puertas de sus casas. Él había pasado de largo por las casas en las que había sangre. Entonces, todos los años, el pueblo judío tenía una celebración[206] para recordar el día en el que Dios pasó de largo por sus casas.

Así que Jesús y sus discípulos estaban sentados en la colina, y vieron que se acercaba una gran multitud de personas. Felipe era uno de los discípulos que estaba allí. Jesús le preguntó dónde podían comprar alimentos para toda la gente que estaba viniendo.

Juan escribió que Jesús ya sabía lo que iba a suceder, pero le preguntó a Felipe acerca de la comida para *ponerlo a prueba*. Jesús quería que los discípulos conocieran más acerca de quién era él realmente, quería que supieran que podían pedirle ayuda y demostrarles que él podía ocuparse de cualquier cosa. Pero Felipe no recordaba eso, dijo que ni siquiera con mucho dinero podían comprar alimentos suficientes para todas las personas. Entonces Andrés anunció que había un muchachito con cinco panes[207] y dos pescados, aunque reconoció que esta pequeña cantidad de comida no sería suficiente para alimentar a toda la gente.

Jesús indicó que todas las personas debían sentarse sobre la hierba. El relato dice que había aproximadamente cinco mil hombres allí, aunque también había mujeres y niños. Era realmente una multitud muy grande.

Jesús le agradeció a Dios el Padre por los alimentos que iban a comer. Luego, tomó los panes y *los distribuyó entre la gente*, es decir, se los repartió a las personas. Seguidamente hizo lo mismo con los pescados. Cada uno pudo comer todo lo que quiso, todos quedaron satisfechos, e incluso hubo muchas sobras. A Jesús solo le entregaron una pequeña cantidad de comida, pero pudo seguir dando alimentos hasta que todos comieron. Pudo hacer esto porque él es Dios, pudo multiplicar los alimentos que no parecían suficientes

---

206. **celebración**: un tiempo en el que las personas se reúnen para recordar algo bueno que ha sucedido
207. **panes**: trozos de pan a los que se les da forma y se hornean, luego se cortan para comer

SU HISTORIA – EL RESCATE

La multitud estaba asombrada por lo que Jesús había hecho, proclamaron que Jesús debía ser el Profeta de Dios y querían que fuera su rey. Jesús conocía sus intenciones, sabía que la mayoría de las personas solo querían que les diera alimentos y sanara a los enfermos, pero no deseaban tener una verdadera relación con Dios y no creían que Jesús había venido para salvarlos de la deuda de pecado que tenían con él. Dios le había encomendado a Jesús un trabajo especial, tenía un plan del que Jesús era parte. Él sabía que ser rey en la tierra no era parte del plan de Dios, así que se alejó y subió a una montaña solo.

Juan escribió acerca de lo que sucedió esa noche.

JUAN 6:16-21

¹⁶ Al atardecer, los discípulos de Jesús bajaron a la orilla del lago para esperarlo; ¹⁷ pero al ver que caía la noche y que Jesús aún no había vuelto, subieron a la barca y comenzaron a cruzar el lago rumbo a Capernaúm. ¹⁸ Poco después, se levantó un viento fuerte sobre ellos y el mar se agitó mucho. ¹⁹ Habían remado unos cinco o seis kilómetros cuando de pronto vieron a Jesús caminando sobre el agua en dirección a la barca. Estaban aterrados, ²⁰ pero él exclamó: «No tengan miedo, ¡yo estoy aquí!». ²¹ Entonces lo recibieron con entusiasmo en la barca, ¡y enseguida llegaron a su destino!

Después de que todas las personas comieron, los discípulos esperaron a Jesús en la orilla, pero se hizo de noche y él aún no regresaba. Entonces los discípulos se subieron al bote y comenzaron a cruzar el lago en dirección a Capernaúm. Se desató una gran tormenta y *el mar se agitó*²⁰⁸ *mucho*. Remaron²⁰⁹ durante un buen tiempo en la barca para intentar cruzar el lago.

Entonces vieron a Jesús que caminaba sobre el mar. Cuando se acercó al barco, tuvieron mucho miedo, porque la gente normalmente no puede caminar

---

208. **se agitó**: el mar tenía muchas olas que iban hacia arriba y hacia abajo y de un lado al otro
209. **remaron**: empujaron el bote con palas o remos

SESIÓN 18: JESÚS MOSTRÓ SU GRAN PODER

sobre el agua, pero Jesús lo estaba haciendo. Pudieron ver lo poderoso que era realmente y tuvieron miedo, pero él les dijo que no se asustaran. Lo ayudaron a subir al bote y pudieron llegar a salvo a la orilla.

A la mañana siguiente, la multitud del día anterior vino a Capernaúm en busca de Jesús. Le preguntaron cómo había llegado allí, ya que sabían que no había subido al barco con sus discípulos.

JUAN 6:22-35

²² Al día siguiente, la multitud que se había quedado en la otra orilla del lago se dio cuenta de que los discípulos habían tomado la única barca y que Jesús no había ido con ellos. ²³ Varias barcas de Tiberias arribaron cerca del lugar donde el Señor había bendecido el pan y la gente había comido. ²⁴ Cuando la multitud vio que ni Jesús ni sus discípulos estaban allí, subieron a las barcas y cruzaron el lago hasta Capernaúm para ir en busca de Jesús. ²⁵ Lo encontraron al otro lado del lago y le preguntaron:

—Rabí, ¿cuándo llegaste acá?

²⁶ Jesús les contestó:

—Les digo la verdad, ustedes quieren estar conmigo porque les di de comer, no porque hayan entendido las señales milagrosas. ²⁷ No se preocupen tanto por las cosas que se echan a perder, tal como la comida. Pongan su energía en buscar la vida eterna que puede darles el Hijo del Hombre. Pues Dios Padre me ha dado su sello de aprobación.

²⁸ —Nosotros también queremos realizar las obras de Dios —contestaron ellos—. ¿Qué debemos hacer?

²⁹ Jesús les dijo:

—La única obra que Dios quiere que hagan es que crean en quien él ha enviado.

³⁰ —Si quieres que creamos en ti —le respondieron—, muéstranos una señal milagrosa. ¿Qué puedes hacer? ³¹ Después de todo, ¡nuestros antepasados comieron maná mientras andaban por el desierto! Las Escrituras dicen: "Moisés les dio de comer pan del cielo".

³² Jesús les respondió:

—Les digo la verdad, no fue Moisés quien les dio el pan del cielo, fue mi Padre. Y ahora él les ofrece el verdadero pan del

SU HISTORIA – EL RESCATE

> cielo, ³³ pues el verdadero pan de Dios es el que desciende del cielo y da vida al mundo.
>
> ³⁴ —Señor —le dijeron—, danos ese pan todos los días.
>
> ³⁵ Jesús les respondió:
>
> —Yo soy el pan de vida. El que viene a mí nunca volverá a tener hambre; el que cree en mí no tendrá sed jamás.

Jesús entendía por qué la gente lo buscaba, sabía que era porque querían que les diera más alimentos, deseaban ver cómo mostraba su poder. Le preguntaron cómo ellos también podían hacer esas cosas, pero Jesús no les dijo que se fueran, intentó ayudarles a entender la verdad. Dijo que debían creer en Aquel que Dios había enviado; estaba hablando de sí mismo. Quería que supieran que él era el Hijo de Dios y que su Padre lo había enviado.

Las personas decían que creerían en él si les daba más alimentos para comer, afirmaban que Moisés les había dado pan del cielo a sus antepasados. Se referían al pan llamado maná que Dios les había dado a los israelitas en el desierto. Jesús les dijo que Dios era quien les había dado el maná, no Moisés, luego declaró que ahora Dios quería darles *el verdadero pan del cielo*, que era *el que desciende del cielo y da vida al mundo*. Estaba hablando de sí mismo.

Jesús dijo *"Yo soy el pan de vida"*, declaró que cualquier persona que creyera en él nunca volvería a tener hambre ni sed.

Cuando Dios creó a las personas al principio, tenían una relación real y cercana con él. Cuando los individuos están separados de Dios, sienten la necesidad de estar cerca de él; aunque no lo entiendan, las personas lo necesitan. Él es el único que realmente puede cuidar de las personas y las ama, es su Padre y su Creador. Cuando están separados de Dios, es como si tuvieran hambre y sed de él. Si las personas no comen o beben, tendrán hambre y sed y finalmente morirán. Si están separados de Dios, también morirán. A esto se refería Jesús cuando se llamó a sí mismo el *pan de vida*. Quiso decir que, si las personas creían en él, no volverían a tener hambre o sed de Dios. Él era Aquel que el Padre había enviado para darle vida al mundo.

Marcos describe cómo un día llegaron desde Jerusalén algunos fariseos y maestros de la ley religiosa, para ver a Jesús.

SESIÓN 18: JESÚS MOSTRÓ SU GRAN PODER

MARCOS 7:1-7

¹ Cierto día, algunos fariseos y maestros de la ley religiosa llegaron desde Jerusalén para ver a Jesús. ² Notaron que algunos de sus discípulos no seguían el ritual judío de lavarse las manos antes de comer. ³ (Los judíos, sobre todo los fariseos, no comen si antes no han derramado agua sobre el hueco de sus manos, como exigen sus tradiciones antiguas. ⁴ Tampoco comen nada del mercado sin antes sumergir sus manos en agua. Esa es solo una de las tantas tradiciones a las que se han aferrado, tal como el lavado ceremonial de vasos, jarras y vasijas de metal).

⁵ Entonces los fariseos y maestros de la ley religiosa le preguntaron:

—¿Por qué tus discípulos no siguen nuestra antigua tradición? Ellos comen sin antes realizar la ceremonia de lavarse las manos.

⁶ Jesús contestó:

—¡Hipócritas! Isaías tenía razón cuando profetizó acerca de ustedes, porque escribió:

"Este pueblo me honra con sus labios,

pero su corazón está lejos de mí.

⁷ Su adoración es una farsa

porque enseñan ideas humanas como si fueran mandatos de Dios".

Los fariseos y los escribas vieron que algunos de los discípulos de Jesús no se lavaban las manos antes de comer el pan. Los fariseos y los judíos religiosos tenían muchas leyes muy estrictas[210] con respecto al lavado de manos antes de comer cualquier alimento. Marcos las explicó.

Entonces los fariseos y los expertos religiosos de Jerusalén vieron que los hombres que seguían a Jesús habían desobedecido una de sus leyes judías, y le preguntaron a Jesús por qué sus discípulos no seguían *nuestra antigua tradición*. Una tradición es algo que las personas hacen porque los demás han hecho lo mismo durante muchos años. Las costumbres de las que los fariseos estaban

---

210. **estricta**: una ley firme que no se debe quebrantar o desobedecer

SU HISTORIA – EL RESCATE

hablando eran leyes que ellos mismos habían establecido y seguían, creían que si hacían eso agradarían a Dios.

Jesús los llamó *hipócritas*, que son las personas que dicen que van a hacer algo y luego no lo hacen. Los líderes religiosos intentaban que Dios se sintiera satisfecho con ellos al cumplir con muchas leyes, pero en realidad no querían tener una relación con Dios. No entendían quién es el Señor realmente y no creían en todas las cosas que él había dicho. Estaban actuando como si Dios fuera solo un ídolo, por eso Jesús los llamó hipócritas. Citó algunas de las palabras del profeta Isaías, quien escribió acerca de las personas que dicen que aman a Dios pero no sienten esto de verdad.

Luego Jesús le habló a la multitud de personas que estaban allí.

MARCOS 7:14-23

¹⁴ Luego Jesús llamó a la multitud para que se acercara y oyera. «Escuchen, todos ustedes, y traten de entender. ¹⁵ Lo que entra en el cuerpo no es lo que los contamina; ustedes se contaminan por lo que sale de su corazón».

¹⁷ Luego Jesús entró en una casa para alejarse de la multitud, y sus discípulos le preguntaron qué quiso decir con la parábola que acababa de emplear. ¹⁸ «¿Ustedes tampoco entienden? —preguntó—. ¿No se dan cuenta de que la comida que introducen en su cuerpo no puede contaminarlos? ¹⁹ La comida no entra en su corazón, solo pasa a través del estómago y luego termina en la cloaca». (Al decir eso, declaró que toda clase de comida es aceptable a los ojos de Dios).

²⁰ Y entonces agregó: «Es lo que sale de su interior lo que los contamina. ²¹ Pues de adentro, del corazón de la persona, salen los malos pensamientos, la inmoralidad sexual, el robo, el asesinato, ²² el adulterio, la avaricia, la perversidad, el engaño, los deseos sensuales, la envidia, la calumnia, el orgullo y la necedad. ²³ Todas esas vilezas provienen de adentro; esas son las que los contaminan».

Jesús le pidió a la multitud que se acercara y lo escuchara. Habló acerca de comer y beber porque los judíos tenían muchas leyes sobre esto: qué alimentos podían ingerir, cómo debían cocinarlos, quién debía prepararlos y de qué manera debían comerlos. Jesús dijo que la comida o la bebida no podían hacer que alguien fuera bueno o malo. Afirmó que lo que entra en una persona desde

SESIÓN 18: JESÚS MOSTRÓ SU GRAN PODER

afuera no puede contaminarla[211], sino que *es lo que sale de su interior lo que los contamina.*

Quiso decir que las personas somos pecadoras debido a lo que sale de nuestros corazones. Jesús les estaba diciendo a los judíos religiosos que no podían huir de su pecado. Intentaban cumplir leyes muy estrictas acerca de lavarse, comer y beber, pero obedecer esas leyes no podía cambiar quiénes eran realmente en su interior. Nacieron en el mundo de pecado y muerte. Jesús dijo que las personas hacen y piensan cosas malas todo el tiempo, debido a quiénes son en realidad en su interior, estaba intentando que los fariseos pudieran ver quiénes eran ellos realmente. Intentaban obedecer las leyes de Dios y sus otras leyes, pero Jesús dijo que esto no iba a ayudarlos porque tenían maldad dentro de su ser, quería que supieran que eran pecadores y que necesitaban que Dios los salvara.

Lucas registró una historia que Jesús había contado. Acostumbraba usar historias cuando enseñaba a la gente, estas historias son conocidas como 'parábolas'. Una parábola es un relato que se cuenta como ejemplo de algo. Jesús contó esta parábola a algunos individuos que pensaban que eran justos y que Dios estaría satisfecho con ellos debido a las buenas acciones que hacían. Creían que eran buenos y que todos los demás eran malos.

LUCAS 18:9-14

⁹ Luego Jesús contó la siguiente historia a algunos que tenían mucha confianza en su propia rectitud y despreciaban a los demás: ¹⁰ «Dos hombres fueron al templo a orar. Uno era fariseo, y el otro era un despreciado cobrador de impuestos. ¹¹ El fariseo, de pie, apartado de los demás, hizo la siguiente oración: "Te agradezco, Dios, que no soy un pecador como todos los demás. Pues no engaño, no peco y no cometo adulterio. ¡Para nada soy como ese cobrador de impuestos! ¹² Ayuno dos veces a la semana y te doy el diezmo de mis ingresos".

¹³ »En cambio, el cobrador de impuestos se quedó a la distancia y ni siquiera se atrevía a levantar la mirada al cielo mientras oraba, sino que golpeó su pecho en señal de dolor mientras decía: "Oh Dios, ten compasión de mí, porque soy un pecador". ¹⁴ Les digo que fue este pecador —y no el fariseo— quien regresó a su casa justificado delante de Dios. Pues los que se exaltan a sí mismos serán humillados, y los que se humillan serán exaltados».

---

211. **contaminar**: hacer algo sucio o inaceptable para Dios

SU HISTORIA – EL RESCATE

Jesús contó la parábola acerca de dos hombres que fueron al templo a orar. Uno era un fariseo y el otro un cobrador de impuestos. El religioso estaba de pie y oraba a Dios, le agradecía porque no era como los demás, que eran pecadores, mientras que él no lo era. Vio al cobrador de impuestos que estaba allí y le dijo a Dios que no era pecador como él. El cobrador estaba de pie a cierta distancia, demasiado avergonzado para levantar la mirada cuando oraba a Dios. Estaba muy triste porque sabía que era pecador y que estaba separado del Señor a causa de su pecado. Sabía que Dios era el único que podía redimirlo, así que le pidió que lo salvara.

Al final de esta parábola, Jesús explicó: *"Les digo que fue este pecador —y no el fariseo— quien regresó a su casa justificado delante de Dios"*. Estaba explicando lo que Dios piensa acerca de estos dos tipos diferentes de personas. Ambos eran pecadores, todas las personas han nacido en el mundo de pecado y muerte y todos desobedecen las leyes perfectas de Dios. Entonces, ¿qué tenían de diferente los dos hombres mencionados en la historia de Jesús?

Jesús dijo que el cobrador de impuestos fue justificado[212], pero que el fariseo no lo fue. El cobrador de impuestos comprendía la verdad acerca de Dios, sabía que nunca podría obedecer las leyes divinas aunque realmente lo intentara. Estaba muy triste por su pecado, sabía que estaba separado del Señor debido a esto, entonces le pidió a Dios que lo ayudara. Este hombre tenía una relación real y verdadera con Dios, sabía quién es él en verdad y lo que piensa realmente. Creía que todo lo que Dios había dicho era cierto. Por eso Jesús dijo que fue *justificado*, que no tuvo que pagar por su pecado con la muerte y que estaba en una relación justa con Dios.

El fariseo era un hombre que se esforzaba mucho por obedecer todas las leyes judías, así que no creía que era pecador ni que estaba separado de Dios a causa de su pecado, no se acercó a Dios de la manera que él lo había indicado, no tenía una relación real y verdadera con el Señor. Pensaba que podía obedecer todas las leyes perfectas de Dios, pero eso es imposible. Jesús dijo que el fariseo no fue justificado, no creía la verdad acerca de Dios o de sí mismo, así que no podía tener una relación con Dios. Tendría que pagar por sus pecados.

---

212. **justificado**: ser puesto nuevamente en una relación justa con Dios porque él ha pagado por tu pecado

SESIÓN 18: JESÚS MOSTRÓ SU GRAN PODER

1. ¿Por qué Jesús pudo detener la gran tormenta en el mar de Galilea?

2. ¿Qué quiso decir Jesús cuando les preguntó a los hombres en el bote "¿Todavía no tienen fe?".

3. ¿Qué le estaba tratando de mostrar Jesús a Felipe cuando le preguntó acerca de cómo conseguir comida para la gran multitud?

4. ¿Por qué Jesús dijo "Yo soy el pan de vida"?

5. En la parábola que contó Jesús, dijo que el fariseo no fue justificado. ¿Qué quiso decir?

6. ¿Por qué el cobrador de impuestos fue 'justificado'?

SESIÓN 19

JESÚS ES LA ÚNICA PUERTA A LA VIDA ETERNA

Marcos escribió que Jesús y sus discípulos se fueron de Galilea. Se dirigieron al norte, a la zona cercana a Cesarea de Filipo. Esta era una ciudad en la base del monte Hermón. Mientras caminaban, Jesús les hizo una pregunta.

MARCOS 8:27-30

²⁷ Jesús y sus discípulos salieron de Galilea y fueron a las aldeas cerca de Cesarea de Filipo. Mientras caminaban, él les preguntó: —¿Quién dice la gente que soy?

²⁸ —Bueno —contestaron—, algunos dicen Juan el Bautista, otros dicen Elías, y otros dicen que eres uno de los otros profetas.

²⁹ Entonces les preguntó: —Y ustedes, ¿quién dicen que soy?

Pedro contestó: —Tú eres el Mesías.

³⁰ Pero Jesús les advirtió que no le contaran a nadie acerca de él.

Jesús ya conocía la respuesta. Hizo la pregunta para que sus discípulos pudieran pensar quién era él en realidad.

SU HISTORIA – EL RESCATE

Los discípulos le dijeron a Jesús que algunos habían dicho que él era *Juan el Bautista*, el hombre que había bautizado gente en el río Jordán y a quien el rey Herodes había matado. Estas personas creían que Juan había vuelto a la vida después de que Herodes lo había matado. Otros habían dicho que Jesús era Elías, un profeta del Antiguo Testamento. Los discípulos dijeron que algunas otras personas habían dicho que Jesús era uno de los otros profetas. Jesús había dicho claramente que él era el Hijo de Dios. Él le había mostrado a la gente su gran poder en las muchas cosas asombrosas que había hecho. Pero aun así, muchos no creían que Jesús era el Hijo de Dios.

Entonces Jesús les preguntó a sus discípulos: *"Y ustedes ¿quién dicen que soy?"*. Les estaba preguntando si creían lo que les había dicho acerca de sí mismo. Jesús les había dicho que él era Aquel que Dios había enviado y los discípulos también habían visto todas las cosas increíbles que había hecho.

Entonces Jesús preguntó quién pensaban ellos que era. Pedro respondió: *"Tú eres el Mesías"*. Antes, el nombre de Pedro era Simón. Era uno de los pescadores a quienes Jesús les había pedido que lo siguieran. Pero Jesús le dijo que ahora su nombre sería Pedro. Pedro dijo que Jesús era el Mesías. ¿Recuerdas que *Mesías* significa el Elegido de Dios, Aquel que Dios había prometido mucho tiempo atrás? Mesías significa el Profeta, el gran Sumo Sacerdote y el Rey eterno de la familia de David. Pedro era solo un pescador de Capernaúm, pero ahora había estado con Jesús por algún tiempo. Había visto la vida cotidiana de Jesús. Le había escuchado explicar cosas acerca de Dios. Había visto las cosas maravillosas que Jesús había hecho. Así que Pedro y los otros discípulos ya sabían quién era él realmente, sabían que era el Mesías. Pero los judíos habían esperado que el Mesías llegara para ser un gran rey sobre la tierra. No entendían la verdadera tarea que Dios le había dado a Jesús, el Mesías, para que hiciera.

Jesús les dijo que no le contaran a nadie acerca de él. No quería que la gente lo siguiera solo porque querían un nuevo rey sobre la tierra. No vino para hacer el trabajo de un rey sobre la tierra. Quería que la gente supiera quién era en realidad, el Cordero de Dios. Entonces Jesús comenzó a contarles a sus discípulos lo que le iba a suceder.

MARCOS 8:31-33

³¹ Entonces Jesús comenzó a decirles que el Hijo del Hombre tendría que sufrir muchas cosas terribles y ser rechazado por los ancianos, por los principales sacerdotes y por los maestros de la ley religiosa. Lo matarían, pero tres días después resuci-

SESIÓN 19: JESÚS ES LA ÚNICA PUERTA

> taría. ³² Mientras hablaba abiertamente de eso con sus discípulos, Pedro lo llevó aparte y empezó a reprenderlo por decir semejantes cosas.
>
> ³³ Jesús se dio la vuelta, miró a sus discípulos y reprendió a Pedro: «¡Aléjate de mí, Satanás! —dijo—. Ves las cosas solamente desde el punto de vista humano, no del punto de vista de Dios».

Jesús se llamó a sí mismo el Hijo del Hombre. ¿Recuerdas que usaba ese nombre para sí mismo porque es el Hijo de Dios que vino al mundo como un hombre real? Jesús les dijo claramente que tendría que sufrir muchas cosas. Dijo que los líderes religiosos judíos lo rechazarían[213] y luego lo matarían. Reveló que lo matarían, pero que tres días después resucitaría de entre los muertos. Jesús quiso decir que volvería a la vida luego de tres días.

Pedro llevó a Jesús aparte y empezó a reprenderlo[214]. Pedro le pidió a Jesús que no dijera semejantes cosas. Él sabía que Jesús era el Mesías, pero no sabía lo que esto significaba. Jesús les estaba contando lo que realmente quería decir. Ellos pensaban que el Mesías sería un gran rey sobre la tierra, pero Jesús les estaba declarando que tendría que sufrir y morir.

Cuando Pedro le dijo a Jesús que no afirmara esas cosas, Jesús lo reprendió. Le dijo: "¡Aléjate de mí, Satanás!... *Ves las cosas solamente desde el punto de vista humano, no del punto de vista de Dios*".

Jesús le habló a Pedro con mucha firmeza. Hizo esto porque Pedro estaba diciendo cosas que Satanás quiere que la gente crea. Satanás quiere que las personas crean que no están separadas de Dios. Desea que piensen que de algún modo todo estará bien. Satanás no quiere que las personas sepan que han nacido en un mundo de pecado y muerte.

La única manera de regresar a una verdadera relación con Dios es si hay un pago de muerte por el pecado. Esta es la única y verdadera manera en la que las personas pueden acudir a Dios. Las personas deben saber que están separadas de Dios por su pecado. Y tienen que creer que solo Dios puede ayudarlas. Esa es la verdad acerca de cómo son las cosas en realidad. Pero Satanás quiere que

---

213. **rechazar**: no escuchar a alguien, no querer o amar a alguien, no estar de acuerdo con alguien o expresar que lo que alguien dice está mal
214. **reprender**: decirle a alguien que deje de hacer lo que está haciendo

SU HISTORIA – EL RESCATE

las personas crean que pueden acercarse a Dios sin pagar por su pecado. Así no son las cosas en realidad en la verdadera historia del rescate de Dios. Esto no es cierto. Las personas deben acercarse a Dios de una manera real, y deben entender cómo son las cosas en realidad. Dios ama a las personas y desea salvarlas de la muerte. Pero tienen que acudir a él de la manera que él preparó; no existe otro camino.

Por eso Jesús le habló a Pedro con firmeza. Jesús tuvo que venir a la tierra para hacer la obra de Dios. Esa obra significaba que tendría que sufrir y morir. Entonces Jesús no escucharía ninguna otra manera de hacer las cosas. Él no quería ser un gran rey sobre la tierra, con muchos seguidores. Solo quería hacer la obra que Dios le había encomendado.

MARCOS 8:34-9:1

³⁴ Entonces llamó a la multitud para que se uniera a los discípulos, y dijo: «Si alguno de ustedes quiere ser mi seguidor, tiene que abandonar su manera egoísta de vivir, tomar su cruz y seguirme. 35 Si tratas de aferrarte a la vida, la perderás; pero si entregas tu vida por mi causa y por causa de la Buena Noticia, la salvarás. 36 ¿Y qué beneficio obtienes si ganas el mundo entero pero pierdes tu propia alma? 37 ¿Hay algo que valga más que tu alma? 38 Si alguien se avergüenza de mí y de mi mensaje en estos días de adulterio y de pecado, el Hijo del Hombre se avergonzará de esa persona cuando regrese en la gloria de su Padre con sus santos ángeles».

9:1 Jesús continuó diciendo: «¡Les digo la verdad, algunos de los que están aquí ahora no morirán antes de ver el reino de Dios llegar con gran poder!».

Jesús llamó a una multitud de personas para que lo escucharan hablar. Quería decirles lo que realmente significa ser su discípulo. Dijo que las personas que lo siguieran tendrían que renunciar a muchas cosas. Tendrían que dejar de hacer lo que quisieran en sus vidas. Tendrían que creer lo que él dijo sobre sí mismo. Tendrían que decidir seguirle. Jesús dijo: *"Si entregas tu vida por mi causa y por causa de la Buena Noticia, la salvarás"*. Quiso decir que si las personas creían lo que Jesús dijo acerca de sí mismo y lo seguían, sus vidas serían salvadas.

Marcos escribió acerca de algo que sucedió seis días más tarde.

SESIÓN 19: JESÚS ES LA ÚNICA PUERTA

MARCOS 9:2-10

² Seis días después, Jesús tomó a Pedro, a Santiago y a Juan y los llevó a una montaña alta para estar a solas. Mientras los hombres observaban, la apariencia de Jesús se transformó, ³ y su ropa se volvió blanca resplandeciente, más de lo que cualquier blanqueador terrenal jamás podría lograr. ⁴ Después aparecieron Elías y Moisés y comenzaron a conversar con Jesús.

⁵ Pedro exclamó: «Rabí, ¡es maravilloso que estemos aquí! Hagamos tres enramadas como recordatorios una para ti, una para Moisés y la otra para Elías». ⁶ Dijo esto porque realmente no sabía qué otra cosa decir, pues todos estaban aterrados.

⁷ Luego una nube los cubrió y, desde la nube, una voz dijo: «Este es mi Hijo muy amado. Escúchenlo a él». ⁸ De pronto, cuando miraban ellos a su alrededor, Moisés y Elías se habían ido, y vieron solo a Jesús con ellos.

⁹ Mientras descendían de la montaña él les dijo que no le contaran a nadie lo que habían visto hasta que el Hijo del Hombre se levantara de los muertos. ₁₀ Así que guardaron el secreto, pero a menudo se preguntaban qué quería decir con «levantarse de los muertos».

Jesús les pidió a Pedro, Santiago y Juan que subieran con él a una montaña alta. La palabra de Dios no dice qué montaña era, pero algunas personas creen que era el monte Tabor en Galilea. Mientras estaban allí en la montaña, Jesús *se transformó*[215]. Su ropa se volvió muy blanca y resplandeciente[216]. Luego, Pedro, Santiago y Juan vieron a Moisés y Elías conversando con Jesús.

Los discípulos estaban aterrados. Pedro estaba asombrado y asustado. No sabía qué decir. Entonces sugirió que debían construir tres tabernáculos[217] en la montaña. Pensó que la gente tal vez quisiera venir a adorar a Jesús, Moisés y Elías en ese lugar. Justo entonces, una nube vino sobre ellos. Una voz salió de la nube y dijo: *"Este es mi Hijo muy amado. Escúchenlo a él"*. Cuando volvieron a mirar, solo Jesús estaba allí. Mientras bajaban de la montaña, Jesús les dijo que no le contaran a nadie lo que había sucedido. Dijo que debían esperar hasta después de que él resucitara de los muertos.

---

215. **transformar**: cambiar mucho
216. **resplandeciente**: tan brillante que es difícil mirarlo
217. **tabernáculo**: un refugio

SU HISTORIA – EL RESCATE

Pedro, Santiago y Juan habían visto quién era Jesús en realidad. Antes, solo lo habían visto como a un hombre. Pero ahora habían visto que también era el Hijo de Dios que vivía en un cuerpo humano. Y Dios les había hablado desde la nube. Dios el Padre había dicho que Jesús era su Hijo y que debían escucharlo. No le dijeron a nadie lo que había sucedido, tal como Jesús les había pedido. La palabra de Dios dice que hablaron acerca de lo que significaba *levantarse de los muertos*. No lo entendían.

Jesús quería que las personas entendieran quién era él en realidad. Quería que supieran qué trabajo le había encomendado Dios. Usó muchos ejemplos para intentar ayudar a la gente a comprender estas cosas. Juan escribió acerca de uno de los ejemplos que usó Jesús.

JUAN 10:7-11

⁷ Entonces les dio la explicación: «Les digo la verdad, yo soy la puerta de las ovejas. ⁸ Todos los que vinieron antes que yo eran ladrones y bandidos, pero las verdaderas ovejas no los escucharon. ⁹ Yo soy la puerta; los que entren a través de mí serán salvos. Entrarán y saldrán libremente y encontrarán buenos pastos. ¹⁰ El propósito del ladrón es robar y matar y destruir; mi propósito es darles una vida plena y abundante.

¹¹ »Yo soy el buen pastor. El buen pastor da su vida en sacrificio por las ovejas.

Jesús dijo: *"Yo soy la puerta de las ovejas"*. La gente entendía de qué les estaba hablando. Tenían muchas ovejas en su zona, y sabían cómo cuidarlas. Los pastores llevaban sus ovejas a pastar. A veces las arreaban lejos de las ciudades y los pueblos. A la noche, el pastor colocaba las ovejas dentro de un área con una cerca de piedra alrededor. Un buen pastor no dejaba las ovejas solas, se quedaba allí con ellas toda la noche. Dormía en la entrada de la cerca de piedra. Hacía esto para que las ovejas no pudieran salir y los ladrones[218] no pudieran entrar. Las ovejas estarían seguras adentro por la noche.

Entonces la gente de allí sabía cómo era un buen pastor. Entendían de qué estaba hablando Jesús cuando explicó que era *la puerta de las ovejas*. Pero Jesús no estaba hablando de ovejas reales, se refería a las personas. Estaba diciendo que las personas son como las ovejas porque necesitan un pastor que cuide de ellas.

---

218. **ladrones**: personas que toman cosas que les pertenecen a alguien más

SESIÓN 19: JESÚS ES LA ÚNICA PUERTA

Y Jesús dijo que si las personas *"entran a través de mí"*, serían salvas. Jesús estaba enseñando que él es el camino para llegar a Dios, que cualquiera que viene a Dios de esa manera, a través de él, sería salvo. Dios cuidaría de ellos y estarían a salvo del Enemigo de Dios. Jesús dijo: *"Mi propósito es darles una vida plena y abundante. Yo soy el buen pastor. El buen pastor da su vida en sacrificio por las ovejas"*.

Jesús también dijo que *daría su vida en sacrificio por las ovejas*. Quiso decir que moriría para rescatar a las personas, que ama tanto a las personas que entregaría su vida por ellas.

Un poco más adelante, Juan escribió acerca de algo más que Jesús dijo acerca de sí mismo.

Hier ist noch eine wichtige Aussage, die Jesus über sich selbst machte:

⁶ Jesús le contestó: —Yo soy el camino, la verdad y la vida; nadie puede ir al Padre si no es por medio de mí.

JUAN 14:6

Cuando dijo esto, Jesús les estaba hablando a sus discípulos. Afirmó que él es *el camino* por el que las personas pueden venir a Dios. Dijo que no hay otro camino para ir a Dios que no sea a través de él.

Jesús también dijo que él es *la verdad*. Jesús es el Hijo de Dios y vino a la tierra como un hombre para hacer la obra que Dios quiso que hiciera. Esa es la verdad. Dios siempre habla la verdad y Jesús siempre habló la verdad. Jesús vivió todo el tiempo en un camino verdadero. Dijo que él era la verdad. Las personas deben entender quién era Jesús en realidad para poder entender la verdad acerca de Dios y todo lo demás. Si no saben quién fue Jesús, no pueden entender la verdad.

Jesús también dijo que él es *la vida*. Quiso decir que la verdadera vida solo puede existir gracias a él. Las personas viven por un breve tiempo en la tierra. Luego mueren y serán separadas de Dios para siempre por causa de su pecado. Pero Dios quiere que las personas vivan para siempre con él, desea que las personas tengan vida verdadera, vida eterna. Jesús dijo que él es la vida porque él sería el único camino para que la gente se acerque al Padre y tenga una vida verdadera y eterna con Dios.

1. ¿Por qué Jesús les preguntó a sus discípulos: "Y ustedes, ¿quién dicen que soy?".

2. ¿Por qué Jesús reprendió a Pedro?

3. ¿Qué quiso decir Jesús en realidad cuando explicó: "Yo soy la puerta de las ovejas"?

4. ¿Qué quiso decir Jesús con las palabras "Yo soy el camino, la verdad y la vida"?

SESIÓN 20

JESÚS VOLVIÓ A UN HOMBRE A LA VIDA

Juan escribió acerca de algo increíble que sucedió en un pueblo llamado Betania, que estaba muy cerca de Jerusalén, en Judea. Estaba en el monte de los Olivos, justo al lado de Jerusalén. Allí vivían tres hermanos, cuyos nombres eran María, Marta y Lázaro. Lucas escribió acerca de María y Marta antes en la palabra de Dios. Ellas y su hermano Lázaro eran amigos cercanos y seguidores de Jesús.

En ese momento, los líderes judíos querían que Jesús dejara de enseñar. Lo buscaban para matarlo. Muchas personas seguían a Jesús, y los líderes judíos querían que esto terminara.

JUAN 11:1-16

¹ Un hombre llamado Lázaro estaba enfermo. Vivía en Betania con sus hermanas María y Marta. ² María era la misma mujer que tiempo después derramó el perfume costoso sobre los pies del Señor y los secó con su cabello. Su hermano, Lázaro, estaba enfermo. ³ Así que las dos hermanas le enviaron un mensaje a Jesús que decía: «Señor, tu querido amigo está muy enfermo».

SU HISTORIA – EL RESCATE

⁴ Cuando Jesús oyó la noticia, dijo: «La enfermedad de Lázaro no acabará en muerte. Al contrario, sucedió para la gloria de Dios, a fin de que el Hijo de Dios reciba gloria como resultado». ⁵ Aunque Jesús amaba a Marta, a María y a Lázaro, ⁶ se quedó donde estaba dos días más. ⁷ Pasado ese tiempo, les dijo a sus discípulos:

—Volvamos a Judea.

⁸ Pero sus discípulos se opusieron diciendo:

—Rabí, hace solo unos días, la gente de Judea trató de apedrearte. ¿Irás allí de nuevo?

⁹ Jesús contestó:

—Cada día tiene doce horas de luz. Durante el día, la gente puede andar segura y puede ver porque tiene la luz de este mundo; ¹⁰ pero de noche se corre el peligro de tropezar, porque no hay luz. ¹¹ —Después agregó—: Nuestro amigo Lázaro se ha dormido, pero ahora iré a despertarlo.

¹² —Señor —dijeron los discípulos—, si se ha dormido, ¡pronto se pondrá mejor!

¹³ Ellos pensaron que Jesús había querido decir que Lázaro solo estaba dormido, pero Jesús se refería a que Lázaro había muerto.

¹⁴ Por eso les dijo claramente:

—Lázaro está muerto. ¹⁵ Y, por el bien de ustedes, me alegro de no haber estado allí, porque ahora ustedes van a creer de verdad. Vamos a verlo.

¹⁶ Tomás, al que apodaban el Gemelo, les dijo a los otros discípulos: «Vamos nosotros también y moriremos con Jesús».

María y Marta le enviaron un mensaje a Jesús para avisarle que su hermano estaba enfermo. Jesús es Dios, así que sabía lo que iba a ocurrir. Dijo que esta enfermedad sucedió *"para la gloria de Dios, a fin de que el Hijo de Dios reciba gloria como resultado"*. Darle *gloria* a alguien significa ver algo asombroso que ha hecho y alabarlo por ello. Jesús dijo que él *recibiría gloria*[219] a través de esta enfermedad.

---

219. **gloria**: que la gente viera quién era Jesús realmente y lo alabara y adorara por ello

SESIÓN 20: JESÚS VOLVIÓ A UN HOMBRE A LA VIDA

Jesús se encontraba en otro lugar en ese momento, cuando recibió el mensaje de María y Marta de que Lázaro estaba enfermo, sin embargo se quedó dos días más en el lugar donde estaba. Después de dos días, les dijo a sus discípulos: *"Volvamos a Judea"*, pero ellos no querían ir. Judea era una provincia[220] en Israel, donde se encontraba la ciudad de Jerusalén. En esta ciudad había muchos líderes religiosos judíos que querían arrestar y matar a Jesús. Los discípulos le dijeron que si regresaba a Jerusalén, era posible que los judíos intentaran matarlo.

Jesús dijo que quería ir a *despertar* a Lázaro, por eso los discípulos entendieron que decía que solo estaba dormido. Entonces dijeron que era bueno que durmiera para que se sintiera mejor, pero Jesús les dijo claramente que Lázaro estaba muerto y que se alegraba de no haber estado allí. Él sabía lo que iba a suceder, Jesús sabía que cuando los discípulos vieran lo que iba a hacer, creerían que era el enviado de Dios.

Uno de los discípulos, llamado Tomás, dijo: *"Vamos nosotros también y moriremos con Jesús"*. Quería que fueran con Jesús, pero creía que los judíos los matarían a todos. Entonces Jesús y los discípulos fueron a Betania.

JUAN 11:17-32

[17] Cuando Jesús llegó a Betania, le dijeron que Lázaro ya llevaba cuatro días en la tumba. [18] Betania quedaba solo a unos pocos kilómetros de Jerusalén, [19] y mucha gente se había acercado para consolar a Marta y a María por la pérdida de su hermano. [20] Cuando Marta se enteró de que Jesús estaba por llegar, salió a su encuentro, pero María se quedó en la casa. [21] Marta le dijo a Jesús:

—Señor, si tan solo hubieras estado aquí, mi hermano no habría muerto; [22] pero aun ahora, yo sé que Dios te dará todo lo que pidas.

[23] Jesús le dijo:

—Tu hermano resucitará.

[24] —Es cierto —respondió Marta—, resucitará cuando resuciten todos, en el día final.

[25] Jesús le dijo:

—Yo soy la resurrección y la vida. El que cree en mí vivirá aun después de haber muerto. [26] Todo el que vive en mí y cree en mí jamás morirá. ¿Lo crees, Marta?

---

220. **provincia**: un área en ese tiempo que tenía un gobernador romano

SU HISTORIA – EL RESCATE

> [27] —Sí, Señor —le dijo ella—. Siempre he creído que tú eres el Mesías, el Hijo de Dios, el que ha venido de Dios al mundo.
>
> [28] Luego Marta regresó adonde estaba María y los que se lamentaban. La llamó aparte y le dijo: «El Maestro está aquí y quiere verte». [29] Entonces María salió enseguida a su encuentro.
>
> [30] Jesús todavía estaba fuera de la aldea, en el lugar donde se había encontrado con Marta. [31] Cuando la gente que estaba en la casa consolando a María la vio salir con tanta prisa, creyeron que iba a la tumba de Lázaro a llorar. Así que la siguieron. [32] Cuando María llegó y vio a Jesús, cayó a sus pies y dijo:
>
> —Señor, si tan solo hubieras estado aquí, mi hermano no habría muerto.

Cuando Jesús y los discípulos llegaron a Betania, a Lázaro ya lo habían puesto en una tumba[221]. Su cuerpo había estado en la tumba durante cuatro días. Había mucha gente en el lugar. Betania estaba muy cerca de Jerusalén, así que muchos judíos también se encontraban allí.

Marta salió de la casa y fue al encuentro de Jesús. Dijo que, si él hubiera estado allí antes, Lázaro no habría muerto. Pero luego afirmó que Jesús podía pedirle ayuda a Dios, quien se la daría. Él le prometió a Marta que su hermano iba a *resucitar*. Con esto quiso decir que traería a Lázaro de regreso a la vida, pero Marta pensó que se refería a un tiempo muy lejano en el futuro. Dijo: *"resucitará cuando resuciten todos, en el día final"*. Marta sabía que la palabra de Dios describía el fin de los tiempos, cuando todos los que han muerto resucitarán y Dios los juzgará en ese momento. Pero esto no es de lo que Jesús estaba hablando.

Le afirmó a Marta: *"Yo soy la resurrección[222] y la vida. El que cree en mí vivirá aun después de haber muerto"*, le estaba diciendo que él era el único que puede volver a la vida a las personas. Declaró que cualquiera que creía en él nunca moriría. Ella confesó que creía que Jesús era el Mesías, el Hijo de Dios, el que Dios envió al mundo.

Marta fue a la casa a buscar a María. Le dijo que Jesús quería verla, así que María fue donde él estaba. Los judíos que estaban allí siguieron a María, quien

---

221. **tumba**: una sala hecha de piedra donde se guardaban los cadáveres; se colocaba una gran piedra en la puerta para cerrarla
222. **resurrección**: volver a la vida después de haber estado muerto

SESIÓN 20: JESÚS VOLVIÓ A UN HOMBRE A LA VIDA

llorando declaró: *"Señor, si tan solo hubieras estado aquí, mi hermano no habría muerto"*. María pensaba que era demasiado tarde para salvar a su hermano, incluso para Jesús.

JUAN 11:33-37

33 Cuando Jesús la vio llorando y vio a la gente lamentándose con ella, se enojó en su interior y se conmovió profundamente.

34 —¿Dónde lo pusieron? —les preguntó.

Ellos le dijeron:

—Señor, ven a verlo.

35 Entonces Jesús lloró. 36 La gente que estaba cerca dijo: «¡Miren cuánto lo amaba!». 37 Pero otros decían: «Este hombre sanó a un ciego. ¿Acaso no podía impedir que Lázaro muriera?».

Jesús vio que María lloraba y los judíos se lamentaban. Se enojó y se entristeció mucho. Estaba triste porque Dios no quiere que las personas mueran, las creó en el principio para que tuvieran una verdadera relación con él para siempre. Jesús estaba enojado porque había muchas personas allí que no creían que él podía salvar a Lázaro de la muerte. Luego preguntó dónde habían puesto el cuerpo de Lázaro.

JUAN 11:38-44

38 Jesús todavía estaba enojado cuando llegó a la tumba, una cueva con una piedra que tapaba la entrada. 39 «Corran la piedra a un lado», les dijo Jesús.

Entonces Marta, la hermana del muerto, protestó:

—Señor, hace cuatro días que murió. Debe haber un olor espantoso.

40 Jesús respondió:

—¿No te dije que si crees, verás la gloria de Dios?

41 Así que corrieron la piedra a un lado. Entonces Jesús miró al cielo y dijo: «Padre, gracias por haberme oído. 42 Tú siempre me oyes, pero lo dije en voz alta por el bien de toda esta gente que está aquí, para que crean que tú me enviaste». 43 Entonces Jesús gritó: «¡Lázaro, sal de ahí!». 44 Y el muerto salió de la tumba con las manos y los pies envueltos con vendas de entierro y la cabeza enrollada en un lienzo. Jesús les dijo: «¡Quítenle las vendas y déjenlo ir!».

SU HISTORIA – EL RESCATE

Jesús llegó a la tumba, que estaba en una cueva[223] con una piedra sobre la puerta. Les dijo que quitaran la piedra. Marta dijo que el cuerpo ya había estado allí durante cuatro días, así que debía tener un olor espantoso. Jesús le recordó algo que le había dicho anteriormente, que si creía, vería la gloria de Dios. Quiso explicar que vería a Dios hacer algo asombroso y, cuando lo viera, lo adoraría.

Quitaron la piedra de la cueva, y luego Jesús habló con Dios, su Padre. Le agradeció en voz alta por escucharlo, para que la multitud pudiera oírlo. Quería que la gente supiera que Dios lo había enviado. Luego gritó[224]: "*¡Lázaro, sal de ahí!*". Después de que Jesús lo llamó, Lázaro salió de la tumba, envuelto[225] con vendas[226]. Cuando los judíos colocaban un cuerpo en una tumba, primero lo cubrían con vendas. Jesús ordenó que le quitaran las vendas a Lázaro y lo dejaran ir.

Jesús había vuelto a la vida a Lázaro, quien había estado muerto. Con esto le mostró a la gente quién era él en realidad. Antes, Jesús dijo que él es la *vida* y la *resurrección*. Él es el único que puede volver a la vida a las personas que estuvieron muertas.

Juan escribió acerca de lo que sucedió a continuación. Muchos judíos que estaban allí vieron lo que Jesús había hecho. Muchos de ellos creyeron que Dios había enviado a Jesús, pero otras personas fueron a contarles a los líderes religiosos judíos lo que había sucedido.

JUAN 11:45-54

⁴⁵ Al ver lo que sucedió, muchos de entre la gente que estaba con María creyeron en Jesús; ⁴⁶ pero otros fueron a ver a los fariseos para contarles lo que Jesús había hecho. ⁴⁷ Entonces, los principales sacerdotes y los fariseos convocaron al Con-

---

223. **cueva**: una sala dentro de un área de piedra debajo de la tierra o junto a un precipicio
224. **gritar**: llamar a gran voz
225. **envolver**: colocar telas o vendas todo por encima y alrededor de algo
226. **venda**: tela o género con el que se hace ropa

SESIÓN 20: JESÚS VOLVIÓ A UN HOMBRE A LA VIDA

cilio Supremo. «¿Qué vamos a hacer? —se preguntaron unos a otros—. Sin duda, ese hombre realiza muchas señales milagrosas. 48 Si lo dejamos seguir así, dentro de poco todos van a creer en él. Entonces, el ejército romano vendrá y destruirá tanto nuestro templo como nuestra nación».

49 Caifás, quien era el sumo sacerdote en aquel tiempo, dijo: «¡No saben de qué están hablando! 50 No se dan cuenta de que es mejor para ustedes que muera un solo hombre por el pueblo, y no que la nación entera sea destruida».

51 No dijo eso por su propia cuenta; como sumo sacerdote en aquel tiempo, fue guiado a profetizar que Jesús moriría por toda la nación. 52 Y no solo por esa nación, sino que también moriría para congregar y unir a todos los hijos de Dios dispersos por el mundo.

53 Así que, a partir de ese momento, los líderes judíos comenzaron a conspirar para matar a Jesús. 54 Como resultado, Jesús detuvo su ministerio público entre la gente y salió de Jerusalén. Fue a un lugar cercano al desierto, a la aldea de Efraín, y se quedó allí con sus discípulos.

Los líderes de los sacerdotes y los fariseos tuvieron una reunión. Cuando se reunían, el grupo se llamaba el Concilio Supremo. Era el tribunal superior de los judíos, donde se trataban temas importantes. Estaban muy preocupados por Jesús, pensaban que todos creerían en él y no querían que eso sucediera. Tenían miedo de que la gente convirtiera a Jesús en el rey de los judíos. Los romanos ya tenían un rey, entonces los líderes judíos pensaban que ellos se enojarían y les quitarían toda su libertad. Por eso decidieron que Jesús debía morir, para que los romanos no destruyeran a la nación judía.

Jesús conocía lo que los líderes judíos decían de él, y sabía que tenían pensado matarlo. Entonces se fue de la zona de Jerusalén, porque sabía que aún no era su tiempo de morir.

En cambio, Jesús se trasladó a una zona diferente para enseñar allí a las personas. Podemos leer en la palabra de Dios acerca de algunas de las cosas que enseñó. Marcos escribió acerca de un día en el que algunas personas trajeron a sus hijos a Jesús.

SU HISTORIA – EL RESCATE

MARCOS 10:13-16

¹³ Cierto día, algunos padres llevaron a sus niños a Jesús para que los tocara y los bendijera, pero los discípulos regañaron a los padres por molestarlo.

¹⁴ Cuando Jesús vio lo que sucedía, se enojó con sus discípulos y les dijo: «Dejen que los niños vengan a mí. ¡No los detengan! Pues el reino de Dios pertenece a los que son como estos niños. ¹⁵ Les digo la verdad, el que no reciba el reino de Dios como un niño nunca entrará en él». ¹⁶ Entonces tomó a los niños en sus brazos y después de poner sus manos sobre la cabeza de ellos, los bendijo.

En ese tiempo, la gente llevaba a sus hijos a los maestros religiosos. Querían que esos hombres pusieran sus manos sobre las cabezas de los niños y le pidieran a Dios que los ayudara. Por eso, algunas personas trajeron a sus hijos a Jesús, ya que lo consideraban un Rabí o maestro religioso judío, para que le pidiera a Dios que los ayudara.

Los discípulos de Jesús no querían que la gente llevara sus hijos a verlo, ya que pensaban que él tenía cosas más importantes para hacer. Les dijeron a los padres que se llevaran a los niños, pero su maestro los reprendió, les dijo que permitieran que los niños se acercaran a él. Los usó como ejemplo para explicar que las personas deben acercarse a Dios como niños pequeños. Dijo que si no se acercaban a Dios de esa manera, no podrían hacerlo de ningún modo. ¿Pero qué quiso decir con esto?

Jesús quiso decir que las personas deben amar a Dios y confiar en él porque es su Padre. Deben tener fe en Dios, del mismo modo que un niñito tiene fe en su padre y su madre. Tienen que escuchar lo que Dios dice, y confiar en su cuidado. Los pequeños saben que necesitan que alguien los cuide, así que Jesús estaba explicando que la gente debe amar a Dios y confiar en él de ese mismo modo. Dios creó a las personas, así que tiene autoridad sobre sus vidas. Él ama a las personas, quienes pueden confiar en que las cuidará. El Señor desea tener una relación muy cercana con las personas, como la que tiene un padre con su hijo.

Marcos escribió que Jesús tomó en sus brazos a cada uno de los niños. Luego, colocó la mano sobre sus cabezas y los bendijo[227].

---

227. **bendijo**: le pidió a Dios que cuidara de ellos

SESIÓN 20: JESÚS VOLVIÓ A UN HOMBRE A LA VIDA

Poco después, Jesús fue a Jerusalén, donde un hombre salió a su encuentro para hablar con él. Se arrodilló[228] frente a Jesús y le preguntó: *"Maestro bueno, ¿qué debo hacer para heredar[229] la vida eterna?"*.

MARCOS 10:17-24

[17] Cuando Jesús estaba por emprender su camino a Jerusalén, un hombre se le acercó corriendo, se arrodilló y le preguntó:

—Maestro bueno, ¿qué debo hacer para heredar la vida eterna?

[18] —¿Por qué me llamas bueno? —preguntó Jesús—. Solo Dios es verdaderamente bueno; [19] pero para contestar a tu pregunta, tú conoces los mandamientos: "No cometas asesinato; no cometas adulterio; no robes; no des falso testimonio; no estafes a nadie; honra a tu padre y a tu madre".

[20] —Maestro —respondió el hombre—, he obedecido todos esos mandamientos desde que era joven.

[21] Jesús miró al hombre y sintió profundo amor por él.

—Hay una cosa que todavía no has hecho —le dijo—. Anda y vende todas tus posesiones y entrega el dinero a los pobres, y tendrás tesoro en el cielo. Después ven y sígueme.

[22] Al oír esto, el hombre puso cara larga y se fue triste porque tenía muchas posesiones.

[23] Jesús miró a su alrededor y dijo a sus discípulos: «¡Qué difícil es para los ricos entrar en el reino de Dios!». [24] Los discípulos quedaron asombrados de sus palabras. Pero Jesús volvió a decir: «Queridos hijos, es muy difícil entrar en el reino de Dios.

Jesús le preguntó al hombre: *"¿Por qué me llamas bueno? Solo Dios es verdaderamente bueno"*.

Jesús sabía lo que este hombre estaba pensando. Dios siempre conoce todo lo que pensamos. Este hombre era rico, era una persona que intentaba obedecer todas las leyes de Dios. Jesús quería que supiera que no se pueden obedecer todas esas leyes, deseaba que entendiera la verdad acerca de él y de Dios.

El hombre pensaba que Jesús era solo un maestro religioso, no sabía que era el Hijo de Dios. Entonces, cuando lo llamó *"Maestro bueno"*, estaba diciendo que creía que las personas pueden ser buenas, pero Jesús le explicó que solo Dios es

---

228. **arrodilló**: se puso sobre sus rodillas
229. **heredar**: recibir dinero, propiedades o algo de una persona después de que esta muere

SU HISTORIA – EL RESCATE

bueno. Quiso decir que solo Dios es perfecto y que las personas jamás pueden serlo. Él habló acerca de algunos de los mandamientos de Dios, no matar a nadie, no cometer adulterio, no robar, no mentir, y mostrar respeto a los padres. El Señor estableció estas leyes para mostrar a las personas que no pueden ser perfectas todo el tiempo, es imposible obedecer las leyes perfectas de Dios, Jesús quería que el hombre entendiera eso.

Pero el hombre le respondió a Jesús que siempre había obedecido todas las leyes de Dios. Jesús lo amó y quiso que entendiera que es imposible que una persona sea perfecta, que solo Dios es perfecto. Entonces le dijo al hombre que debía entregar todo su dinero y sus posesiones a los pobres[230], y luego seguirlo. El hombre era adinerado, y no quería renunciar a todas sus posesiones, así que se fue muy triste.

Jesús le había dicho al hombre que entregara todos sus bienes, porque quería que entendiera que no había obedecido todas las leyes divinas. Él era rico y otras personas eran pobres, así que no se había ocupado de otras personas tanto como de sí mismo. Había desobedecido una de las leyes de Dios.

Un poco más tarde, Marcos escribió acerca de otra ocasión en la que Jesús habló sobre los mandamientos de Dios. Como respuesta a una pregunta de algunos expertos religiosos, Jesús habló acerca de cuáles son las leyes más importantes de Dios.

MARCOS 12:30-31

[30] Ama al Señor tu Dios con todo tu corazón, con toda tu alma, con toda tu mente y con todas tus fuerzas". [31] El segundo es igualmente importante: "Ama a tu prójimo como a ti mismo". Ningún otro mandamiento es más importante que estos.

El hombre creía que, si obedecía todas las leyes de Dios, se salvaría a sí mismo. Jesús quería que entendiera que eso no era posible, entonces le pidió que hiciera algo que sabía que le resultaría difícil. Quería que supiera que las leyes de Dios son perfectas y que las personas no pueden cumplirlas. El hombre no podía hacer nada para salvarse, solo Dios es perfecto. Debía comprender que necesitaba que Dios lo salvara.

---

230. **pobre**: que no tiene dinero suficiente para vivir

SESIÓN 20: JESÚS VOLVIÓ A UN HOMBRE A LA VIDA

1. ¿Por qué los líderes religiosos judíos querían matar a Jesús?

2. ¿Entendían María y Marta quién era Jesús en realidad?

3. ¿Qué lección enseñó Jesús cuando estaba con los niños?

4. ¿Por qué dijo Jesús que es difícil para los ricos entrar en el reino de Dios?

SESIÓN 21

JESÚS ENTRÓ EN JERUSALÉN Y FUE ARRESTADO POR SUS ENEMIGOS

Ahora, la palabra de Dios nos cuenta en el libro de Marcos algunas cosas que le sucedieron a Jesús quien, con sus discípulos, estaba de camino a Jerusalén. Él estaba haciendo la obra de Dios. Como Jesús era Dios, sabía todo lo que iba a ocurrir. Todo esto era parte del plan de salvación de Dios.

MARCOS 11:1-10

¹ Mientras Jesús y los discípulos se acercaban a Jerusalén, llegaron a las ciudades de Betfagé y Betania, en el monte de los Olivos. Jesús mandó a dos de ellos que se adelantaran. ² «Vayan a la aldea que está allí —les dijo—. En cuanto entren, verán un burrito atado, que nadie ha montado jamás. Desátenlo y tráiganlo aquí. ³ Si alguien les pregunta: "¿Qué están haciendo?" simplemente digan: "El Señor lo necesita y él lo devolverá pronto'».

⁴ Los dos discípulos salieron y encontraron el burrito en la calle, atado frente a la puerta principal ⁵ Mientras lo desataban, algunos que estaban allí les preguntaron: «¿Qué están haciendo, por qué desatan ese burrito?». ⁶ Ellos contestaron lo que Jesús había dicho y se les dio permiso para llevarlo. ⁷ Así que

SU HISTORIA – EL RESCATE

llevaron el burrito a Jesús y pusieron sus prendas encima y él se sentó allí.

⁸ Muchos de la multitud tendían sus prendas sobre el camino delante de él y otros extendían ramas frondosas que habían cortado en los campos. ⁹ Jesús estaba en el centro de la procesión, y la gente que lo rodeaba gritaba:

«¡Alaben a Dios!

¡Bendiciones al que viene en el nombre del Señor!

¹⁰ ¡Bendiciones al reino que viene, el reino de nuestro antepasado David!

¡Alaben a Dios en el cielo más alto!».

Jesús y sus discípulos estaban llegando a Jerusalén. Cuando se encontraban cerca del monte de los Olivos, Jesús envió a dos de sus discípulos a buscar un burro[231]. Les dijo que lo encontrarían atado en la siguiente aldea. Los discípulos fueron a buscar el animal y allí estaba, tal como Jesús había dicho. Se lo trajeron, y se sentó sobre él, luego entró en Jerusalén montado en el burro.

Mucha gente había visto las cosas asombrosas que Jesús había hecho, así que fueron a verlo. Creían que era el Mesías prometido, quien reinaría como rey de los judíos. *Tendían sus prendas*[232] sobre el camino delante de él y también algunas ramas de árboles, para demostrar que creían que Jesús era un rey. Le gritaron palabras de alabanza y le agradecieron a Dios por haberles enviado a su rey.

Muchos años antes, el profeta Zacarías había escrito que esto iba a suceder. Dijo que el rey entraría en Jerusalén sobre un burro.

ZACARÍAS 9:9

⁹ ¡Alégrate, oh pueblo de Sión!

¡Grita de triunfo, oh pueblo de Jerusalén!

Mira, tu rey viene hacia ti.

Él es justo y victorioso,

pero es humilde, montado en un burro:

montado en la cría de una burra.

---

231. **burro**: un animal parecido a un caballo, pero con orejas largas; se puede montar o usar para trasladar cosas
232. **prendas**: abrigos y túnicas; ropa exterior

SESIÓN 21: JESÚS ENTRÓ EN JERUSALÉN

Los líderes religiosos judíos estaban muy preocupados. No querían que la gente siguiera a Jesús, querían arrestarlo y matarlo mientras estaba en Jerusalén. Pero era la Pascua, así que había multitudes de personas en la ciudad. Los líderes religiosos pensaban que la muchedumbre se enojaría si lo arrestaban, así que decidieron esperar hasta después de la celebración de la Pascua.

MARCOS 14:1,2

¹ Faltaban dos días para la Pascua y el Festival de los Panes sin Levadura. Los principales sacerdotes y los maestros de la ley religiosa seguían buscando una oportunidad para capturar a Jesús en secreto y matarlo. 2 «Pero no durante la celebración de la Pascua —acordaron—, no sea que la gente cause disturbios».

Judas Iscariote también estaba en Jerusalén. Era el discípulo que Jesús anunció que iba a traicionarlo.

MARCOS 14:10

¹⁰ Entonces Judas Iscariote, uno de los doce discípulos, fue a ver a los principales sacerdotes para llegar a un acuerdo de cómo entregarles a Jesús a traición.

Judas fue a ver a los líderes religiosos judíos y les dijo que podía entregarles a Jesús. Podía avisarles dónde estaba para que pudieran arrestarlo fácilmente. Ellos se alegraron de que Judas quisiera ayudarlos y acordaron pagarle dinero, treinta monedas de plata, según escribió Mateo. Muchos años antes, el rey David escribió acerca del Mesías. Anunció que un amigo cercano lo traicionaría.

SALMOS 41:9

¹⁰ Hasta mi mejor amigo, en quien tenía plena confianza, quien compartía mi comida, se ha puesto en mi contra.

Jesús y sus discípulos estaban en Jerusalén, y necesitaban encontrar un lugar donde celebrar juntos la comida de la Pascua. Había que matar un cordero para que pudieran comerlo juntos. Los discípulos le preguntaron a Jesús dónde podían cenar.

MARCOS 14:12-26

¹² El primer día del Festival de los Panes sin Levadura, cuando se sacrifica el cordero de la Pascua, los discípulos de Jesús le

preguntaron: «¿Dónde quieres que vayamos a prepararte la cena de Pascua?».

¹³ Así que Jesús envió a dos de ellos a Jerusalén con las siguientes instrucciones: «Al entrar en la ciudad, se encontrarán con un hombre que lleva un cántaro de agua. Síganlo. ¹⁴ En la casa donde él entre, díganle al dueño: "El Maestro pregunta: '¿Dónde está el cuarto de huéspedes para que pueda comer la cena de Pascua con mis discípulos?'". ¹⁵ Él los llevará a un cuarto grande en el piso de arriba, que ya está listo. Allí deben preparar nuestra cena». ¹⁶ Entonces los dos discípulos entraron en la ciudad y encontraron todo como Jesús les había dicho y allí prepararon la cena de Pascua.

¹⁷ Por la noche, Jesús llegó con los Doce. ¹⁸ Mientras estaban a la mesa, comiendo, Jesús dijo: «Les digo la verdad, uno de ustedes que está aquí comiendo conmigo me traicionará».

¹⁹ Ellos, muy afligidos, le preguntaron uno por uno: «¿Seré yo?».

²⁰ Él contestó: «Es uno de ustedes doce que come de este plato conmigo. ²¹ Pues el Hijo del Hombre tiene que morir, tal como lo declararon las Escrituras hace mucho tiempo. Pero qué aflicción le espera a aquel que lo traiciona. ¡Para ese hombre sería mucho mejor no haber nacido!».

²² Mientras comían, Jesús tomó un poco de pan y lo bendijo. Luego lo partió en trozos, lo dio a sus discípulos y dijo: «Tómenlo, porque esto es mi cuerpo».

²³ Y tomó en sus manos una copa de vino y dio gracias a Dios por ella. Se la dio a ellos, y todos bebieron de la copa. ²⁴ Y les dijo: «Esto es mi sangre, la cual confirma el pacto entre Dios y su pueblo. Es derramada como sacrificio por muchos. ²⁵ Les digo la verdad, no volveré a beber vino hasta el día en que lo beba nuevo en el reino de Dios».

²⁶ Luego cantaron un himno y salieron al monte de los Olivos.

Jesús les dijo a sus discípulos que fueran a la ciudad y buscaran a un hombre que llevaba un cántaro[233] de agua y lo siguieran, ellos hicieron lo que Jesús les ordenó. El hombre al que siguieron les mostró un cuarto que ya estaba listo. Todo

---

233. **cántaro**: un recipiente grande para llevar agua

SESIÓN 21: JESÚS ENTRÓ EN JERUSALÉN

sucedió tal como Jesús lo había anunciado. Entonces los discípulos entraron en el cuarto y prepararon todo para la cena de Pascua.

A la noche, Jesús y los otros discípulos llegaron a la sala y comenzaron a comer la cena de Pascua juntos. Mientras comían, Jesús les dijo que uno de los que estaban comiendo allí con él lo traicionaría. Los discípulos se angustiaron[234] mucho al oír sus palabras; cada uno comenzó a preguntarle si era él quien iba a entregarlo.

Jesús les dijo a los discípulos que uno de ellos era el que iba a traicionarlo, pero afirmó: *"Pues el Hijo del Hombre tiene que morir, tal como lo declararon las Escrituras hace mucho tiempo"*. Él sabía que se acercaba el momento en el que tenía que morir, porque Dios siempre hace lo que dice que va a hacer. Se había escrito sobre esto en la palabra de Dios y Jesús sabía que iba a suceder. Pero dijo algo acerca de que un hombre lo entregaría, afirmó que sería mejor para ese hombre no haber nacido. Jesús sabía que Judas era quien iba a traicionarlo.

Jesús tomó un poco del pan que era parte de la cena de Pascua y lo bendijo. Esto significa que le agradeció a Dios su Padre por el pan. Luego, lo partió en trozos y se los dio a sus discípulos. Les dijo: *"Tómenlo, porque esto es mi cuerpo"*. Estaba explicando que su cuerpo sería partido como el pan.

Luego tomó una copa de vino de la mesa y le dio gracias a Dios por ella. Después se la pasó a los discípulos para que pudieran beber un poco. Anunció que el vino era su sangre que *confirma el pacto*[235] *entre Dios y su pueblo*. Jesús dijo que su sangre sería derramada por muchas personas, estaba hablando de la obra que Dios le había encomendado que hiciera. Su cuerpo sería partido y su sangre derramada. Eso sucedería para establecer el pacto, que era el acuerdo que Dios había hecho con los israelitas cuando dijo que debían obedecer todas las leyes de Dios. Jesús estaba diciendo que moriría para cumplir el acuerdo entre Dios y toda la humanidad.

---

234. **angustiarse**: estar muy molestos y preocupados
235. **pacto**: un acuerdo entre dos personas o grupos de personas

SU HISTORIA – EL RESCATE

Jesús y los discípulos cantaron himnos de alabanza a Dios. Luego fueron al monte de los Olivos, que estaba muy cerca de Jerusalén.

Marcos escribió lo que sucedió a continuación. Jesús y los discípulos fueron a un área conocida como Gat-Shemanim, un nombre que en idioma hebreo significa 'prensa de aceite'. En español, lo llamamos *Getsemaní*. Era una zona tranquila fuera de la ciudad, donde crecían olivos.

MARCOS 14:32-52

³² Fueron al huerto de olivos llamado Getsemaní, y Jesús dijo: «Siéntense aquí mientras yo voy a orar». ³³ Se llevó a Pedro, a Santiago y a Juan y comenzó a afligirse y angustiarse profundamente. ³⁴ Les dijo: «Mi alma está destrozada de tanta tristeza, hasta el punto de la muerte. Quédense aquí y velen conmigo».

³⁵ Se adelantó un poco más y cayó en tierra. Pidió en oración que, si fuera posible, pasara de él la horrible hora que le esperaba. ³⁶ «Abba, Padre —clamó—, todo es posible para ti. Te pido que quites esta copa de sufrimiento de mí. Sin embargo, quiero que se haga tu voluntad, no la mía».

³⁷ Luego volvió y encontró a los discípulos dormidos. Le dijo a Pedro: «Simón, ¿estás dormido? ¿No pudiste velar conmigo ni siquiera una hora? ³⁸ Velen y oren para que no cedan ante la tentación, porque el espíritu está dispuesto, pero el cuerpo es débil».

³⁹ Entonces Jesús los dejó otra vez e hizo la misma oración que antes. ⁴⁰ Cuando regresó de nuevo adonde estaban ellos, los encontró dormidos porque no podían mantener los ojos abiertos. Y no sabían qué decir.

⁴¹ Cuando volvió a ellos por tercera vez, les dijo: «Adelante, duerman, descansen; pero no, la hora ha llegado. El Hijo del Hombre es traicionado y entregado en manos de pecadores. ⁴² Levántense, vamos. ¡Miren, el que me traiciona ya está aquí!».

⁴³ En ese mismo instante, mientras Jesús todavía hablaba, llegó Judas, uno de los doce discípulos, junto con una multitud de hombres armados con espadas y palos. Los habían enviado los principales sacerdotes, los maestros de la ley religiosa y los ancianos. ⁴⁴ El traidor, Judas, había acordado previamente con ellos una señal: «Sabrán a cuál arrestar cuando yo lo salude con un beso. Entonces podrán llevárselo bajo custodia». ⁴⁵ En

SESIÓN 21: JESÚS ENTRÓ EN JERUSALÉN

cuanto llegaron, Judas se acercó a Jesús. «¡Rabí!», exclamó, y le dio el beso.

⁴⁶ Entonces los otros agarraron a Jesús y lo arrestaron; ⁴⁷ pero uno de los hombres que estaban con Jesús sacó su espada e hirió al esclavo del sumo sacerdote cortándole una oreja.

⁴⁸ Jesús les preguntó: «¿Acaso soy un peligroso revolucionario, para que vengan con espadas y palos para arrestarme? ⁴⁹ ¿Por qué no me arrestaron en el templo? Estuve enseñando allí entre ustedes todos los días. Pero estas cosas suceden para que se cumpla lo que dicen las Escrituras acerca de mí».

⁵⁰ Entonces todos sus discípulos lo abandonaron y huyeron. ⁵¹ Un joven que los seguía solamente llevaba puesta una camisa de noche de lino. Cuando la turba intentó agarrarlo, ⁵² su camisa de noche se deslizó y huyó desnudo.

Jesús sabía que se acercaba su momento de morir. Fue a la zona tranquila de Getsemaní para hablar con Dios y llevó a sus discípulos con él. Les dijo que se quedaran sentados mientras él iba a orar. Luego les pidió a Pedro, Santiago y Juan que lo acompañaran mientras oraba.

Jesús les confesó a Pedro, Santiago y Juan: *"Mi alma está destrozada de tanta tristeza, hasta el punto de la muerte"*. Sabía que iba a morir pronto, de qué manera iba a morir y todo lo que iba a suceder. Sabía que era el Cordero de Dios, quien iba a pagar por los pecados de todo el mundo. Dios Padre tendría que castigarlo por los pecados de toda la humanidad. Conocer esto era muy difícil para Jesús, admitió que era tan difícil para él pensar en eso que se sentía morir. Les pidió a Pedro, Santiago y Juan que se quedaran allí, y velaran[236] con él. Luego se alejó un poco de ellos y cayó con su rostro sobre la tierra.

Jesús le habló a su Padre. Clamó: *"Abba, Padre, todo es posible para ti. Te pido que quites esta copa de sufrimiento de mí. Sin embargo, quiero que se haga tu voluntad, no la mía"*. Jesús es el Hijo de Dios, sabía que él podía salvarlo de tener que morir. Al principio, le pidió a Dios que le quitara el sufrimiento por el que tendría que pasar. Usó el ejemplo de tener que beber algo de una copa, y le pidió a Dios que le quitara esa copa. Estaba hablando de todas las cosas terribles por las que tendría que pasar. Pero Jesús también conocía el plan de salvación de Dios para todas las personas, así que le dijo a su Padre que haría su voluntad.

---

236. **velar**: estar despierto, no dormir

SU HISTORIA – EL RESCATE

Sabía que sería un momento terrible para él, pero quería hacer la obra que Dios le había encomendado. Sabía que Dios entendía lo difícil que era para él.

Jesús les dijo a sus discípulos que se quedaran despiertos, pero ellos se durmieron. Fue a hablar con ellos tres veces; cada vez que iba adonde ellos estaban, los encontraba dormidos. La tercera vez que fue hacia ellos, les dijo que se despertaran, que el hombre que lo iba a traicionar estaba cerca.

Judas había llegado, acompañado por un grupo de hombres que trabajaban para los líderes religiosos judíos y tenían *espadas y palos*[237]. Judas les había dicho a estos hombres que, para mostrarles quién era Jesús, le daría un beso. Besar a alguien en la mejilla era un saludo[238] común en ese tiempo. Entonces Judas caminó hacia Jesús, le dijo *"Rabí"* y le dio un beso.

Los hombres que estaban con Judas vieron al individuo que había besado, y supieron que era Jesús. Lo agarraron y lo arrestaron. Uno de los que estaban allí sacó su espada y le cortó la oreja al esclavo del sumo sacerdote. Cuando Lucas escribió acerca de esto, dijo que Jesús sanó la oreja del esclavo. Luego, él preguntó por qué necesitaban espadas para arrestarlo. Dijo que podrían haberlo arrestado cuando estaba en el templo. Sabía que querían arrestarlo en un lugar tranquilo, no querían que mucha gente viera lo que estaban haciendo. Jesús declaró: *"Pero estas cosas suceden para que se cumpla lo que dicen las Escrituras acerca de mí"*. Quiso decir que en la palabra de Dios se había anunciado que esto iba a suceder, y que así sería.

Todos los discípulos huyeron en la oscuridad de la noche, y Jesús se quedó solo con las personas que querían matarlo.

Pedro huyó con los otros discípulos, pero siguió a los hombres que arrestaron a Jesús. Lo llevaron a la casa del sumo sacerdote en Jerusalén. Pedro se quedó afuera, en el patio[239] de la casa.

MARCOS 14:53-65

⁵³ Llevaron a Jesús a la casa del sumo sacerdote, donde se habían reunido los principales sacerdotes, los ancianos y los maestros de la ley religiosa. ⁵⁴ Mientras tanto, Pedro lo siguió de lejos y entró directamente al patio del sumo sacerdote. Allí se sentó con los guardias para calentarse junto a la fogata.

---

237. **palo**: un trozo de madera muy pesado utilizado para golpear a las personas
238. **saludo**: algo que haces cuando te encuentras con alguien
239. **patio**: un área fuera de una casa grande que tiene paredes a su alrededor pero no tiene techo

SESIÓN 21: JESÚS ENTRÓ EN JERUSALÉN

⁵⁵ Adentro, los principales sacerdotes y todo el Concilio Supremo intentaban encontrar pruebas contra Jesús para poder ejecutarlo, pero no pudieron encontrar ninguna. ⁵⁶ Había muchos falsos testigos que hablaban en contra de él, pero todos se contradecían. ⁵⁷ Finalmente unos hombres se pusieron de pie y dieron el siguiente falso testimonio: ⁵⁸ «Nosotros lo oímos decir: "Yo destruiré este templo hecho con manos humanas y en tres días construiré otro, no hecho con manos humanas"». ⁵⁹ ¡Pero aun así sus relatos no coincidían!

⁶⁰ Entonces el sumo sacerdote se puso de pie ante todos y le preguntó a Jesús: «Bien, ¿no vas a responder a estos cargos? ¿Qué tienes que decir a tu favor?». ⁶¹ Pero Jesús se mantuvo callado y no contestó. Entonces el sumo sacerdote le preguntó:

—¿Eres tú el Mesías, el Hijo del Bendito?

⁶² Jesús dijo:

—Yo soy. Y ustedes verán al Hijo del Hombre sentado en el lugar de poder, a la derecha de Dios, y viniendo en las nubes del cielo.

⁶³ Entonces el sumo sacerdote se rasgó las vestiduras en señal de horror y dijo: «¿Para qué necesitamos más testigos? ⁶⁴ Todos han oído la blasfemia que dijo. ¿Cuál es el veredicto?».

«¡Culpable! —gritaron todos—. ¡Merece morir!».

⁶⁵ Entonces algunos comenzaron a escupirle, y le vendaron los ojos y le daban puñetazos. «¡Profetízanos!», se burlaban. Y los guardias lo abofeteaban mientras se lo llevaban.

Dentro de la casa, estaban reunidos los líderes religiosos judíos, intentando encontrar a alguien que diera testimonio[240] en contra de Jesús. Eso significaba que querían que alguna persona expusiera pruebas[241] en su contra. Querían hallar a alguien que denunciara que Jesús había hecho algo que estaba en contra de la ley. Entonces podrían matarlo.

La palabra de Dios dice que no pudieron encontrar ninguna prueba contra Jesús. Vino mucha gente a hablar en contra de él, pero lo que una persona decía no coincidía con lo que otra declaraba. Entonces el sumo sacerdote habló con

---

240. **dar testimonio**: hablar en un tribunal de justicia acerca de algo que uno dice que es cierto
241. **pruebas**: alguien que diga que Jesús había hecho algo muy malo para que pudieran matarlo

SU HISTORIA – EL RESCATE

Jesús. Le preguntó si tenía alguna respuesta para las acusaciones de la gente, pero Jesús se quedó callado[242] y no respondió.

Muchos años antes, David escribió acerca del Mesías. Habló de los testigos falsos[243] que hablarían en su contra.

SALMOS 27:12

[12] No permitas que caiga en sus manos.
Pues me acusan de cosas que nunca hice;
cada vez que respiran, me amenazan con violencia.

Entonces el sumo sacerdote le preguntó a Jesús: *"¿Eres tú el Mesías, el Hijo del Bendito?"*. Le estaba preguntando a Jesús si era el Mesías, el Hijo de Dios. Jesús respondió: *"Yo soy"*, y afirmó que un día lo verían sentado en un lugar de poder y autoridad junto a Dios. El sumo sacerdote dijo que esto era una *blasfemia*, que es cuando alguna persona dice algo falso acerca de Dios. Creían que lo que Jesús declaraba no era cierto. La ley de Dios dice que la gente no debe blasfemar contra Dios, entonces el sumo sacerdote les preguntó a todos los líderes religiosos judíos qué debería sucederle a Jesús. Todos dijeron que Jesús debía morir por decir blasfemias.

Luego algunos de ellos escupieron a Jesús. Le vendaron los ojos[244], lo golpearon y le pidieron que *profetizara*. Profetizar significa hablar las palabras de Dios. Se estaban burlando de Jesús. No creían realmente que él era el Hijo de Dios ni que podía profetizar.

El profeta Isaías escribió muchos años antes que esto le iba a ocurrir al Mesías.

ISAÍAS 50:6

[6] Les ofrecí la espalda a quienes me golpeaban
y las mejillas a quienes me tiraban de la barba;
no escondí el rostro
de las burlas y los escupitajos.

---

242. **callado**: en silencio, sin hacer ruido, sin hablar
243. **testigos falsos**: personas que dicen que han visto algo cuando en realidad no lo han visto
244. **vendar los ojos**: atar un trozo de tela sobre los ojos de alguien para que no pueda ver

SESIÓN 21: JESÚS ENTRÓ EN JERUSALÉN

Los romanos eran quienes estaban a cargo del gobierno[245] en ese momento, entonces eran los únicos que podían matar a los delincuentes[246]. Los líderes judíos tenían que pedirles a los romanos que mataran a Jesús. A la mañana siguiente, llevaron a Jesús ante Pilato, el gobernador[247] romano.

MARCOS 15:1-20

¹ Muy temprano por la mañana, los principales sacerdotes, los ancianos y los maestros de la ley religiosa —todo el Concilio Supremo— se reunieron para hablar del próximo paso. Ataron a Jesús, se lo llevaron y lo entregaron a Pilato, el gobernador romano.

² Pilato le preguntó a Jesús:

—¿Eres tú el rey de los judíos?

—Tú lo has dicho —contestó Jesús.

³ Entonces los principales sacerdotes siguieron acusándolo de muchos delitos. ⁴ y Pilato le preguntó: «¿No vas a contestarles? ¿Qué me dices de las acusaciones que presentan en tu contra?». ⁵ Entonces, para sorpresa de Pilato, Jesús no dijo nada.

⁶ Ahora bien, era costumbre del gobernador poner en libertad a un preso cada año, durante la celebración de la Pascua, el que la gente pidiera. ⁷ Uno de los presos en ese tiempo era Barrabás, un revolucionario que había cometido un asesinato durante un levantamiento. ⁸ La multitud acudió a Pilato y le pidió que soltara a un preso como era la costumbre.

⁹ «¿Quieren que les deje en libertad a este "rey de los judíos"?», preguntó Pilato. ¹⁰ (Pues ya se había dado cuenta de que los principales sacerdotes habían arrestado a Jesús por envidia). ¹¹ Sin embargo, en ese momento, los principales sacerdotes incitaron a la multitud para que exigiera la libertad de Barrabás en lugar de la de Jesús. ¹² Pilato les preguntó:

—Entonces, ¿qué hago con este hombre al que ustedes llaman rey de los judíos?

¹³ —¡Crucifícalo! —le contestaron a gritos.

¹⁴ —¿Por qué? —insistió Pilato—. ¿Qué crimen ha cometido?

Pero la turba rugió aún más fuerte:

---

245. **gobierno**: el grupo de personas con autoridad para dirigir un país o estado
246. **delincuente**: persona que ha infringido la ley
247. **gobernador**: el líder del gobierno en un área

SU HISTORIA – EL RESCATE

—¡Crucifícalo!

¹⁵ Entonces Pilato, para calmar a la multitud, dejó a Barrabás en libertad. Y mandó azotar a Jesús con un látigo que tenía puntas de plomo, y después lo entregó a los soldados romanos para que lo crucificaran.

¹⁶ Los soldados llevaron a Jesús al patio del cuartel general del gobernador (llamado el pretorio) y llamaron a todo el regimiento. ¹⁷ Lo vistieron con un manto púrpura y armaron una corona con ramas de espinos y se la pusieron en la cabeza. ¹⁸ Entonces lo saludaban y se mofaban: «¡Viva el rey de los judíos!». ¹⁹ Y lo golpeaban en la cabeza con una caña de junco, le escupían y se ponían de rodillas para adorarlo burlonamente. ²⁰ Cuando al fin se cansaron de hacerle burla, le quitaron el manto púrpura y volvieron a ponerle su propia ropa. Luego lo llevaron para crucificarlo.

Pilato le preguntó a Jesús: *"¿Eres tú el rey de los judíos?"*, él respondió: *"Tú lo has dicho"*. Jesús estaba anunciando que él era el rey de los judíos, dijo esto porque es el verdadero rey del pueblo de Dios. Él sabía que muchas personas no sabían quién era en realidad y no entendían qué significaba el Mesías. Creían que sería un gran rey para la nación judía, pero Jesús sabía que su obra sería diferente.

Los principales sacerdotes lo acusaron²⁴⁸ de muchas cosas. Pilato estaba asombrado de que Jesús no le respondiera al pueblo que lo acusaba. El profeta Isaías había escrito acerca de esto muchos años antes.

ISAÍAS 53:7

⁷ Fue oprimido y tratado con crueldad,

sin embargo, no dijo ni una sola palabra.

Como cordero fue llevado al matadero.

Y como oveja en silencio ante sus trasquiladores,

no abrió su boca.

Isaías dijo que el Mesías sería *oprimido y tratado con crueldad*, eso significa que iba a sufrir y otras personas lo iban a lastimar, pero él se quedaría en silencio. Isaías usó el ejemplo de un cordero al que iban a matar y una oveja a la que iban

---

248. **acusar**: decir que alguien ha hecho algo malo

a cortarle la lana. Los corderos y las ovejas son mansos y no hacen ruido en esos momentos.

La palabra de Dios dice que Pilato sabía que Jesús no había hecho nada malo y que los líderes religiosos judíos querían matarlo por *envidia*. Envidiar es querer algo que los demás tienen. Algunas personas querían que Jesús fuera su líder, entonces a los jefes judíos les preocupaba que él se llevara el poder que ellos tenían sobre la gente.

Todos los años en el tiempo de la Pascua, el gobernador romano liberaba[249] a un prisionero[250], entonces vino la multitud y le pidió a Pilato que soltara a alguien. El gobernador les preguntó si querían que dejara ir al rey de los judíos. Pilato no creía que Jesús realmente fuera el rey, dijo esto porque eso es lo que él afirmó que era.

Solo unos días antes, la gente había visto a Jesús entrar en Jerusalén montado en un burro y pensaron que era el Mesías, creyeron que sería un gran gobernante. Pero ahora lo habían arrestado, por lo que mucha gente ya no creía que podría ser el Mesías. Pensaban que el Mesías sería muy poderoso, que vendría a gobernar como un rey, no que sería arrestado. Los principales sacerdotes y la multitud le pidieron a Pilato que liberara a otro prisionero, eligieron a un delincuente llamado Barrabás.

Luego, Pilato le preguntó a la multitud: *"Entonces, ¿qué hago con este hombre al que ustedes llaman rey de los judíos?"*. La muchedumbre exigió a los gritos que Jesús debía ser crucificado. Los romanos de ese tiempo crucificaban a las personas para matarlas. Hacían una cruz con grandes trozos de madera, luego la levantaban. Colocaban clavos en las manos y los pies de la persona a la que querían matar, luego la dejaban colgada en la cruz hasta que moría. A veces la persona vivía durante varios días antes de morir. Daban muerte a delincuentes muy malos y a sus enemigos de esta manera. Crucificaban a las personas en lugares por donde pudiera pasar mucha gente para verlos.

Aproximadamente setecientos años antes, el profeta Isaías escribió acerca del Mesías. Dijo que las personas iban a despreciarlo y rechazarlo. Eso significa que iban a odiarlo y alejarse de él.

---

249. **liberar**: dejar en libertad
250. **prisionero**: una persona que está encerrada en una prisión o cárcel

SU HISTORIA – EL RESCATE

ISAÍAS 53:3

³ Fue despreciado y rechazado:
hombre de dolores, conocedor del dolor más profundo.
Nosotros le dimos la espalda y desviamos la mirada;
fue despreciado, y no nos importó.

Pilato quería agradar a la multitud, también quería que los líderes religiosos judíos estuvieran contentos con él. Entonces liberó a Barrabás, luego ordenó que debían azotar[251] a Jesús. Después de esto, Pilato entregó a Jesús a los soldados[252] romanos para que lo crucificaran.

Los soldados se lo llevaron a su lugar de reunión. Llamaron a todos sus compañeros y se burlaron de Jesús. Burlarse significa hacer bromas crueles, se reían porque él había dicho que era el rey de los judíos. Le pusieron un manto, o una capa, de color púrpura, el que usan los reyes. Luego hicieron una corona de ramas con espinas[253] y se la pusieron sobre la cabeza. Se inclinaron ante él y exclamaron: *"¡Viva el rey de los judíos!"*. Lo golpearon y le escupieron. Finalmente llevaron a Jesús, el Hijo de Dios, para que lo crucificaran.

1. Cuando Jesús entró en Jerusalén en burro, ¿quién pensó que era la multitud?

2. ¿Qué creía la gente que había venido a hacer el Mesías?

3. ¿Qué dijo Jesús cuando habló con su Padre en Getsemaní? ¿Por qué dijo eso?

4. ¿Podría Jesús haberse salvado a sí mismo si hubiera querido hacerlo?

---

251. **azotar**: golpear a alguien con un látigo o un palo
252. **soldados**: hombres que están en el ejército
253. **espinas**: puntas que pinchan de una planta o árbol

SESIÓN 22

JESÚS FUE CRUCIFICADO, ENTERRADO Y RESUCITADO DE LOS MUERTOS

Los soldados romanos llevaron a Jesús a Jerusalén, y lo hicieron llevar la pesada cruz de madera a la que iban a clavarlo. Comenzaron a caminar hacia el lugar donde se realizaría la crucifixión. Lo habían golpeado con tanta brutalidad que seguramente estaba muy débil, debe de haber sido muy difícil para él cargar la cruz.

MARCOS 15:21

²¹ Un hombre llamado Simón, que pasaba por allí pero era de Cirene, venía del campo justo en ese momento, y los soldados lo obligaron a llevar la cruz de Jesús. (Simón era el padre de Alejandro y de Rufo).

Los soldados vieron a un hombre que pasaba por allí. Se llamaba Simón y era de Cirene, la Libia de nuestros días. Los soldados le exigieron a Simón que llevara la cruz en lugar de Jesús, y él así lo hizo. En este momento los seguía una gran multitud de personas, algunos de los cuales eran familiares y amigos de Jesús. No faltaba demasiado para llegar al lugar, estaba justo fuera de los muros de la ciudad.

SU HISTORIA – EL RESCATE

MARCOS 15:22,23

²² Y llevaron a Jesús a un lugar llamado Gólgota (que significa «Lugar de la Calavera»). 23 Le ofrecieron vino mezclado con mirra, pero él lo rechazó.

El lugar se llamaba Gólgota, que significa 'lugar de la calavera' en idioma arameo. Algunas personas dicen que era una colina con forma de calavera[254]. A veces, en la Biblia se usa el nombre Calvario para referirse a ese lugar. Los romanos crucificaban personas allí porque estaba cerca de la ciudad y mucha gente pasaba por ese lugar. Los romanos querían que muchas personas vieran lo que les sucedía a aquellos que infringían sus leyes.

Cuando llegaron, algunas personas intentaron darle de beber a Jesús *vino mezclado con mirra*. La mirra era una resina de olor agradable que provenía de un árbol. Cuando alguien la bebía, sentía menos dolor. Las mujeres de Jerusalén la preparaban para ayudar a los que iban a ser crucificados, pero Jesús no quiso beberla.

MARCOS 15:24,25

²⁴ Después los soldados lo clavaron en la cruz. Dividieron su ropa y tiraron los dados para ver quién se quedaba con cada prenda. ²⁵ Eran las nueve de la mañana cuando lo crucificaron.

A las nueve de la mañana, los soldados romanos crucificaron a Jesús, después de haberle quitado toda la ropa. La palabra de Dios dice que tiraron los dados para ver quién se quedaba con cada una de sus prendas. Luego, lo crucificaron martillando[255] largos clavos de metal que le atravesaban las manos y los pies. Lo dejaron colgado sobre la cruz de madera.

David había escrito acerca de esto muchos años antes en uno de sus Salmos que hablaba del Mesías. David era el rey de Israel, pero también un profeta que escribía las palabras del Señor. Dios sabía todo lo que le sucedería a su Hijo.

SALMOS 22:16-18

¹⁶ Mis enemigos me rodean como una jauría de perros;
una pandilla de malvados me acorrala;
han atravesado mis manos y mis pies.
¹⁷ Puedo contar cada uno de mis huesos;

---

254. **calavera**: el hueso grande dentro de la cabeza
255. **martillar**: golpear algo con un martillo, que es una herramienta para fijar clavos en las cosas

SESIÓN 22: JESÚS FUE CRUCIFICADO, ENTERRADO Y RESUCITADO DE LOS MUERTOS

mis enemigos me miran fijamente y se regodean.

¹⁸ Se reparten mi vestimenta entre ellos

y tiran los dados por mi ropa.

Cuando los romanos crucificaban delincuentes, colocaban un letrero cerca de ellos, que indicaba qué ley había infringido el malhechor. Entonces todos podían ver por qué estaban crucificando a esa persona. Pero Jesús no era un delincuente, no había infringido ninguna ley, así que el letrero que los romanos colocaron cerca de él decía *El Rey de los judíos*. Decía eso porque es quien Jesús había declarado que era. Ese era el cargo[256] que los judíos tenían en su contra. No creían que él fuera el Rey de los judíos.

Habían visto todas las cosas asombrosas que había hecho, pero seguían sin creer que él era quién decía ser.

MARCOS 15:26

²⁶ Un letrero anunciaba el cargo en su contra. Decía: «El Rey de los judíos».

Jesús estaba colgado en la cruz, en un lugar donde todos podían verlo. Esto fue exactamente lo que él había dicho que iba a ocurrir. ¿Recuerdas cuando Jesús habló con el fariseo Nicodemo? Le dijo que sería levantado tal como Moisés había levantado la serpiente de bronce. Cuando los israelitas miraran esa serpiente, no morirían de las mordeduras de las serpientes venenosas. Ahora Jesús estaba colgado en lo alto de una cruz. Esto es lo que quiso decir cuando le dijo a Nicodemo que él sería *levantado*.

MARCOS 15:27

²⁷ Con él crucificaron a dos revolucionarios, uno a su derecha y otro a su izquierda.

---

256. **cargo**: en un tribunal de justicia, un cargo es lo que la gente denuncia que alguien ha hecho para infringir la ley

SU HISTORIA – EL RESCATE

A cada lado de Jesús había otro hombre crucificado. Uno de ellos comenzó a burlarse[257] de Jesús.

LUCAS 23:39-43

³⁹ Uno de los criminales colgados junto a él se burló: «¿Así que eres el Mesías? Demuéstralo salvándote a ti mismo, ¡y a nosotros también!».

⁴⁰ Pero el otro criminal protestó: «¿Ni siquiera temes a Dios ahora que estás condenado a muerte? ⁴¹ Nosotros merecemos morir por nuestros crímenes, pero este hombre no ha hecho nada malo». ⁴² Luego dijo:

—Jesús, acuérdate de mí cuando vengas en tu reino.

⁴³ Jesús respondió:

—Te aseguro que hoy estarás conmigo en el paraíso.

Estos dos hombres eran criminales. Habían violado la ley y por eso eran crucificados. Uno de ellos no creía que Jesús era el Hijo de Dios, le dijo que, si realmente era el Mesías, debía salvarse a sí mismo y también salvarlos a ellos. Pero el otro delincuente lo reprendió, le dijo que era justo que ellos recibieran su condena, ya que habían transgredido la ley, pero que Jesús no había hecho nada malo. Luego se dirigió a Jesús y le pidió: *"acuérdate de mí cuando vengas en tu reino"*. Este hombre creía que Jesús era el Mesías, reconocía que era el rey legítimo, el Hijo de Dios, y Jesús lo sabía. El hombre también era consciente de que era pecador y solo Dios podía salvarlo. Entonces Jesús le prometió que más tarde ese día estaría con él en el paraíso[258]. Después de que el hombre muriera, iría a vivir con Jesús en el cielo.

El profeta Isaías había escrito algunas cosas acerca de Jesús muchos años antes. Profetizó que Jesús sería *contado entre los rebeldes*. Eso significa que lo pondrían junto con personas que eran criminales.

ISAÍAS 53:12

¹² Yo le rendiré los honores de un soldado victorioso,

porque se expuso a la muerte.

Fue contado entre los rebeldes.

Cargó con los pecados de muchos e intercedió por los transgresores.

---

257. **burlarse**: decir cosas malas acerca de alguien para mostrar que no te agrada ni lo respetas
258. **paraíso**: otro nombre para referirse al cielo

SESIÓN 22: JESÚS FUE CRUCIFICADO, ENTERRADO Y RESUCITADO DE LOS MUERTOS

Marcos escribió que pasaba gente por el camino donde Jesús estaba colgado en la cruz. Muchas personas se mofaban[259] de Jesús. Marcos describió lo que algunos de los líderes religiosos judíos le decían a Jesús.

[31] Los principales sacerdotes y los maestros de la ley religiosa también se burlaban de Jesús. «Salvó a otros —se mofaban—, ¡pero no puede salvarse a sí mismo! [32] ¡Que este Mesías, este Rey de Israel, baje de la cruz para que podamos verlo y creerle!». Hasta los hombres que estaban crucificados con Jesús se burlaban de él.

MARCOS 15:31,32

Provocaban a Jesús diciéndole que debería salvarse a sí mismo y bajar de la cruz. No creían que Jesús era el Mesías, por eso lo *ridiculizaban*. Hacían bromas sobre lo que él dijo, que era el Rey de los judíos. Opinaban que debía salvarse a sí mismo del mismo modo que había salvado a los demás. Jesús podría haberse salvado a sí mismo. Era el Hijo de Dios y, como tal, podía hacer cualquier cosa, pero no lo hizo. Y Dios ama a su Hijo de todas las formas posibles, así que podría haberlo salvado, pero no lo hizo.

Jesús fue clavado en la cruz a la mañana. Al mediodía, en la mitad de la jornada, Jesús aún estaba colgado en la cruz.

[33] Al mediodía, la tierra se llenó de oscuridad hasta las tres de la tarde.

MARCOS 15:33

Marcos escribió que, desde las doce del mediodía hasta las tres de la tarde, *la tierra se llenó de oscuridad*. Dios hizo que se oscureciera en ese momento, para mostrar lo que le estaba sucediendo a Jesús. Dios se había apartado de su Hijo.

Varios miles de años antes, Adán y Eva se habían apartado de Dios. Desde ese entonces, las personas habían nacido en el mundo de pecado y muerte. Estaban separados del Señor. La gente no podía simplemente acercarse a él de la manera que quisieran, esa no sería una forma correcta de hacer las cosas, porque las personas estaban separadas de Dios. Entonces, después de Adán y Eva, todas las personas nacieron y envejecieron, y luego sus cuerpos murieron, con lo que

---

259. **mofarse**: burlarse, divertirse a costa de algo o alguien de manera malvada o cruel

quedaron separados de Dios para siempre. Así fue para toda persona que nació después de Adán y Eva.

Solo las personas que se presentaban ante Dios de la manera que él había dicho, matando animales, podían acercarse a él. Tenían que matar animales para mostrar que sabían cuál era la verdad, que eran pecadores, separados del Padre. Sabían que debían morir por sus pecados, por eso tenían que matar animales para mostrar que sabían que solo Dios podía salvarlos. Pero pecaban una y otra vez, así que tenían que volver a matar animales cada vez. La sangre de los animales no pagaba por su pecado, solo era una señal de que conocían la verdad acerca de su relación con Dios. Él quería que supieran que la muerte era necesaria como pago por el pecado. Sabía que en el futuro habría un pago final por el pecado.

Dios es perfecto y siempre hace lo correcto, real y verdadero. Así es él, nunca hace cosas malas o que no sean verdaderas. Así que Dios necesitaba tener una relación real y verdadera con las personas. La verdad es que las personas están separadas de Dios a causa de su pecado. Desde Adán y Eva, las personas han nacido fuera del jardín del Edén, en el mundo de pecado y muerte. No pueden llegar a ser perfectos como Dios, no pueden regresar al jardín. Las personas no pueden arreglar su relación rota con Dios, solo él puede hacer eso.

Dios ama a las personas aunque estas se alejen de él, aunque pequen y desobedezcan sus leyes perfectas. Dios desea rescatar a las personas para que no tengan que estar separadas de él para siempre. Quiere hacer un camino para que las personas regresen a él. Dios prometió que lo haría. Anunció que vendría un hombre que derrotaría a Satanás, llegaría un Salvador que pagaría por los pecados de todo el mundo, una vez y para siempre.

Entonces Dios eligió a otro hombre para que ocupara el lugar de Adán, este hombre era Jesús, el Hijo de Dios. Él no era igual a otras personas. Era Dios, por lo que no nació pecador como todas las demás personas. Jesús no desobedeció a Dios ni se alejó de él. Era perfecto, así como el Señor es perfecto. Dios eligió a su Hijo para que naciera como un hombre de carne y hueso, hizo esto para que Jesús también pudiera vivir y morir como un hombre real. Dios eligió a su Hijo Jesús para que muriera por los pecados de todo el mundo.

Por eso cuando Jesús estaba colgado en la cruz, oscureció durante tres horas. Dios hizo eso para mostrar que se estaba alejando de Jesús, quien era el Cordero

SESIÓN 22: JESÚS FUE CRUCIFICADO, ENTERRADO Y RESUCITADO DE LOS MUERTOS

de Dios y asumió el pago por los pecados de toda la humanidad. Murió para pagar por esos pecados, por eso Dios se alejó de Jesús, porque él estaba llevando los pecados de todas las personas. Este fue un momento terrible para Dios y para Jesús. Dios tuvo que alejarse de su Hijo, a quien amaba tanto, y Jesús tuvo que estar a solas en un momento en el que necesitaba tanto a su Padre. Su Padre, Dios, se había apartado de él. Dios tuvo que alejarse porque su Hijo estaba pagando por los pecados de todo el mundo como si fueran suyos. Jesús estaba separado de Dios, porque estaba muriendo para pagar por los pecados de todas las personas. Dios mostró que era un momento terrible al oscurecer el cielo.

A las tres de la tarde, Jesús clamó a su Padre, quien se había alejado de él. Lo necesitaba en este momento de terrible dolor y sufrimiento. Usó el idioma arameo, así que nadie entendió lo que decía. Todos pensaron que llamaba a Elías, el profeta de Dios.

MARCOS 15:34-37

³⁴ Luego, a las tres de la tarde, Jesús clamó con voz fuerte: «Eloi, Eloi, ¿lema sabactani?», que significa «Dios mío, Dios mío, ¿por qué me has abandonado?».

³⁵ Algunos que pasaban por allí entendieron mal y pensaron que estaba llamando al profeta Elías. ³⁶ Uno de ellos corrió y empapó una esponja en vino agrio, la puso sobre una caña de junco y la levantó para que él pudiera beber. «¡Esperen! —dijo—. ¡A ver si Elías viene a bajarlo!».

³⁷ Entonces Jesús soltó otro fuerte grito y dio su último suspiro.

Jesús dio un fuerte grito y luego murió, porque así quiso hacerlo. Podría haberse salvado a sí mismo, pero no lo hizo. Sabía que tenía que morir para rescatar a las personas de todo el mundo. Juan escribió las palabras que Jesús gritó al morir.

JUAN 19:30

³⁰ Después de probar el vino, Jesús dijo: «¡Todo ha terminado!». Entonces inclinó la cabeza y entregó su espíritu.

Jesús exclamó: *"¡Todo ha terminado!"*. Con esto quiso decir que se había pagado el precio por el pecado del mundo. El plan maravilloso de Dios para salvar a las personas, que había comenzado tanto tiempo atrás, ahora estaba terminado. Se había hecho un camino para que las personas se acercaran a Dios, esto es lo que el Señor había planeado hacer. Quería tener una relación real, verdadera y cercana con las personas. Entonces Jesús, el Hijo de Dios, se llevó los pecados de toda la gente. Y murió para pagar por todos los pecados de una sola vez, por eso Jesús dijo que estaba terminado. Había pagado el precio por el pecado que permitía arreglar la relación entre Dios y las personas para siempre. Marcos describió algo que sucedió justo en el momento en el que Jesús murió.:

38 Y la cortina del santuario del templo se rasgó en dos, de arriba abajo.

MARCOS 15:38

¿Recuerdas que había una cortina gruesa y pesada que colgaba en el templo? Dividía las dos salas dentro del templo: el Lugar Santo y el Lugar Santísimo. Esta última era donde habitaba Dios en medio de su pueblo. El sumo sacerdote era el único que podía entrar allí una vez al año para rociar la sangre de animales en la parte superior del Arca del Pacto. Si cualquier otra persona entraba allí, moriría.

Pero ahora, Jesús había hecho el sacrificio supremo[260] por el pecado. Gracias a que hizo esto, las personas eran libres de acercarse al Señor en cualquier momento. La palabra de Dios dice que la cortina se rasgó de arriba abajo. Dios estaba mostrando que era el único que podía rasgar la cortina. Ahora no había nada que lo separara de la gente, Jesús había pagado el precio final por el pecado. ¿Recuerdas cuando Jesús comió la cena de Pascua con sus discípulos? Les dijo que su sangre *"confirma el pacto entre Dios y su pueblo"*, quiso decir que iba a morir y su sangre sería derramada. Gracias a eso, el acuerdo entre Dios y las personas sería hecho justo, y eso es lo que sucedió. Dios rasgó la cortina en el templo para mostrar que el acuerdo se había cumplido, completado, terminado.

Jesús murió un viernes. Al día siguiente era el día de descanso de los judíos, cuando no se podía hacer ningún trabajo. El día de descanso comenzaba con la puesta del sol el viernes.

42 Todo eso sucedió el viernes —el día de preparación— anterior al día de descanso.

MARCOS 15:42

Ya era casi el día de descanso, así que había que colocar el cuerpo de Jesús en una tumba antes de que este comenzara. Había un hombre rico llamado José,

---

260. **supremo**: último y completo

SESIÓN 22: JESÚS FUE CRUCIFICADO, ENTERRADO Y RESUCITADO DE LOS MUERTOS

del pueblo de Arimatea. Era miembro del Concilio Supremo judío, o Sanedrín. José creía que Jesús era el Mesías. Era discípulo de Jesús en secreto, ya que tenía miedo de lo que podrían hacer con él los judíos si se enteraban.

MARCOS 15:43-47

⁴³ José de Arimatea se arriesgó y fue a ver a Pilato y pidió el cuerpo de Jesús. (José era miembro honorable del Concilio Supremo y esperaba la venida del reino de Dios). ⁴⁴ Pilato no podía creer que Jesús ya hubiera muerto, así que llamó al oficial romano y le preguntó si ya había muerto. ⁴⁵ El oficial lo confirmó, así que Pilato le dijo a José que podía llevarse el cuerpo. ⁴⁶ José compró un largo lienzo de lino. Luego bajó el cuerpo de Jesus de la cruz, lo envolvió en el lienzo y lo colocó en una tumba que había sido tallada en la roca. Después hizo rodar una piedra en la entrada. ⁴⁷ María Magdalena y María, la madre de José, vieron dónde ponían el cuerpo de Jesús.

José fue a pedirle el cuerpo de Jesús a Pilato, quien se sorprendió de que Jesús ya hubiera muerto, así que le preguntó a un centurión romano y este le confirmó la noticia. Entonces Pilato le entregó el cuerpo de Jesús a José, y él lo envolvió en un *lienzo de lino*, que era una tela muy costosa. Colocó el cuerpo en una tumba y puso una piedra plana grande sobre su entrada. La piedra estaba allí para que ninguna persona ni animal pudiera entrar. Era muy pesada y difícil de abrir. Algunas mujeres, que eran seguidoras de Jesús, se quedaron allí observando la tumba.

Juan también escribió acerca de lo que sucedió con el cuerpo de Jesús después de su muerte. Relató que Nicodemo, el fariseo que había ido a hablar con Jesús de noche, ayudó a José con el cuerpo. Nicodemo también formaba parte del Concilio Supremo judío. Ayudó a José a bajar el cadáver de la cruz. Trajo mirra[261] y áloe[262], especias de olor agradable que costaban mucho dinero. Nicodemo ayudó a José a envolver el cuerpo con el lienzo y las especias, luego lo ayudó a colocarlo en la tumba.

JUAN 19:38-42

³⁸ Más tarde, José de Arimatea, quien había sido un discípulo secreto de Jesús (por temor a los líderes judíos), pidió permiso a Pilato para bajar el cuerpo de Jesús. Cuando Pilato concedió el permiso, José fue a buscar el cuerpo y se lo llevó. ³⁹ Lo

---

261. **mirra**: resina de olor agradable que proviene de un árbol
262. **áloe**: resina de olor agradable que se seca para elaborar perfume o incienso

acompañó Nicodemo, el hombre que había ido a ver a Jesús de noche. Llevó consigo unos treinta y tres kilos de ungüento perfumado, una mezcla de mirra y áloe. ⁴⁰ De acuerdo con la costumbre de los entierros judíos, envolvieron el cuerpo de Jesús untado con las especias en largos lienzos de lino. ⁴¹ El lugar de la crucifixión estaba cerca de un huerto donde había una tumba nueva que nunca se había usado. ⁴² Y, como era el día de preparación para la Pascua judía y la tumba estaba cerca, pusieron a Jesús allí.

No tenían mucho tiempo para llevar el cuerpo a la tumba, ya que el día de descanso estaba a punto de comenzar. Entonces lo colocaron en una tumba que pertenecía a José y estaba cerca de donde Jesús había sido crucificado. Era nueva, nunca se había usado. Muchos años antes, Isaías había escrito que el Mesías sería puesto en la tumba de un hombre rico.

ISAÍAS 53:9

⁹ Él no había hecho nada malo,

y jamás había engañado a nadie.

Pero fue enterrado como un criminal;

fue puesto en la tumba de un hombre rico.

Después de que terminó el día de descanso, tres mujeres fueron a la tumba muy temprano en la mañana del domingo. Estas mujeres eran María Magdalena, María la madre de Santiago y Salomé. Marcos había escrito antes que ellas también estuvieron presentes cuando crucificaron a Jesús. Fueron a la tumba a colocar especias sobre su cuerpo.

MARCOS 16:1-5

¹ El sábado al atardecer, cuando terminó el día de descanso, María Magdalena, Salomé y María, la madre de Santiago, fueron a comprar especias para el entierro, a fin de ungir el cuerpo de Jesús. ² El domingo por la mañana muy temprano, justo al amanecer, fueron a la tumba. ³ En el camino, se preguntaban unas a otras: «¿Quién nos correrá la piedra de la entrada de la tumba?»; ⁴ pero cuando llegaron, se fijaron y vieron que la piedra, que era muy grande, ya estaba corrida.

⁵ Cuando entraron en la tumba, vieron a un joven vestido con un manto blanco, sentado al lado derecho. Las mujeres estaban asustadas.

SESIÓN 22: JESÚS FUE CRUCIFICADO, ENTERRADO Y RESUCITADO DE LOS MUERTOS

Las mujeres iban de camino a la tumba, pensando en quién las ayudaría a mover la pesada piedra que estaba en la entrada. Pero cuando llegaron allí, la piedra estaba desplazada, así que entraron en la tumba. Vieron a un joven vestido con un manto blanco que estaba allí sentado. Era un ángel, uno de los mensajeros espirituales de Dios, que se había presentado en forma humana para hablar con ellas. Lucas y Juan también escribieron sobre esto, informaron que había dos ángeles allí. Marcos solo habló de uno, probablemente porque un solo ángel habló con las mujeres.

MARCOS 16:6-8

⁶ Pero el ángel les dijo: «No se alarmen. Ustedes buscan a Jesús de Nazaret, el que fue crucificado. ¡No está aquí! ¡Ha resucitado! Miren, aquí es donde pusieron su cuerpo. ⁷ Ahora vayan y cuéntenles a sus discípulos, incluido Pedro, que Jesús va delante de ustedes a Galilea. Allí lo verán, tal como les dijo antes de morir».

⁸ Las mujeres, desconcertadas, huyeron temblando de la tumba y no dijeron nada a nadie porque estaban muy asustadas.

Las mujeres estaban muy asombradas y asustadas, pero el ángel les dijo que no se alarmen²⁶³. Sabía que buscaban a Jesús de Nazaret, quien había sido crucificado. Les dijo que no estaba allí porque había resucitado de los muertos, y les mostró el lugar donde habían puesto el cuerpo, pero allí no había nadie. El ángel les dijo a las mujeres que fueran a contarles a los discípulos que Jesús iba delante de ellos a Galilea. El ángel dijo que los discípulos debían ir a encontrarse con Jesús allí. Anunció: *"Allí lo verán, tal como les dijo antes de morir"*, porque quería que recordaran que Jesús les había avisado a los discípulos que iba a morir y resucitar.

Las mujeres salieron corriendo de la tumba. Estaban temblando de sorpresa y asombro. No hablaron con nadie cuando se fueron, pero Lucas escribió que fueron a hablar con los discípulos. Hicieron tal como el ángel les había indicado.

LUCAS 24:8-12

⁸ Entonces ellas recordaron lo que Jesús había dicho. ⁹ Así que regresaron corriendo de la tumba a contarles a los once discípulos y a todos los demás lo que había sucedido. ¹⁰ Fueron María Magdalena, Juana, María la madre de Santiago y varias mujeres más quienes contaron a los apóstoles lo que pasó. ¹¹

---

263. **alarmarse**: estar asombrado y asustado

SU HISTORIA – EL RESCATE

> Pero a los hombres el relato les pareció una tontería, y no les creyeron. ¹² Sin embargo, Pedro se levantó de un salto y corrió a la tumba para ver por sí mismo. Agachándose, miró hacia adentro y vio solo los lienzos de lino, vacíos; luego regresó a la casa, preguntándose qué habría ocurrido.

Más tarde, Jesús se apareció²⁶⁴ a muchas personas. Se dio a conocer a María Magdalena, a algunos otros hombres que iban caminando y a sus discípulos.

MARCOS 16:9-14

> ⁹ Después de que Jesús resucitó el domingo por la mañana temprano, la primera persona que lo vio fue María Magdalena, la mujer de quien él había expulsado siete demonios. 10 Ella fue a ver a los discípulos, quienes estaban lamentándose y llorando, y les dijo lo que había sucedido. 11 Sin embargo, cuando les dijo que Jesús estaba vivo y que lo había visto, ellos no le creyeron.
>
> 12 Tiempo después, Jesús se apareció en otra forma a dos de sus seguidores que iban caminando desde Jerusalén hacia el campo. 13 Ellos regresaron corriendo para contárselo a los demás, pero ninguno les creyó.
>
> 14 Incluso más tarde, se apareció a los once discípulos mientras comían juntos. Los reprendió por su obstinada incredulidad, porque se habían negado a creer a los que lo habían visto después de que resucitó.

Luego los discípulos caminaron con Jesús a Betania. La palabra de Dios nos dice que cuando estaban en Betania, Dios se llevó a Jesús al cielo. Ya había terminado su obra, así que regresó a estar con su Padre. Allí es donde se encuentra ahora.

MARCOS 16:19

> ¹⁹ Cuando el Señor Jesús terminó de hablar con ellos, fue levantado al cielo y se sentó en el lugar de honor, a la derecha de Dios.

En la cruz, Jesús pagó el precio de los pecados de todas las personas. Dios le volvió la espalda y lo juzgó por nuestros pecados. Dios dictó sentencia²⁶⁵ sobre

---

264. **apareció**: se presentó ante ellos
265. **dictar sentencia**: cuando un juez le dice a alguien cuál será su castigo

SESIÓN 22: JESÚS FUE CRUCIFICADO, ENTERRADO Y RESUCITADO DE LOS MUERTOS

él: la muerte. Jesús murió para pagar por los pecados de toda la humanidad, y luego Dios lo trajo de regreso a la vida para demostrar que aceptaba el pago que él había hecho. La sentencia había terminado. El pago completo y final por los pecados de todas las personas ya estaba hecho.

1. ¿Cómo supieron los profetas de Dios lo que iba a sucederle a Jesús?

2. ¿Por qué Dios tuvo que alejarse de Jesús cuando él estaba muriendo en la cruz?

3. ¿Qué quiso decir Jesús cuando expresó "Todo ha terminado"?

4. ¿Quién resucitó a Jesús de los muertos?

5. ¿Pueden las personas hacer algo para pagar por sus propios pecados y salvarse a sí mismos?

NUESTRO LUGAR EN SU HISTORIA

Hemos seguido la historia de Dios desde el principio. Hemos leído lo que Dios hizo y dijo desde el principio de los tiempos. Ahora, en la última parte de este libro, vamos a pensar en nuestro lugar en la historia de Dios. Todas las personas son parte de la maravillosa historia del rescate de Dios, y eso nos incluye a nosotros. Dios desea que todos conozcan la historia de lo que él ha dicho y hecho. Por eso, se aseguró de que se escribiera claramente en la Biblia. Quiere que la gente conozca la verdadera historia, que todos puedan llegar a conocerlo y tener una relación verdadera con él.

Primero, volveremos a ver lo que sucedió en la historia hasta ahora. Luego, miraremos hacia adelante el resto de la historia de Dios como está escrita en la Biblia.

Es *Su historia* porque él es Dios, el Creador. Él hizo los cielos y la tierra. Es el único que puede contar la verdadera historia de todas las cosas. Él eligió a personas para que escribieran su verdadera historia en la Biblia. Las personas a las que eligió escribieron sus palabras y sus pensamientos, e informaron lo que él hizo.

Dios ama a las personas y quiere trabajar con ellas. Desde el principio de los tiempos, cuando creó todas las cosas, la historia de Dios se ha tratado de sus relaciones con los seres humanos, personas como nosotros. Dios creó a la gente

SU HISTORIA – EL RESCATE

a su imagen. Quería que las personas pudieran tener una relación con él, que lo conocieran y lo amaran. Les dio a Adán y Eva un papel real para desempeñar y un trabajo real para hacer. Dios creó a Adán y Eva para que fueran su pueblo. Ellos tenían una relación real y verdadera con Dios, su Padre.

Todas las personas somos descendientes de Adán y Eva. Como venimos de ellos, es como si también hubiéramos estado allí, en el jardín del Edén con el Señor. Eso es lo que éramos en la historia de Dios.

Pero luego todo cambió. Adán y Eva se alejaron de Dios, se volvieron pecadores, y esto hizo que todas las personas que nacieron después de ellos también fueran pecadoras. Eso nos incluye a ti y a mí. Somos las personas que se alejaron de la verdad y de Dios, que siguieron a su enemigo. Somos parte del grupo de individuos que necesitaban la salvación de Dios. Cada uno de nosotros se ha alejado a su propia manera. El profeta Isaías escribió acerca de esto en la primera parte de Isaías 53:6.

⁶ Todos nosotros nos hemos extraviado como ovejas;
hemos dejado los caminos de Dios para seguir los nuestros.

ISAÍAS 53:6A

Necesitábamos que nos rescataran del pecado, la muerte y el poder del enemigo de Dios. Solo teníamos una esperanza, aquel que Dios prometió que vendría para derrotar a su enemigo. Y él vino, como hemos visto, pero leamos lo que dice la segunda parte del versículo de Isaías.

⁶ Todos nosotros nos hemos extraviado como ovejas;
hemos dejado los caminos de Dios para seguir los nuestros.
Sin embargo, el Señor puso sobre él
los pecados de todos nosotros.

ISAÍAS 53:6

Dice: *"Sin embargo, el Señor puso sobre él los pecados de todos nosotros"*. Jesús recibió el castigo por todos nuestros pecados. Ya hemos visto cómo sucedió eso. Jesús, el Hijo de Dios, es también parte de la historia de Dios. Él lo envió para que nos salvara.

Al seguir la historia de Dios desde el principio, hemos leído acerca de muchas personas diferentes. Hemos visto las historias de algunas de las cosas que les sucedieron. Los distintos relatos que hemos leído como parte de la maravillosa historia de Dios son reales. Sucedieron en lugares reales a personas que verdaderamente existieron. Dios las puso en su historia real para ayudarnos a comprender a las personas y entenderlo a él. Hizo que sucedieran y se aseguró de que se escribieran en la Biblia para que nosotros las leyéramos, porque desea que sepamos cómo él nos ve.

Al igual que Caín y Abel, nacimos fuera del jardín. No teníamos manera de regresar a Dios, éramos personas separadas de él. Después de que el hombre y la mujer tuvieron que abandonar el jardín, solo podían acercarse a Dios si cada vez que lo hacían mataban un animal. Nosotros ya no necesitamos eso porque Jesús murió por nosotros. Dios aceptó el sacrificio que Jesús hizo por nuestros pecados, así que ahora podemos hablar con Dios en cualquier momento.

Ya no estamos separados ni alejados de Dios, ya no nos quedamos afuera. Fuimos traídos de regreso a la relación con Dios, de la cual Adán y Eva disfrutaban cuando vivían dentro del jardín del Edén. Podemos acudir a Dios y pedirle que nos guíe o nos ayude, podemos hablar con él y contarle cualquier cosa que queramos. Él desea que hagamos eso, quiere guiarnos y ayudarnos en nuestra vida.

También éramos como las personas en el tiempo de Noé, es como si hubiéramos estado afuera del bote. No sabíamos ni nos importaba que el juicio de Dios estaba cerca, pero si lo hubiéramos escuchado y hubiéramos creído lo que él dijo, habríamos sido rescatados. Cuando Jesús estuvo en la tierra, afirmó que él es el único camino, la única puerta. El bote que Noé construyó tenía una sola puerta para entrar. Del mismo modo, Jesús es el único camino para llegar a Dios. Si creemos en él, es como si hubiéramos entrado por esa única puerta. Cuando Jesús estuvo colgado en la cruz, cargó sobre sí mismo el juicio de Dios por nuestro pecado. A Dios le agradó el precio que él pagó, por eso nunca volverá a juzgar a Jesús. Entonces, si tenemos fe en él, es como si estuviéramos dentro del bote. El diluvio del juicio de Dios cae afuera, pero estamos a salvo, somos las personas que están dentro del arca, los que han sido rescatados.

¿Recuerdas las promesas que Dios le hizo a Abraham? Declaró que a través de Abraham y su hijo, todas las naciones de la tierra serían bendecidas. Le prometió que tendría más descendientes que todas las estrellas del cielo. Los descendientes humanos de Abraham son los israelitas, pero sus descendientes

SU HISTORIA – EL RESCATE

espirituales[266] son todos los que han sido rescatados, todos los que han sido salvados a través de la llegada del Prometido. Si ponemos nuestra fe en Jesús, y entendemos que no hay nada que podamos hacer para salvarnos a nosotros mismos, entonces somos descendientes de Abraham. Hemos sido bendecidos y también nos hemos convertido en el pueblo de Dios.

Jacob, el nieto de Abraham, una noche tuvo un sueño. Vio una escalera que llegaba hasta el cielo. Antes, no teníamos un camino para llegar a Dios, pero Jesús hizo un camino, como las escaleras que Jacob vio en su sueño. Ahora podemos acudir a Dios y hablar con él. Tenemos una relación real y verdadera con Dios, gracias a Jesús.

Más adelante en la historia, leímos acerca del tiempo que pasaron los hijos de Israel en Egipto, donde fueron esclavos del Faraón. Nosotros también éramos esclavos de un gobernante malvado, Satanás, quien gobierna a este mundo con su maldad. Éramos esclavos y no podíamos huir. Pero Dios envió a Moisés para guiar a los hijos de Israel y sacarlos de la esclavitud. Del mismo modo, envió a su hijo Jesús para salvarnos.

Después de que Dios rescató de Egipto a los israelitas, estos llegaron al mar Rojo. El Faraón y su ejército los seguían de cerca, no tenían forma de escapar. Pero Dios usó a su siervo Moisés para abrir un camino a través del agua. Del mismo modo, usó a su siervo Jesús para que hiciera un camino para nosotros. Es como si estuviéramos a salvo del otro lado del mar, nuestro enemigo ha sido derrotado.

Más adelante, en el desierto, había serpientes venenosas que mordían a los israelitas. Dios le indicó a Moisés que hiciera una serpiente de bronce y la pusiera en lo alto de un poste. Cuando a alguien lo mordían, podía mirar la serpiente de bronce y quedar sano. Es como si a nosotros nos hubieran mordido el pecado y la muerte pero, si miramos a Jesús colgado en la cruz con fe, ahora somos sanos.

Y luego, en la historia de Dios, leímos que Jesús vino a la tierra. Cuando él fue bautizado, Dios dijo: *"Este es mi Hijo muy amado, quien me da gran gozo"*. Justo después de eso, Jesús estuvo en el desierto durante cuarenta días. Se sentía débil a causa del hambre, cuando se le acercó Satanás y trató de engañarlo para hacerlo pecar. Pero Jesús no era como Adán y Eva, él solo quería obedecer a su Padre

---

266. **espiritual**: algo que no es físico pero es real y conlleva el Espíritu de Dios

y cumplir con el plan de salvación de Dios. Por eso no escuchó a Satanás, y le respondió con la palabra de Dios. Jesús nos mostró cómo las personas pueden relacionarse con Dios el Padre Nos enseñó cómo conocerlo y amarlo.

Jesús también demostró su poder para hacer frente a las tormentas. Pudo sanar a los enfermos y a los ciegos. Pudo volver a la vida a los que habían muerto. Logró darle órdenes a los espíritus malignos y que estos le obedecieran. Él es Dios, el Creador.

Jesús es Dios, y él murió por nosotros. Cuando murió en la cruz derrotó a Satanás, el pecado y la muerte. Dijo: *"¡Todo ha terminado!"*, y luego la gran cortina del templo se rasgó de arriba abajo. Gracias a él, podemos acudir a Dios en cualquier momento que queramos, ya no somos separados del Lugar Santísimo de Dios. No tenemos que hacer sacrificios para Dios. No necesitamos sacerdotes humanos que nos ayuden a acercarnos a Dios, somos su pueblo. Mientras estemos en esta tierra, seguiremos pecando, pero él no tiene en cuenta nuestro pecado ni nos juzga por él. Cuando Dios nos mira, ve a su Hijo perfecto, quien ya ha cargado con nuestro pecado.

El resto de la historia

Hemos visto nuevamente de qué manera somos parte de la historia maravillosa de Dios. Pero, ¿qué sigue a continuación? Cuando Jesús murió, lo enterraron y resucitó, el excelente plan de salvación de Dios estuvo terminado. Sin embargo, no todo ha terminado. Como personas que hemos puesto nuestra fe en Jesús, ya hemos sido rescatados, pero el mundo sigue siendo el mismo que era cuando Adán y Eva desobedecieron a Dios. Satanás sigue siendo el gobernante del mundo, el pecado sigue aquí, la muerte nos rodea. Aún descubrimos que tenemos que vivir con pecado y dolor.

Fue del mismo modo para los discípulos y otros seguidores de Jesús. Creyeron que él era el Mesías, el Cristo. Llegaron a entender que su muerte era necesaria para pagar por el pecado. Habían visto morir y resucitar a Jesús. Pero luego Jesús regresó al cielo con su Padre, y los que habían sido enemigos de Jesús también eran enemigos de ellos. Los líderes religiosos judíos estaban enojados con los discípulos y los seguidores de Jesús, quienes eran un grupo pequeño. Tenían que vivir en medio del pecado y de otros problemas. ¿Qué sucedería en el futu-

SU HISTORIA – EL RESCATE

ro? ¿Cuáles eran los planes de Dios? ¿De qué manera continuaría su historia? ¿Cómo terminaría?

Jesús había creado un nuevo acuerdo con Dios a través de su muerte en la cruz. ¿Pero qué significaba para los seguidores de Jesús, mientras continuaban viviendo sus vidas? La relación entre Dios y las personas se había restaurado[267], pero ¿cómo los guiaría? ¿De qué manera hablarían con él? ¿Cómo debían relacionarse unos con otros? ¿Qué trabajo debían hacer? ¿Cómo debían relacionarse con las personas que aún no conocían sobre él? Todas sus preguntas tenían respuesta, pero primero tenían que creer algo sumamente importante que Jesús les había dicho.

Juan escribió lo que Jesús había prometido poco tiempo antes de morir.

JUAN 14:16-19

¹⁶ Y yo le pediré al Padre, y él les dará otro Abogado Defensor, quien estará con ustedes para siempre. 17 Me refiero al Espíritu Santo, quien guía a toda la verdad. El mundo no puede recibirlo porque no lo busca ni lo reconoce; pero ustedes sí lo conocen, porque ahora él vive con ustedes y después estará en ustedes. 18 No los abandonaré como a huérfanos; vendré a ustedes. 19 Dentro de poco, el mundo no me verá más, pero ustedes sí me verán. Dado que yo vivo, ustedes también vivirán.

Jesús sabía que sus seguidores estarían asustados y solos después de que él se fuera de la tierra, pero él prometió que no los abandonaría como a *huérfanos*[268]. Dijo que le pediría a su Padre que enviara a la tercera persona de la Trinidad: el Espíritu. Como él es Espíritu, nadie podría verlo. Otras personas ni siquiera sabrían que estaría allí. Pero Jesús dijo que vendría y viviría en todas las personas que habían puesto su fe en él. Sería el representante[269] de Jesús aquí en la tierra.

Jesús también llamó al Espíritu de Dios *Abogado Defensor* y *"el Espíritu de verdad"*. Llamó al Espíritu con esos nombres porque esto les recordaría a los seguidores de Jesús todas las cosas que él les había enseñado. Les recordaría cómo era Jesús, de esa manera el Espíritu los ayudaría a contarles a los demás acerca de él. Juan describió lo que Jesús dijo acerca de esto.

---

267. **restaurado**: hecho nuevo
268. **huérfanos**: niños que no tienen un padre y una madre que cuiden de ellos
269. **representante**: alguien que habla las palabras o hace el trabajo de otra persona

NUESTRO LUGAR EN SU HISTORIA

JUAN 15:26,27

²⁶ A ustedes yo les enviaré al Abogado Defensor, el Espíritu de verdad. Él vendrá del Padre y dará testimonio acerca de mí, ²⁷ y también ustedes deben dar testimonio de mí porque han estado conmigo desde el principio de mi ministerio.

Dar testimonio significa hablar acerca de algo. Jesús también dijo que el Espíritu de verdad haría el trabajo de guiar a los seguidores de Jesús *a toda la verdad*.

JUAN 16:13

¹³ Cuando venga el Espíritu de verdad, él los guiará a toda la verdad. Él no hablará por su propia cuenta, sino que les dirá lo que ha oído y les contará lo que sucederá en el futuro.

Jesús quiso decir que el Espíritu de Dios estaría listo para responder sus preguntas. Los ayudaría a conocer acerca de Dios. Les enseñaría cómo vivir bajo el nuevo acuerdo. Les mostraría cómo debían vivir como hijos de Dios sobre la tierra. Les daría a conocer lo que Dios quería, y los ayudaría a saber cómo vivir de una manera que agradara a Dios.

Jesús también dijo que el Espíritu *"les contaría lo que sucederá en el futuro"*. La historia de Dios iba a continuar, y ellos eran parte de la historia. Noé, Abraham, Isaac, Jacob, David y muchos otros antes de ellos fueron parte de su historia. Ahora Pedro, Santiago, Juan, Andrés y otros también iban a ser parte de la historia de Dios.

El Espíritu iba a mostrarles a los apóstoles el resto del plan de salvación de Dios. Jesús había derrotado a Satanás, el pecado y la muerte. Ahora sus seguidores serían los que le contarían esto a la gente para que también pudieran ser salvos. Esto es lo que sucedería a partir de ese momento, a lo largo de la historia, y aún sucede hoy.

Justo antes de que Dios lo llevara de regreso al cielo, Jesús les encomendó a los apóstoles un importante trabajo para que hicieran.

MATEO 28:18-20

¹⁸ Jesús se acercó y dijo a sus discípulos: «Se me ha dado toda autoridad en el cielo y en la tierra. ¹⁹ Por lo tanto, vayan y hagan discípulos de todas las naciones, bautizándolos en el nombre del Padre y del Hijo y del Espíritu Santo. ²⁰ Enseñen a los nuevos discípulos a obedecer todos los mandatos que

SU HISTORIA – EL RESCATE

> les he dado. Y tengan por seguro esto: que estoy con ustedes siempre, hasta el fin de los tiempos».

Jesús les dijo a los apóstoles que ayudaran a los demás a entender que necesitaban ser salvos de Satanás y el pecado. Su trabajo consistiría en ayudar a los demás a saber que Jesús había venido para rescatarlos. Debían ayudar a los demás a convertirse también en sus seguidores, o discípulos.

En el resto del Nuevo Testamento, los apóstoles escribieron la historia de cómo el Espíritu de Dios vino y les dio la fortaleza que necesitaban para hacer este trabajo. Cuenta la historia de cómo se compartieron las buenas noticias acerca de Jesús. Comenzó en Jerusalén, luego se difundió a otras áreas de Israel y a otras naciones. Llegó a personas que hablaban otros idiomas, y ahora llegó también a nosotros. Si somos seguidores de Jesús, este también es nuestro trabajo.

Tenemos al Espíritu de Dios viviendo en nuestro interior también. Conocemos la verdad que les dio a los apóstoles que escribieron para nosotros con su guía. Satanás ha estado trabajando mucho desde entonces, intentando detener las buenas noticias acerca de Jesús y la salvación. Pero él nunca puede ganar. El pecado aún existe, pero cuando los seguidores de Jesús leen sus palabras en la Biblia y escuchan al Espíritu, pueden agradar a Dios. Podemos ser sus testigos[270], podemos ayudar a los demás a seguirlo.

Más adelante en su historia, Dios nos enseña cómo trabajar juntos, nos enseña cómo reunirnos como grupos de sus hijos. Podemos entender cómo adorarle juntos, podemos ayudarnos unos a otros a seguirlo mejor.

Y tal como Jesús dijo que sucedería, el Espíritu de Dios les enseñó a los apóstoles muchas cosas acerca del futuro. Escribieron esas cosas para que nosotros pudiéramos leerlas en la Biblia. Podemos leerla y conocer el plan de Dios para los que son sus hijos y mueren. Además, podemos entender que Jesús vendrá otra vez, y derrotará a Satanás de una vez y para siempre, pondrá fin al gobierno del pecado y la muerte. Esto también es parte de su historia. Nosotros somos parte de *Su historia*.

---

270. **testigos**: personas que les cuentan a los demás lo que han visto o lo que saben que es cierto

DEFINICIONES DE ALGUNAS PALABRAS USADAS EN ESTE LIBRO

acamparon: prepararon un lugar para quedarse por un breve tiempo

aceptó: lo tomó

acostarse: tener relaciones sexuales

acuerdo: para dos personas o grupos de personas, decir que prometen hacer las cosas que han dicho que harán

acusar: decir que alguien ha hecho algo malo

adoptar: tomar el hijo de otra persona y criarlo como si fuera propio

adorar: mostrar amor por Dios, disfrutar de su presencia, hablar acerca de lo bueno que es Dios y agradecerle por todo lo que ha hecho

adulterio: relaciones sexuales entre una persona casada y alguien que no es su esposo o esposa

ajena: una tierra extranjera, que no era su propia tierra

alarmarse: estar asombrado y asustado

áloe: resina de olor agradable que se seca para elaborar perfume o incienso

amargar: hacer muy difícil e infeliz

angustiarse: estar muy molesto y preocupado

antepasado: persona de nuestra familia que ha vivido antes de nosotros

apareció: se presentó ante ellos

arbusto: planta pequeña

arco iris: un arco de muchos colores que puede verse en el cielo

arrepentirse: estar de acuerdo con Dios en que has pecado contra él

SU HISTORIA – EL RESCATE

arrestado: puesto en una prisión o cárcel
arrodilló: se puso sobre sus rodillas
asesinato: cuando un ser humano mata a otro
asombrado: estar muy sorprendido acerca de algo que uno ve
aterrorizaron: se asustaron mucho
atónito: muy sorprendido y asombrado
atrapados: sin ninguna manera de escapar
autoridad: el poder o derecho de dar órdenes y hacer que otras personas las obedezcan
avergonzado: sentirse triste por algo que uno ha hecho; querer ocultarse porque uno hizo algo malo
azotar: golpear a alguien con un látigo o un palo
azufre: polvo amarillo que se encuentra en las rocas y en la tierra y puede quemar
básico: el punto de partida o el fundamento (para todas las otras reglas)
batalla: guerra o pelea
bautizar: sumergir a alguien en el agua y volverlo a sacar, como una señal para que los demás vean que la persona está de acuerdo con Dios en que es pecadora y necesita su salvación
becerro: una vaca joven
bendijo: le pidió a Dios que cuidara de ellos
brotar: comenzar a crecer
burlarse: decir cosas malas acerca de alguien para mostrar que no te agrada ni lo respetas
burro: un animal parecido a un caballo, pero con orejas largas; se puede montar o usar para trasladar cosas
calavera: el hueso grande dentro de la cabeza
callado: en silencio, sin hacer ruido y sin hablar
camello: animal grande y peludo con patas y cuello largos que puede vivir en lugares muy secos
cántaro: un recipiente grande para llevar agua
cántico: una canción o frase que la gente cree que hará que sucedan cosas si la repiten
capa: una lámina de algo, que puede ser gruesa o fina
capacidad: ser capaz de hacer algo
cargo: en un tribunal de justicia, un cargo es lo que alguien denuncia que una persona ha hecho para infringir la ley
carnero: macho de la oveja
carro: vehículo pequeño con dos ruedas tirado por caballos
castigo: algo negativo que se le hace a alguien que hizo algo malo
cazador: alguien que sale en busca de animales para matarlos y comerlos
celebración: un tiempo en el que las personas se reúnen para recordar algo bueno que ha sucedido
cielo: un lugar real donde la palabra de Dios dice que él se encuentra
claramente: que sea fácil de entender
cobrador de impuestos: alguien que tiene el trabajo de cobrarle a la gente dinero para el gobierno
columna: algo que es alto y se levanta desde el suelo

DEFINICIONES DE ALGUNAS PALABRAS USADAS EN ESTE LIBRO

compañero: alguien que pasa tiempo contigo y te ayuda
comprometida: había prometido casarse con alguien
comunidad: un grupo de personas que viven juntas en el mismo lugar
con vista a: desde la cima se puede ver todo el territorio
confiar: creer que lo que Dios dice es cierto y que él siempre hace lo mejor
conocimiento: todas las cosas que las personas saben
contaminar: hacer algo sucio o inaceptable para Dios
contrato: algo que dos personas o grupos de personas acuerdan por escrito
convulsión: cuando uno cae al suelo y el cuerpo se sacude involuntariamente
corderos: ovejas jóvenes
cortina: un trozo de tela que cuelga desde la parte superior para crear una división
Creador: aquel que creó, o hizo, todas las cosas
crías: bebés o hijos
criaturas: seres vivos que Dios creó
cubrían: el agua estaba por encima de toda la tierra
cueva: una sala dentro de un área de piedra debajo de la tierra o junto a un precipicio
culpar: decir que alguien hizo que algo sucediera
dar testimonio: hablar en un tribunal de justicia acerca de algo que uno asevera que es cierto
decidir: pensar en lo que uno va a hacer
decorar: hacer que algo que se vea mejor al agregarle cortinas, pintura o diseños
delincuente: persona que ha infringido la ley
derechos del hijo mayor: todo lo que le podría pertenecer al primogénito luego de la muerte de su padre; también la bendición que el padre le daría al hijo mayor para decirle que se convertiría en el jefe de la familia
derramar: cuando la sangre es 'derramada', significa que fluye fuera del cuerpo de alguien
derrotado: el que pierde en una batalla
derrotar: ganarle a otra persona en una pelea o competencia; superar o vencer
desastres: eventos repentinos que causan gran daño o la pérdida de la vida
descendientes: las personas de tu familia que nacen y viven después de ti
desierto: un área muy seca, en la que no vive gente y no hay cultivos
desobedecer: no obedecer; no hacer lo que alguien dice que haga
destruir: matar, arruinar o acabar con algo para que no exista más
deuda: algo que se le debe a otra persona y hay que pagar
dictar sentencia: cuando un juez le dice a alguien cuál será su castigo
difícil: no fácil
dioses: escribimos el nombre del Dios verdadero con "D" mayúscula, pero el de los dioses falsos con "d" minúscula
discípulos: los seguidores cercanos de Jesús
disfrutar: gustar de hacer o ver algo

SU HISTORIA – EL RESCATE

divorcio: la resolución legal de un juez o un tribunal de romper un acuerdo matrimonial

dominar: tener bajo control

educación: ir a la escuela y aprender

elección: decidir entre hacer una cosa u otra

embarazada: iba a tener un bebé

en calma: quieto, tranquilo y en silencio

energía: poder que hace que las cosas sucedan

engañar: un acto malintencionado para conseguir que alguien haga algo que uno desea

enorme: muy, muy grande

envolver: colocar telas o vendas por encima y alrededor de algo

equipar: preparar a alguien para una tarea o un trabajo que tiene que hacer

esclavos: personas que tienen que trabajar para otros sin que se les pague

escribas: líderes religiosos judíos que eran expertos en la ley judía

escuchar: decidir estar de acuerdo con alguien y obedecerle

esperar: permanecer en algún lugar

espinas: puntas que pinchan de una planta o árbol

espiritual: algo que no es físico, pero es real y conlleva el Espíritu de Dios

esplendor: de gran tamaño, hermosura y riqueza

establecer: hacer algo tan firme que no pueda volver a cambiarse

estricta: una ley firme que no se debe quebrantar o desobedecer

eterno: algo que dura para siempre y no termina nunca

exactamente: les dijo cada pequeño detalle

existir: que algo esté allí

expertos religiosos judíos: personas que conocían todas las reglas y las leyes de los judíos

explicar: hablar claramente acerca de algo y su verdadero significado

extranjeros: personas que no pertenecen a un lugar, que no están en su propia nación

falso: no verdadero, irreal

famoso: conocido por muchas personas

favorito: el que más le agrada

fe: cuando alguien cree que todo lo que Dios dice es cierto

festival: un tiempo en el que las personas se reúnen para recordar algo bueno que ha sucedido

físicos: cuerpos de carne y hueso

frontera: el borde exterior de algo

fundir: calentar un metal para poder darle otra forma

futuro: el tiempo después de ahora

generación: un grupo de miembros de una familia que están vivos al mismo tiempo; el momento en una familia en el que los hijos nacen, crecen y tienen hijos propios

generaciones: todas las personas que nacieron o vivieron en la misma época

gigante: un hombre muy alto, de gran tamaño

gloria: que la gente viera quién era Jesús realmente y lo alabara y adorara por ello

gobernador: el líder del gobierno en un área

DEFINICIONES DE ALGUNAS PALABRAS USADAS EN ESTE LIBRO

gobierno: el grupo de personas con autoridad para dirigir un país o estado

gracia: cuando Dios ama, perdona o salva a las personas sin que hayan hecho nada para ganárselo u obtenerlo

granizo: trozos de hielo que caen como lluvia

granos: alimentos que la gente obtiene de plantas como el trigo y el arroz

gritar: llamar a gran voz

guardar luto: sentir pena por la muerte de alguien

guerrero: a menudo peleaban guerras en contra de otros pueblos

hebreo: persona que es descendiente de Jacob, el nieto de Abraham

heredar: recibir dinero, propiedades o algo de una persona después de que esta muere

higuera: una clase de árbol

honrar: amar y respetar a alguien por algo que ha hecho

horrible: muy malo o desagradable

huérfanos: niños que no tienen un padre y una madre que cuiden de ellos

huir: escapar de algo

hundir: llenarse de agua y sumergirse

ídolo: una escultura que las personas hacen con metal o madera, y la adoran como si fuera un dios

ignorar: actuar como si uno no supiera algo; no hacer nada con respecto a algo

imposible: algo que no se puede hacer

incapaz: que no puede hacer algo

instrucciones: indicaciones u órdenes acerca de cómo hacer algo

jefe: el líder

juntos: estar cerca de otra persona

justicia: ser íntegro y verdadero

justificado: ser puesto nuevamente en una relación justa con Dios porque él ha pagado por tu pecado

justo: estar bien con Dios por haber obedecido todas sus leyes

juzgado: decirle a alguien cómo se lo castigará o recompensará por lo que ha hecho

ladrones: personas que toman cosas que les pertenecen a alguien más

langostas: saltamontes grandes que vuelan y comen plantas

latón: un metal amarillo hecho de cobre y zinc

lentejas: pequeños frijoles que provienen de una planta y pueden secarse y luego comerse

liberar: dejar en libertad

límite: una línea que marca una zona

llagas: hinchazones llenas de pus que producen inflamación en la piel

lugar santo: un lugar apartado para Dios

mal uso: utilizar algo de una manera equivocada

maldecir: querer que alguien sea lastimado o herido

mandamiento: una regla impuesta por Dios que debe obedecerse

SU HISTORIA – EL RESCATE

maravilloso: algo muy bueno que nos hace muy felices cuando lo vemos

martillar: golpear algo con un martillo, que es una herramienta para fijar clavos en las cosas

mellizos: dos hijos nacidos en el mismo parto

mensaje: algo que escribe o dice una persona para comunicarle algo a alguien

mensajero: una persona que dice cosas a las personas en nombre de otro

merecer: ganar un premio por haber hecho algo

mirra: resina de olor agradable que proviene de un árbol

misericordia: amor o perdón que se muestra a alguien en lugar de hacerle daño

misericordioso: alguien que muestra perdón a otra persona a quien tiene el poder y el derecho para castigar o hacer daño

mofarse: burlarse, divertirse a costa de algo o alguien de manera malvada o cruel

morir de hambre: morir por no tener alimentos para comer

mosquitos: pequeños insectos que pican a personas y animales

muebles: objetos para que usen las personas en una habitación, como mesas, sillas y lámparas

multitud: un grupo muy grande de personas

músico: alguien que toca instrumentos musicales y escribe canciones

nación: un gran grupo de personas que tienen un antepasado en común

navegantes: personas que viajan por el agua en botes

noche: el momento al final del día

obedecer: seguir lo que alguien dice

ofrenda: un regalo que se le da a Dios

orificios nasales: orificios en la nariz que sirven para respirar

orilla: el borde de un mar o lago

oró: orar significa hablar con Dios acerca de algo

pacto: un acuerdo entre dos personas o grupos de personas

palacio: un edificio grande y hermoso donde vive un rey o gobernante

palo: un trozo de madera muy pesado

paloma: un pájaro que es una señal o un símbolo de la paz

panes: trozos de pan a los que se les da forma y se hornean, luego se cortan para comer

paraíso: otro nombre para referirse al cielo

pastar: comer pasto

pastor: alguien que cuida de las ovejas

patio: un área fuera de una casa grande que tiene paredes a su alrededor pero no tiene techo

pecar: significa ir en contra de lo que el Señor ha dicho, desobedecer a Dios

peor: cuando algo no es tan bueno como era antes

perdonado: ser liberado de una deuda que tienes con alguien por hacerle algo malo

perdonó: dijo que no tenía que pagar por algo malo que había hecho

perfecto: impecable y sin mancha

permitido: algo que está bien hacer y no es malo

DEFINICIONES DE ALGUNAS PALABRAS USADAS EN ESTE LIBRO

plagas: cosas que causan daño o enfermedad a muchas personas
pobre: que no tiene dinero suficiente para vivir
predicar: enseñar a la gente acerca de Dios
prendas: abrigos y túnicas; ropa exterior
preocupaba: temía que podría suceder algo malo
preparar: dejar listo para algo
principio: el comienzo
prisionero: una persona que está encerrada en una prisión o cárcel
probó: la puso a prueba para ver si era real o no
profetas: maestros o voceros de las palabras de Dios
promesa: decir que uno va a hacer algo
pronto: en un breve período de tiempo
protección: mantener a salvo de daños o peligros
proveer: dar algo
provincia: un área que en ese tiempo tenía un gobernador romano
pruebas: alguien que testifique que Jesús había hecho algo muy malo para que pudieran matarlo
quejarse: decir que uno no está feliz con algo o hablar mal de alguien debido a algo que hizo
rebeldes: personas que se rebelan o se alejan de la verdad y de Dios
rechazar: no escuchar a alguien, no querer o amar a alguien, no estar de acuerdo con alguien o expresar que lo que alguien dice está mal
región: un área grande con muchos países y grupos de personas
reinar: gobernar como rey
reino: un área y un grupo de personas que son gobernados por un rey
relación: la manera en la que dos o más personas se conectan o se vinculan, una amistad
remaron: empujaron el bote con palas o remos
reprender: decirle a alguien que deje de hacer lo que está haciendo
representante: alguien que habla las palabras o hace el trabajo de otra persona
rescatar: salvar a alguien del peligro o la muerte
resplandeciente: tan brillante que es difícil mirarlo
restaurado: hecho nuevo
resurrección: volver a la vida después de haber estado muerto
rociar: cubrir algo con pequeñas gotas
sacerdote: alguien que guía a otras personas a adorar a Dios
sacrificio: matar un animal o entregar algo como ofrenda a Dios
saludo: algo que haces cuando te encuentras con alguien
Salvador: el que salva o rescata a las personas
sanar: hacer que alguien esté bien otra vez
se agitó: el mar tenía muchas olas que iban hacia arriba y hacia abajo y de un lado al otro
seguidores: personas que siguen a alguien; seguir significa estar con su líder, escucharlo y creer lo que dice

SU HISTORIA – EL RESCATE

separados: estar distanciados o lejos de algo
separar: apartar una cosa de otra
serpiente: una víbora
siervo: una persona que trabaja para otra
sincero: decir la verdad y no ocultar nada
sobrino: el hijo del hermano o la hermana
soldados: hombres que están en el ejército
sorprendido: ver algo que uno no espera ver
sufrir: que te suceda algo malo o doloroso
sumo sacerdote: el líder de los sacerdotes
supremo: último y completo
tallar: cortar dentro de algo con un elemento filoso para dejar una marca profunda
telescopio: un aparato por el que podemos mirar para ver a una distancia muy lejana
temporal: algo que dura solo una breve cantidad de tiempo
terrible: algo muy, muy malo; algo que da mucho miedo
territorios: áreas de tierra gobernadas por un estado o país
testigos falsos: personas que afirman que han visto algo cuando en realidad no lo han hecho
testigos: personas que les cuentan a los demás lo que han visto o lo que saben que es cierto
tormentas: mal tiempo o clima peligroso, con vientos fuertes y marea alta
traicionar: ayudar a los enemigos de alguien a atraparlo o lastimarlo
transformar: cambiar mucho
tribu: un grupo de personas que comparten el mismo idioma y cultura y tienen los mismos antepasados
tumba: una sala hecha de piedra donde se guardaban los cadáveres; se colocaba una gran roca en la puerta para cerrarla
universo: todo el espacio exterior; todas las estrellas y los planetas
valiosos: cosas que valen mucho dinero
vara: un bastón de madera como el que llevaba Moisés
vegetales: alimentos que provienen de plantas, como zanahorias, papas y cebollas
velar: estar despierto, no dormir
venda: tela o género con el que se hace ropa
vendar los ojos: atar un trozo de tela sobre los ojos de alguien para que no pueda ver
venenoso: algo que tiene veneno adentro que puede matar a las personas
verter: arrojar un líquido sobre algo
vientre: el lugar en el cuerpo de una mujer en el que crece un bebé antes de nacer
violar: forzar a alguien a tener relaciones sexuales en contra de su voluntad
virgen: alguien que nunca ha tenido sexo

Para obtener más recursos, visite accesstruth.com
info@accesstruth.com

www.ingramcontent.com/pod-product-compliance
Lightning Source LLC
Chambersburg PA
CBHW060532010526
44107CB00059B/2617